数字经济创新驱动与技术赋能丛书

AI赋能

企业智能化应用实践

田野　张建伟◎编著

机械工业出版社
CHINA MACHINE PRESS

本书是一本介绍 AI 技术在企业生产和运营过程中实践应用的图书，全书共 6 章：智能化应用的概念，智能化应用的价值、挑战及发展趋势，智能化技术概述，多行业智能化应用业务场景分析，智能化应用的项目化实施和智能化应用的实践案例。

　　本书旨在为企业提供实用的 AI 应用指南，深入介绍了智能化应用的开发和实施过程，包括技术架构、数据管理、算法选择、模型训练和评估等内容，并结合实际案例分享经验和方法论，帮助读者在实践中掌握建立智能化应用的关键技术和管理能力。

　　本书读者对象为：数据分析、人工智能、机器学习等领域的从业人员；对于企业数字化转型和智能化应用感兴趣的企业管理者和决策者；对于智能化应用感兴趣，希望深入了解智能化技术和应用场景的读者。

图书在版编目（CIP）数据

AI 赋能：企业智能化应用实践/田野，张建伟编著. —北京：机械工业出版社，2024.1（2024.4 重印）
（数字经济创新驱动与技术赋能丛书）
ISBN 978-7-111-74408-5

Ⅰ.①A… Ⅱ.①田… ②张… Ⅲ.①人工智能-应用-企业管理 Ⅳ.①F272.7

中国国家版本馆 CIP 数据核字（2023）第 236125 号

机械工业出版社（北京市百万庄大街22号　邮政编码100037）
策划编辑：王　斌　　　　　　责任编辑：王　斌　舒　宜
责任校对：杨　霞　李　杉　　责任印制：刘　媛
唐山楠萍印务有限公司印刷
2024 年 4 月第 1 版第 2 次印刷
184mm×240mm · 16.25 印张 · 4 插页 · 369 千字
标准书号：ISBN 978-7-111-74408-5
定价：99.00 元

电话服务　　　　　　　　　网络服务
客服电话：010-88361066　　机　工　官　网：www.cmpbook.com
　　　　　010-88379833　　机　工　官　博：weibo.com/cmp1952
　　　　　010-68326294　　金　书　网：www.golden-book.com
封底无防伪标均为盗版　　机工教育服务网：www.cmpedu.com

序 言 一

我非常荣幸地接受邀请，为田野先生与张建伟先生所编写的这本新书撰写序言。在当今快速变化的商业环境中，智能化应用是企业蓬勃发展和持续创新的关键，这本书以其丰富的实践经验和具体案例，为读者揭示了智能化应用在企业中的巨大潜力和价值。

田野先生多年来一直致力于将智能化在企业中的实践理论化，通过归纳和总结，将共性的问题与解决方案抽象成具体的指导方法，进而克服智能化在不同行业、不同企业中推广所面临的本地化问题。作为一位资深从业者，张建伟先生在智能化应用领域有着丰富的实践经验。他深入研究并运用各种智能化技术，成功引领企业实施智能化转型，并取得了显著的成果。本书是基于他们多年积累的实践经验，向读者介绍了智能化应用在企业中的实际案例，具有很强的示范性和指导性。

通过本书，田野先生与张建伟先生结合具体案例，以通俗易懂的语言详细介绍了智能化应用在企业中的实施过程、面临的挑战和解决方案，详尽分析了智能化应用对企业的价值，能够帮助读者更好地规划和管理智能化项目，最大限度地发挥智能化技术的优势。

本书还突出了实践性和可操作性。田野先生与张建伟先生精心选择了一系列具有代表性的案例，涉及多个行业和领域，深入剖析了每个案例中的智能化应用策略、实施过程和效果评估，能够帮助读者更好地理解智能化应用的核心概念和关键要素。

这本书对于企业管理者、决策者，以及从事智能化应用领域的专业人士都具有重要意义。它不仅可以帮助读者深入了解智能化应用的前沿趋势和最佳实践，为读者提供从企业智能化项目立项"执行"到效果评估的全生命周期的指导与参考，还能够激发读者的创新思维，挖掘企业智能化潜力，帮助企业快速有效地整合内外部的关键成功要素，通过行之有效的策略与方法，不断推动企业通过智能化应用的实施获得竞争优势。

最后，我真诚地祝愿田野先生与张建伟先生的新书取得成功，相信这本书将成为智能化应用领域的重要参考资料，为读者提供实用的知识，引领读者在智能化时代不断前行，并取得更加辉煌的成就。

联想集团原高级副总裁、数据智能集团总裁　蓝　烨

序　言　二

　　智能化应用正在以前所未有的速度和规模改变着企业的运营方式和商业模式。随着技术的迅猛发展，企业面临着巨大的机遇和挑战。在这种大的背景下，我很高兴地看到田野与张建伟先生愿意将自身多年的企业智能化应用经验拿出来总结、归纳与分享，去帮助广大企业更好地把握智能化的趋势并取得成功。

　　本书旨在为读者提供一个全方位、系统化的实践指南，帮助他们理解智能化应用在企业中的核心概念、原理和方法。通过深入剖析各行业的典型案例，本书展示了智能化应用如何在生产、销售、客户服务、供应链管理等领域发挥关键作用，并推动企业实现卓越的业绩和可持续的竞争优势。

　　本书是两位作者多年来在不同行业与企业实施智能化应用落地的经验总结，是富有洞见和实践价值的指南。无论是企业高管、技术专家，还是从事市场营销、人力资源、财务管理等工作的专业人士，都可以通过这本书得到启发。通过阅读本书，读者将了解智能化应用对于企业的重要性，掌握实施智能化应用的关键要素，知晓如何利用智能化技术解决实际问题和创造更大的商业价值。

　　最后，希望本书能够成为广大读者朋友在智能化应用领域的良师益友，在充满挑战又充满希望的智能化浪潮中，帮助广大读者朋友开拓新的商机，创造新的价值，为构建更加智能化、高效率和可持续发展的企业提供有益的指导和帮助。

桐昆集团股份有限公司原副总裁　周　军

前　　言

为什么要写这本书

在数字化时代，企业的生产和运营过程中需要更多的智能化应用来提高效率和质量。智能化应用通过将传统业务流程与人工智能技术相结合，实现业务流程的数据化、自动化和智能化，为企业带来了巨大的变革和机遇。然而，智能化应用的开发和实施也面临着各种挑战，需要从技术和管理两个方面进行综合考虑和解决。

作为长期从事企业智能化应用建设和咨询的从业者，我和我的团队在实践中积累了大量的经验和实践方法，我们对企业数字化和智能化建设中智能化应用的重要性和优势有着深刻的理解，因此，我们决定撰写一本介绍企业智能化转型和如何建立智能化应用的书籍以达到如下目的。

分享经验：将我们多年来积攒的经验、实施方法论和案例分享给更多的人，帮助他们更好地理解和应用智能化技术，提高企业的核心竞争力。通过这本书为正在寻求建立智能化应用的企业提供借鉴。

推广应用：推广智能化应用，让更多的企业了解并认识智能化技术的重要性和优势，以及它们如何帮助企业提高效率和质量，降低成本和风险。

产业发展：为企业数字化转型和智能化应用的产业发展做出贡献，推动数字经济的发展。

本书的主要内容

本书旨在为企业提供一份实用的指南，帮助读者了解如何实现智能化应用，从而更好地适应数字化时代的挑战和机遇。本书将深入介绍智能化应用的开发和实施过程，包括技术架构、数据管理、算法选择、模型训练和评估等方面，并结合实际案例分享经验和方法论，帮助读者在实践中掌握建立智能化应用的关键技术和管理能力。

同时，本书不仅深入浅出地介绍了传统数据智能技术，还探讨了新兴人工智能技术的应用。机器学习、深度学习、自然语言处理等领域的新发展和新应用，在本书中都有详细阐述。作者也关注到了人工智能领域的新热点，例如 AIGC、大模型和 ChatGPT 等，在书中分享了对这些新兴技术的思考和理解。通过本书，读者可以全面地了解数据智能和人工智能领域的新动态，并了解如何应用这些技术来解决问题和提升工作效率。

此外，本书还将讨论智能化应用的优势和挑战，探讨智能化应用在企业转型中的作用，以及实施过程中需要注意的问题和解决方案。通过阅读本书，读者可以更全面地了解智能化应用的发展趋势和应用场景，从而更好地实现数字化转型，提升企业竞争力和核心价值。

本书的主要内容包括：

第 1 章为智能化应用的概念，介绍了智能化应用的概念和相关知识，通过本章的内容，读者将了解到智能化应用的基础知识和相关概念，为后续的深入学习和应用打下坚实的基础。

第 2 章为智能化应用的价值、挑战及发展趋势，从整体上概述智能化技术，并对不同类型的智能化技术进行了分类和介绍，为后续章节的具体案例和技术实现奠定了基础。

第 3 章为智能化技术概述，探讨智能化技术，为读者提供了深入了解智能化应用的必要背景和基础，帮助读者更好地理解智能化在各个行业中的实际应用。

第 4 章为多行业智能化应用业务场景分析，针对不同行业的智能化应用进行了详细的分析，包括汽车、石油石化、化工、烟草、钢铁、通信等多个行业，介绍了不同行业智能化应用的实际场景和应用方式。

第 5 章为智能化应用的项目化实施，从智能化应用的工程项目化实施角度，结合多个实际项目案例，从以下几个方面详细描述智能化应用的实施方法，包括智能化应用的前期准备、可行性分析、工程实施团队组建、开发流程和集成。

第 6 章为智能化应用的实践案例，详细介绍了 5 个重点行业的典型智能化应用的实践案例，基于第 5 章的实施方法，逐步解析在实际项目中智能化应用建设的步骤、方法和难点，为读者提供了深入了解智能化应用实践经验的机会。

本书的价值创新

本书完整地介绍了智能化应用的概念、发展历程、技术分类、应用场景等方面，为读者提供了全面的基础知识。

在智能化应用价值、挑战及发展趋势章节，从技术深度融合、数据价值挖掘、跨行业应用等方面分析了智能化应用的未来发展趋势和前景，对于关注智能化应用的读者有很大的参考价值。

通过汽车、石油石化、烟草、通信、零售、钢铁、化工等多个行业的智能化应用案例分析，帮助读者了解不同行业智能化应用的情况，从而更好地理解智能化的实际应用价值。

从智能化应用的准备工作、实施流程、数据处理和分析方法等方面详细介绍了智能化应用的实施方法，对于准备开展智能化应用的企业和团队有很大的指导意义。

在智能化应用的实施案例章节，选择 5 个实践案例，从案例实践的角度，分享每一步的具体做法，使读者更加深入地了解智能化应用实施的具体方法和流程。

本书适合的人群

本书适合对智能化应用有一定兴趣和基础的读者，包括但不限于以下人群：
- 数据分析、人工智能、机器学习等领域的从业人员。
- 对于企业数字化转型和智能化应用感兴趣的企业管理者和决策者。
- 学习计算机科学、数据科学、人工智能等专业的学生群体。
- 对于智能化应用感兴趣，希望深入了解智能化技术和应用场景的读者。

致谢

在完成本书的过程中，我获得了许多支持和帮助。首先，我要感谢我的家人，他们在我的整个写作过程中一直给我勇气、支持和鼓励。没有他们的支持和帮助，我不可能完成这本书。

我还要感谢本书的合作者张建伟，他在本书的构想过程中给予了很大的支持。他的智慧、耐心和指导帮助我克服了许多困难和挑战。

我还要感谢我的算法团队的各位同事，他们与我一起共事，帮助我克服了研究中遇到的各类问题。我们的合作和协调像一股动力，推动我不断迈向前进的道路。

我还要感谢本书的责任编辑王斌，他为我们提供了很多的指导、建议和支持。他的专业知识和经验对我来说是宝贵的。

田　野

2023 年 6 月 28 日

目 录

ONTENTS

第 5 章　智能化应用的项目化实施 /140

第 6 章　智能化应用的实践案例 /175

第 1 章
智能化应用的概念

　　智能化应用是当前数字化转型的关键领域之一，它在实际应用中为企业带来的效益非常明显。在智能化应用的背后，是一系列前沿的技术和理念的不断迭代和升级。它不仅可以助力企业实现高效智能化运营，还可以通过智能化应用与产业的融合，推动整个产业生态的智能化升级。

　　在智能化应用的构建过程中，首先要明确智能化应用的概念和价值，了解智能化应用与传统的业务应用、数据分析应用和大数据应用的区别，才能更好地评估企业是否需要智能化应用，以及需要什么样的智能化应用。在此基础上，不仅需要了解智能化应用的分类和构成要素，还需要重视智能化应用与产业的融合，以及智能化运营与数字化转型的协同推进。本章将深入探讨智能化应用的概念和作用，介绍智能化应用的分类与构成要素，同时，还将详细分析智能化应用与产业融合和数字化转型的关系，为读者带来实用价值和启示。

1.1　智能化的概念

1.1.1　什么是智能化

　　智能化是利用现代信息技术，如人工智能、物联网、云计算、大数据、自动化等，对各种信息进行采集、处理、分析和应用，实现生产、管理、服务等方面的智能化。智能化的核心是利用先进的信息技术对数据进行分析、处理和应用，从而实现对生产、管理和服务等各个环节的智能化管理和优化，提高效率、降低成本，推动产业转型升级的过程。具体来说，智能化可以体现在以下几个方面。

　　智能化生产：通过智能制造等技术，实现生产流程自动化、数字化、网络化和智能化，提高生产效率和质量，降低生产成本。

智能化管理：通过人工智能技术对管理过程进行优化和智能化操作，提高决策效率。资源利用率和运营效率，从而实现精细化管理和管理方式的创新，提升管理效率。

智能化服务：通过智能客服、智能营销等技术，实现服务流程的自动化和个性化，提高客户满意度和忠诚度。

智能化安全：通过智能安防等技术，实现对事故隐患的预警和处理，保障企业和社会的安全。

当谈到智能化时，人们通常会听到"智能工厂""智能城市""智能医疗"等概念。这些概念都是智能化的具体应用场景。具体来说，智能工厂是指通过智能化技术实现生产线自动化和智能化；智能城市是指通过信息化手段实现城市管理和服务智能化；智能医疗是指通过信息化技术实现医疗服务的智能化。

智能化的实现需要依赖于多种信息技术，其中最核心的是人工智能技术。人工智能技术包括机器学习、深度学习、自然语言处理等，可以帮助计算机从大量的数据中学习、分析、预测，并做出智能化决策。此外，物联网技术也是实现智能化的重要手段，它可以连接各种智能设备，实现设备之间的互联和信息共享。

1.1.2　企业为什么需要智能化

智能化是信息技术和制造业深度融合的产物，也是当前全球产业变革的主要趋势之一。目前，在全球范围内，越来越多的企业开始推进智能化转型，尤其是在工业领域，智能制造、智能物流、智能仓储等概念已经成为行业的热门话题。同时，在物联网技术的支持下，智能化逐步渗透到城市管理、医疗、教育等各个领域。

为什么全球范围内的企业都在积极推进智能化转型呢？这是因为智能化可以为企业带来很多好处，例如提高生产效率、降低成本、优化管理、提高产品质量等。同时，随着人工智能、物联网等技术的不断发展，智能化的应用场景也越来越多元化，可以适用于不同行业和领域的企业。因此，智能化已经成为企业转型升级和提高竞争力的必经之路。

从公司战略的角度来看，智能化已经成为企业转型升级的必经之路。通过实现智能化，企业可以更好地适应市场变化和满足顾客需求，实现从传统生产型企业向智能化服务型企业转型升级，提升企业的市场竞争力和盈利水平。

从企业文化的角度来看，智能化可以带来一种全新的企业文化，即以科技为核心，以创新为驱动，实现数字化、智能化转型。企业需要加强创新意识和创新能力的培养，倡导开放、协作、创新的企业文化，推动企业实现数字化、智能化转型。

从技术投入的角度来看，企业需要积极投入资金和技术，建设智能化平台，采用人工智能、机器学习、大数据等前沿技术，实现智能化生产、智能化管理、智能化服务等方面的应用。这些技术的应用可以极大地提高企业的生产效率和产品质量，降低成本，增强企业的市场竞争力。

不仅如此，企业实现智能化，可以带来很多好处，举例如下。

提高效率：智能化可以实现生产过程的自动化和数字化，提高生产效率，减少人力成本，降低错误率，从而提高生产效率和产品质量。

降低成本：智能化可以通过自动化和数字化的手段降低企业的生产成本和管理成本，例如通过机器人代替部分人力、通过智能化的供应链管理降低库存成本等。

优化管理：智能化可以实现对企业各方面的数据进行采集、分析和应用，从而优化企业管理决策，提高管理水平和决策效果。

提高竞争力：智能化可以提高企业的产品质量、生产效率和管理水平，从而提高企业的竞争力，增加市场占有率。

促进转型升级：智能化是企业实现转型升级、推进产业升级的必要手段，能够帮助企业提高技术水平和产品质量，开拓新的市场。

总之，智能化可以帮助企业提高生产效率、降低成本、优化管理和提高竞争力，从而推动企业转型升级和发展。

除此以外，企业实现智能化也解决了很多传统的信息化和数字化无法解决的问题。具体来说，智能化相较于传统的信息化和数字化，具有以下几个方面的优势。

更高效的数据处理能力：智能化技术可以实现大数据的快速处理和分析，能够帮助企业更快地获取和利用大量的数据，从而更好地支持决策和业务发展。

更高效的生产能力：智能化技术可以实现自动化生产、机器人制造等生产模式，不仅可以提高生产效率，还可以降低劳动成本、提高产品质量和生产安全。

更高效的管理能力：智能化技术可以实现自动化物流、智能化供应链、数字化营销等管理模式，可以帮助企业实现供应链优化、减少库存、提高客户体验等目标。

更高效的个性化需求响应能力：智能化技术可以实现智能化客服、个性化推荐等功能，能够更好地响应消费者的个性化需求，提高客户满意度和忠诚度。

总之，企业实现智能化不仅能够提高生产效率和质量，降低成本，还能够为企业带来更广阔的发展空间和更强的市场竞争力。

1.1.3　企业如何实现智能化

企业的智能化转型是一项长期而复杂的过程。这需要从企业自身实际情况出发，通盘考虑各种因素，从公司战略、企业文化、核心技术投入、组织架构调整、人才培养、智能化应用落地等多个方面进行智能化变革，才能真正帮助企业实现智能化。

1）企业需要制定明确的智能化战略，以此为指导，明确智能化的方向和目标。在制定智能化战略的过程中，需要对企业的整体发展情况进行全面分析，结合行业趋势和市场需求，确定智能化的战略定位和发展方向。尤其需要注意的是，企业不能好高骛远、脱离现实，需要对现有的业务进行全面审视和分析，以确定哪些业务可以通过智能化转型来获得更高的效率和竞争力。这可能需要对产品和服务进行重新定位和改进，以利用新技术和数据分析的优势。

2）企业需要关注企业文化的变革。企业文化是指企业所遵循的共同价值观、行为准则和工作方式等方面的传统和习惯。智能化是一种新的思维方式和经营理念，需要引导企业员工接受和适应。在企业实现智能化的过程中，企业需要从领导力、文化建设等方面入手，塑造积极向上、开放创新、注重协作的企业文化，帮助企业塑造积极的智能化转型氛围，同时提高员工的智能化意识和能力，为智能化转型打下良好的基础。

3）企业需要加大技术投入，实现企业智能化需要投入大量的技术资源，包括硬件设备、软件平台、数据分析工具和相关人才等多个方面。企业应该根据实际需要，投入相应的硬件设备，例如高性能计算机、服务器、嵌入式系统等，来支持智能化应用的实现和运行。企业还需要建设智能化平台，采用人工智能、机器学习、大数据等技术实现智能化生产、智能化管理、智能化服务等方面的应用。并且企业需要投入数据分析人员、工具和技术，对企业现有的数据进行分析和挖掘，以获得更多的业务洞察和优化建议。

4）企业需要对组织架构进行调整，建设智能化团队或机构，负责智能化平台的开发和维护，整合企业内部各个部门的智能化应用，确保各个应用之间的协同。企业的智能化应用通常涉及多个业务部门和功能部门，因此企业需要构建跨部门协作组织或机制，适时地调整和优化职能部门的组织架构，以促进跨部门协作和沟通，确保智能化应用的协同和集成。

5）企业需要重视智能化人才培养，引进和培养具有智能化技能的人才，建立完善的人才培养机制，促进人才的知识共享和交流。企业需要建立完善的培训体系，提供智能化技术的基础知识、应用场景和案例分析等方面的培训课程，以提高员工的智能化技能和素养。需要积极引进具有智能化背景和经验的人才，并通过对人才的培养和晋升，提高员工的智能化能力和积极性。企业需要推动跨部门合作，让不同部门的员工在智能化项目中进行合作，以加速智能化技术的应用和推广，这也能够促进员工的知识共享和交流。同时，需要激发员工的创新精神，鼓励员工参与智能化项目的探索和创新，以提高企业的智能化能力和创新能力。

6）企业还需要加强对数据的管理和治理，保障数据的安全性和合法性，确保数据的质量和可靠性。

7）企业需要加速智能化应用的落地，开展试点项目和应用案例，不断完善和优化应用，同时需要加强与供应链和客户的协同，构建完整的智能化生态系统。具体来说，企业需要制定具体的智能化应用规划，明确智能化应用的目标和实施路径，包括应用场景、技术路线、投入计划、人员配备等。同时需要针对智能化应用的实际需求，优化业务流程，以便更好地应用智能化技术，提高效率和质量。为了能够验证智能化应用的可行性和价值，企业需要推进智能化试点项目，并逐步推广到更多的业务场景中。再者，通用智能化技术无法解决企业的所有问题，因此企业需要加强有针对性的智能化技术的研发和创新，不断提高智能化技术的能力和水平，以更好地支持智能化应用的发展。企业在市场竞争中并非孤立，要发挥产业集群、供应链协同、合作伙伴联动等，与智能化生态伙伴合作，包括硬件厂商、软件厂商、服务提供商等，共同推动智能化应用的发展和落地。

在实现智能化的过程中，企业需要充分考虑自身实际情况，灵活应对，不断推进智能化转型，实现企业可持续发展。

1.1.4　智能化与数字化的关系

近年来，数字化的概念已经深入人心，国内外诸多企业已经实现或者正在实现企业的数字化转型，并从中获益，那么数字化和智能化有什么关系呢？

数字化和智能化是两个不同的概念，但它们之间有一定的关系。

数字化是将企业的业务流程、管理模式、数据等信息转化为数字形式，实现信息化和数据化的过程，使得数据可以被电子设备处理、传输、储存和分析。数字化可以让企业更好地管理和利用数据，提高信息的共享程度和使用效率。具体来说，数字化建设通常包括以下几个方面。

业务流程数字化：将企业的业务流程数字化，实现数据的电子化，从而提高流程的透明度和效率。

数据库建设：建设企业的数据仓库、数据中心等，实现数据的集中管理和统一标准化，提高数据的可靠性和利用价值。

信息系统建设：建设企业的信息系统，包括企业资源计划（ERP）、客户关系管理（CRM）、办公自动化（OA）等系统，实现业务信息的集成和共享，提高企业的信息化水平和管理效率。

电子商务建设：利用互联网技术建设企业的电子商务平台，实现企业与客户、供应商之间的信息流和物流的互通，提高企业的营销和服务能力。

智能化则是在数字化的基础上，利用人工智能、大数据、物联网等技术手段，使得系统可以自主学习、自主决策和自主执行的过程。智能化可以让企业更加智能化、高效化和自动化。智能化不仅是数字化的延伸，还是一种全新的企业经营模式和管理理念。

这么来看，两者的区别是很明显的。

首先，数字化是将传统的物理信息转换为数字形式的过程，强调的是数据的处理和利用，通常是基于计算机技术的应用；而智能化是基于人工智能、机器学习等技术实现的自动化和智能化的过程，强调的是对数据的分析、理解和决策。

其次，数字化是实现智能化的基础，智能化是数字化的进一步发展和升级。数字化建立在信息化的基础上，而智能化则是在数字化的基础上更深入地利用数据和技术，提高业务的智能化水平。

再次，数字化的目标是数据的高效、准确处理，而智能化的目标是让机器具有类似于人类的智能和决策能力，帮助人类更好地做出决策和创造价值。

但是，两者之间也有很强的相关性。

首先，数字化是实现智能化的基础和前提条件，只有在数字化的基础上才能实现智能化的目标；只有建立完善的数字化基础设施，企业才能更好地实现智能化转型，提升企业的竞争力和创新能力。

其次，智能化的发展和应用需要数字化的技术支持，例如数据收集、处理和存储等方面。智能化需要大量数据支持，数字化技术可以通过各种传感器和设备，实现数据的实时、准确、全面地收集。智能化需要对海量的数据进行处理和分析，数字化技术可以应用各种算法和模型，快速地进行数据处理和分析。智能化需要将大量数据进行存储，数字化技术可以提供各种数据库和云存储等技术支持，保证数据的安全和可靠性。

再次，数字化和智能化的目标都是提高企业的效率、准确性和创新性。数字化可以帮助企业将纸质文档转换为数字文档，实现信息的快速检索和共享。数字化还可以帮助企业优化业务流程，从而提高工作效率。智能化则更进一步，它可以让企业利用人工智能、机器学习等先进技术实现更智能化、更自动化的业务流程，从而进一步提高工作效率和准确性。智能化的应用还可以帮助企业从海量数据中发掘出有价值的信息，提供更好的决策支持和创新发展机会。总的来说，数字化和智能化都是为了帮助企业在不断变化的市场环境中保持竞争优势。

因此，可以说智能化是数字化的升级，是数字化的深化和拓展。在数字化的基础上，智能化可以实现更高级别的自主化、智能化和自动化，进一步提高企业的效率和竞争力。

1.2 智能化应用：构建企业智能化生态的关键要素

智能化应用的概念至今在学界和产业界没有定论。通常认为，智能化应用是指通过人工智能、大数据、云计算等新技术的引入，结合企业实际管理与运营情况，与业务深度融合，为实际业务提供多模式的解决方案，以解决企业的实际业务痛点、提升企业的业务运行效率。智能化应用与企业实际需求更贴合，企业的使用过程也更加友好，智能化应用本身的开发、实施与推广也更有效率。这些智能化应用可以涵盖各种企业业务领域，如生产制造、物流管理、市场营销、客户服务等，旨在解决传统业务中存在的瓶颈和难题，并且在实现业务的同时提高企业的竞争力和创新能力。

要全面了解智能化应用的概念，就要深入理解"智能化"和"应用"这两层含义。总的来说，这里的智能化就是智能化技术，应用是基于智能化技术与实际业务痛点的解决方案。智能化是技术支撑，应用则是实现手段。智能化技术的发展是为了更好地服务于应用，智能化应用的实现则依赖于智能化技术的支撑。因此，智能化技术和智能化应用是相辅相成、相互促进的关系。只有将二者结合起来，才能真正为企业实现赋能于实际业务的智能化应用。

一般来说，智能化应用之所以称为"智能"，是因为具备了如下的智能化特征。

数据驱动：智能化应用的核心是数据，通过收集和处理数据来进行决策和预测，这就要求企业具备足够的数据收集和处理能力。

自动化：智能化应用通常采用自动化的方式，通过机器学习和人工智能等技术，实现业务的自动化处理，提高效率和准确性。

个性化：智能化应用可以根据不同用户的需求和行为，提供个性化的服务和产品，从而提高用户满意度和忠诚度。

实时性：智能化应用可以快速地收集和处理数据，从而实现实时的决策和反馈，对业务的响应速度更快。

安全性：智能化应用涉及大量的数据和业务，对安全性的要求非常高。企业需要通过技术手段和管理措施确保数据和业务的安全。

同时，智能化应用之所以又称为"应用"，是由于它本身就是为了实现智能化技术落地的应用场景，可以在不同的企业领域中得到应用，具体如下。

生产制造：智能化应用可以通过自动化生产线、智能化仓储管理等手段，实现生产流程的智能化，提高生产效率和质量。

物流管理：智能化应用可以利用物联网技术、大数据分析等手段，对物流过程进行智能化管理，提高物流效率和安全性。

市场营销：智能化应用可以通过大数据分析客户需求和行为，提供个性化营销服务，提高市场营销效率。

客户服务：智能化应用可以利用自然语言处理、语音识别等技术，提供智能化客户服务，提高客户满意度和忠诚度。

智能化应用是企业智能化水平的基础支撑，主要体现在以下几个方面。

首先，智能化应用可以帮助企业实现数据资产的挖掘和价值实现。在现代企业中，数据是重要的资产，但要将数据转化为价值，就需要通过智能化应用进行分析、挖掘和实现。智能化应用可以通过数据分析、机器学习等技术手段，实现对企业数据的挖掘和价值实现，为企业提供更多的商业机会。

其次，智能化应用可以使业务流程自动化、优化企业决策过程、提高产品品质等。通过自动化流程和决策过程，企业可以更快地做出正确的决策，从而提高业务效率和产品（服务）品质。

再次，智能化应用可以帮助企业实现差异化竞争优势。随着技术的发展和市场的竞争，企业需要不断提高自身的竞争力。智能化应用可以为企业提供更加精准的业务洞察和决策，从而为企业创造差异化的竞争优势。

最后，智能化应用可以为企业提供更好的用户体验。在现代企业中，用户体验度是一个非常重要的指标。智能化应用可以通过智能化技术和用户研究，为企业提供更好的用户体验，从而提升用户的满意度和忠诚度。

因此，智能化应用不仅是企业实现数字化转型的必要手段，还是企业实现智能化的基础支撑。只有通过智能化应用，企业才能更好地实现数据价值挖掘、业务效率提升、竞争优势创造和用户体验度提升。

1.3　智能化应用的分类

智能化应用的分类方式有很多种，例如按照行业领域区分，可以分为智能制造、智慧城市、智能交通等；按照功能应用分类，可以分为数据分析、流程优化、智能决策等；按照技术手段可以分为机器学习、自然语言处理、图像识别等。然而，学界和业界一直都并没有统一的分类方式，这导致了不同领域、不同企业、不同人对智能化应用的分类标准不尽相同，难以据此进行跨领域的比较和协作。此外，某些分类方式也存在不足，例如按照技术手段分类容易出现重复、交叉的情况；按照行业领域分类可能无法完全覆盖某些复杂的跨行业应用场景。

在多年的学习研究和实践应用中，本书总结归纳出基于技术应用和业务协同的分类方式，接下来进行详细介绍。

1.3.1　数据分析型智能化应用

数据分析型智能化应用是通过数据挖掘、机器学习等技术，对企业数据进行分析和挖掘，从而提炼出有用的信息，实现企业对业务运营状态的实时监控、预警和决策支持。它的主要作用是帮助企业在大量数据中快速、准确地发现问题，及时调整业务策略，提高企业数据的利用价值和决策的准确性，提高业务效率和竞争力。具体来说，它可以帮助企业：

- 实现对业务数据的快速分析和挖掘，发现业务痛点和机会点。
- 实现对业务运营状态的实时监控和预警，提前发现问题并采取应对措施。
- 提供业务决策所需的，基于企业战略、运营、管理及各类业务的不同维度的数据分析结果，帮助企业管理者做出更准确、更高效的决策。
- 优化业务流程和提升运营效率，降低成本、提高效益。
- 常见的数据分析型智能化应用如下：
- 数据仪表盘和报表分析，用于对业务数据进行可视化展示和分析。
- 智能预警和异常检测，用于实现对业务运营状态的实时监控和预警。
- 客户行为分析和营销优化，用于分析客户行为特征和需求，实现精准营销。
- 财务分析和预测，用于对企业财务数据进行分析和预测。
- 生产数据分析和优化，用于优化生产流程和提高生产效率。

识别某个应用是否属于数据分析型智能化应用，可以根据该应用是否依赖于数据分析、挖掘和机器学习等技术，是否对企业数据进行了分析和挖掘，并提取了有用的信息，是否具有对业务数据进行实时监控、预警和决策支持的能力来判断。同时，该应用的主要价值也应该在于提高数据分析和决策水平、优化业务流程和提升运营效率。

1.3.2　决策支持型智能化应用

决策支持型智能化应用是通过人工智能、大数据等技术，为企业的决策提供支持和辅助，实现决策的智能化和自动化。它的主要作用是优化决策流程、提高决策效率和准确性。

决策支持型智能化应用主要基于数据分析型智能化应用，通过将分析出来的数据转化成可视化的结果，为企业决策层提供更清晰的决策支持。它的主要作用是协助企业决策层制定科学的决策策略，提高企业的决策效率和决策精度。

决策支持型智能化应用具体的表现包括数据仪表盘、数据报表、数据可视化、数据预测等应用。这些应用可以将复杂的业务数据通过图表、曲线、表格等方式直观展示，同时可以通过数据挖掘和机器学习等技术进行数据分析和预测，为企业决策层提供全方位的决策支持。

决策支持型智能化应用和数据分析型智能化应用看起来有些类似，数据分析型应用则更注重数据的分析和挖掘，但决策支持型应用更注重于提供决策支持，帮助企业进行高效决策，更侧重于结果的呈现和解读，它的输出的结果更加直观和易于理解。同时，它也需要与企业决策层密切合作，确保输出的决策支持结果真正满足企业的决策需求。下面详细介绍决策支持型智能化应用的一些类别和功能。

模型驱动型决策支持应用：通过制定和实施模型，来支持企业的决策。例如，企业可以使用模拟模型预测不同的决策结果，评估每种决策对业务的影响，并根据结果做出最佳的决策。

专家系统决策支持应用：通过应用专家知识，对企业的决策提供指导和建议。这种应用通过模拟人类专家的思考过程来解决一系列复杂的问题。例如，企业可以使用专家系统应用来支持人力资源管理方面的决策。

决策分析型应用：通过收集、处理和分析各种数据，来提供对决策的支持和指导。这种应用利用数据分析技术和决策分析技术，通过对历史数据进行分析和挖掘，将数据转化为有用的信息，预测未来的趋势和变化，并提供这些信息来支持决策。例如，企业可以使用数据仓库和数据挖掘技术，来分析和识别市场趋势，并制定相应的销售策略。

可视化决策型应用：通过数据可视化技术、3D 建模技术、数字孪生技术等，将数据结果呈现出来，便于决策者直观地了解数据状况，从而做出正确的决策。

决策协同型应用：通过协同工作，将企业中不同部门和职能的决策制定过程进行整合和管理。这种应用通过促进不同部门之间的沟通和协作，来实现更高效的决策制定。例如，企业可以使用协同工作平台，来支持不同部门之间的协作和信息共享，从而更好地解决问题和做出决策。

这些应用在提高企业决策效率、精度、灵活性和创新性方面发挥了重要作用。通过智能化技术的应用，可以更好地支持企业的决策制定过程，从而提高企业的核心竞争力。

要识别某个应用是数据分析型还是决策支持型智能化应用，需要从应用的目的和功能入手。如果该应用的主要目的是将数据通过图表、曲线、表格等方式直观展示，并为企业决策层提供全方位的决策支持，则属于决策支持型智能化应用。如果该应用的主要目的是通过数据挖掘、机器学习等技术对企业数据进行分析和挖掘，从而提炼出有用的信息，实现企业对业务运营状态的实时监控、预警和决策支持，则属于数据分析型智能化应用。

1.3.3　自动化型智能化应用

自动化型智能化应用是通过机器人、自动化控制系统、物联网等自动化控制和智能化技术，实现企业业务流程和生产工艺流程的自动化和智能化，从而提高生产效率和降低人力成本的智能化应用。它的作用和价值在于能够提高生产效率、降低人力成本、减少错误率，还能够实现全天候、高效率的生产，提高企业的生产能力和竞争力。

自动化型智能化应用包含的具体应用有很多，例如工业自动化控制系统、智能制造系统、智能交通系统、智能家居等。这些应用都能够实现生产和业务过程的自动化，并且通过智能化技术实现生产和业务过程的优化和控制。例如，在工业自动化控制系统中，可以通过可编程逻辑控制器（PLC）、传感器等智能化设备，实现对生产线的智能化控制和优化，提高生产效率和降低错误率；在智能交通系统中，可以通过智能化设备实现交通流量的实时监控和优化，提高交通的流畅度和安全性。自动化型智能化应用可以分为以下几类。

机器人流程自动化（Robotic Process Automation，RPA）：基于机器学习、自然语言处理和视觉识别等技术，模拟人类操作执行规则性、重复性高的办公室任务，实现自动化流程。

人工智能驱动的自动化：基于深度学习、强化学习和推荐算法等人工智能技术，（如基于人工智能技术与运筹优化算法的智能排产系统、基于机器学习技术的工艺路径优化、自动驾驶、智能物流等）实现复杂任务的自动化处理。

自适应自动化：基于传感器、互联网和云计算等技术，实现工业生产过程的智能化自适应调整，提高生产效率和质量，如卷烟厂的制丝线整线水分自适应控制。

自动化型智能化应用的作用和价值如下。

提高工作效率：自动化处理可以替代人力劳动，执行机械化、规律性高的任务，节省时间和劳动成本。

提高工作质量：自动化处理可以避免人为疏漏和错误，提高工作的准确性和一致性。

降低风险：自动化处理可以避免人为因素导致的风险，如生产安全事故和生产错误。

需要注意的是，自动化型智能化应用和数据分析型智能化应用有一定的重叠，因为在实现自动化的过程中，需要对生产过程中的数据进行采集和分析。但是，自动化型智能化应用更加强调的是通过智能化技术实现生产和业务过程的自动化，而不是数据分析和挖掘。

1.3.4 人机协作型智能化应用

人机协作型智能化应用是通过人工智能技术和人员协同，实现企业业务流程的智能化和优化，让人与计算机系统之间紧密合作，通过计算机对人的行为和环境的理解，使得计算机能够主动协助人完成各种任务，提升工作效率和质量。具体来说，人机协作型智能化应用是指将人的智慧、经验和机器的智能有机结合起来，实现人机交互和协作，让机器承担重复、单调、高风险的任务，而让人类专注于高价值、创造性的任务，发挥人类智慧和创造力。它的主要的目的是提高工作效率和减少错误率。与自动化型智能化应用不同，人机协作型智能化应用强调的是人与机器之间的互动和协作。因此，这种应用通常涉及人工智能、机器学习、自然语言处理、机器视觉等技术。

近期火热的 AI 大模型 ChatGPT 是人机协作型智能化应用的典型代表。它基于生成式人工智能（Artificial Intelligence Generated Content，AIGC）技术，利用机器学习训练语言模型，使计算机能够理解和生成类似人类语言的文本。ChatGPT 能通过人机协作实现自然语言交互。用户输入问题或指令后，ChatGPT 根据训练的模型来生成或执行相应的回答或任务。这种方式可以有效减少人们在日常工作中的重复性任务，提高工作效率和质量。同时，ChatGPT

还通过人机协作来帮助人们处理简单的任务，使人们能够专注于高价值和创造性的任务，发挥出自己的智慧和创造力。因此，ChatGPT 算得上是人机协作型智能化应用的一种典型例子。

此外，人机协作型智能化应用包括但不限于以下几个方面。

语音交互类应用：通过语音技术，实现人机之间的自然语言交互。例如，智能音箱、智能语音助手等。

机器人类应用：通过机器人技术，实现人机之间的协作。例如，工业机器人、家庭服务机器人等。

增强现实类应用：通过虚拟现实技术，将计算机生成的虚拟元素叠加到现实世界中，从而增强用户对现实世界的感知和理解。例如，AR 眼镜、AR 游戏、智能巡检等。

智能辅助决策类应用：通过机器学习等技术，对数据进行分析和处理，协助人员进行决策。例如，医学影像辅助诊断系统、金融风险控制系统等。

AIGC 类应用：通过深度学习、自然语言处理等技术，实现人机协同、智慧创造。例如，AI 写作、AI 绘画、智能编程等。

人机协作型智能化应用和自动化型智能化应用类似，但强调的是人与机器之间的互动和协作，而自动化型应用强调的是机器能够自主完成任务。因此，如果某个应用需要人类和机器智能的结合来完成任务，那么它就可以被认为是人机协作型智能化应用。

1.4　智能化应用的构成要素

智能化应用的构成要素是指构成一个智能化应用所必须具备的基本要素和因素。首先，数据基础是智能化应用构成的重要基石，数据来源、数据质量、数据存储和数据处理能力等，都是数据基础的关键要素。其次，业务需求是智能化应用开发的核心，智能化应用只有能够满足业务需求，具备实际应用价值，才能够发挥作用。再次，技术支撑是智能化应用实现的关键，包括算法模型、计算机视觉、自然语言处理、机器学习等技术的应用和研发能力。最后，战略驱动是智能化应用开发与落地的指引和推动力量，涵盖了战略规划、组织管理、人才培养等方面的要素。这四个要素相互作用、相互促进，构成了一个完整的智能化应用体系。

1.4.1　数据基础

数据是智能化应用的重要基础。数据基础是指构成智能化应用的数据资源，包括内部的企业数据和外部的第三方数据。随着数字化和信息化的发展，企业内部、外部和社会各方面的数据已经成为大规模存在的数字化数据。通过收集、整合和分析这些数据，可以更好地了解企业的业务、客户和市场，进而为企业提供更加精准的决策支持和服务。

因此，智能化应用需要充分利用数据基础，通过数据挖掘、机器学习、人工智能等技术手段，对数据进行深度分析和挖掘，从而提取出有价值的信息，以帮助企业做出更加精准的决策和实现更加智能化的业务运营。同时，数据基础的质量和可靠性也对智能化应用的实现和效果有重要影响，需要通过数据质量管理和安全保障等措施来保障数据的完整性和保密性。

具体来说，智能化应用的数据基础应当具备以下特点。

数据的完整性和准确性：数据的来源需要可靠，数据采集和处理需要保证数据的准确性和完整性，避免因数据质量问题影响智能化应用的效果和价值。

数据的及时性：数据的实时更新能够帮助企业及时了解业务的状况，及时进行决策。

数据的安全性：数据的安全性是智能化应用的保障，需要对数据进行保密、防篡改、备份等安全措施。

数据的可视化：通过数据可视化的方式，能够更加直观、易懂地展示数据的分析结果，帮助企业更好地进行决策。

众所周知，数字化转型的一个重要目标是将企业中的数据数字化并存储在可访问的系统中。这些数据可以帮助企业更好地了解其内部运营和客户行为。然而，仅有数据并不足以实现智能化应用。数据基础作为智能化应用的构成要素，主要是强调只有在智能化应用中需要有高质量的、有价值的、结构化的和可靠的数据，才能够支持智能化应用的开发和部署。此外，智能化应用还需要有适当的数据处理、管理和分析能力，以便对数据进行深入洞察和提供更高级的应用场景。因此，数据基础是智能化应用开发和运营的重要基础。

1.4.2　业务需求

业务需求是智能化应用的另一个关键要素，它是指企业或组织中涉及的业务流程、业务模型、业务规则等，是智能化应用的功能和特性的根源。在现代企业中，业务需求在不断变化和更新，因此智能化应用需要紧密跟随业务的发展，不断调整和优化，以保证其在业务实践中具有可操作性和有效性。具体如下。

首先，业务需求是智能化应用设计的重要基础。一个智能化应用必须要服务于某个业务场景，解决具体业务痛点。如果没有业务需求，智能化应用就是无根之木，无法为企业带来真正的价值。因此，在设计和开发智能化应用时，必须深入了解客户的业务需求，了解业务流程和现有痛点，只有这样才能够为客户提供符合实际需求的智能化应用解决方案。

其次，为什么一定要用智能化手段来解决业务痛点呢？原因是：①随着信息化和数字化的发展，企业面对的数据量日益庞大，传统的人工分析方法已经无法胜任；②智能化技术的不断发展使得机器学习、深度学习等技术能够更好地发挥作用，解决更加复杂的业务问题；③智能化应用不仅可以提高效率、降低成本，还能够通过预测和分析提供更加准确的决策支持，帮助企业在市场竞争中占据优势地位。因此，将智能化手段应用到业务需求解决中，不仅能够提高工作效率，还能够创造更多的商业价值。

总体来看，智能化应用在满足业务需求方面的价值和作用非常明显。

1.4.3　技术支撑

当谈及智能化应用时，技术支撑是不可或缺的一部分。智能化应用的实现需要依赖各种先进的技术手段，如机器学习、深度学习、自然语言处理、计算机视觉等。这些技术手段为智能化应用提供了数据处理、模型训练、推理推断等核心功能。同时，技术支撑还包括软硬件设施、系统架构及运维管理等方面。例如，云计算、物联网、区块链等新兴技术的应用可以为智能化应用提供更强的数据存储、处理、传输等基础设施。同时，智能化应用需要有合理的系统架构来支持不同的技术应用，例如分布式架构、服务架构等。最后，运维管理也是技术支撑的重要方面，包括安全性、可靠性、性能优化等，可以保证智能化应用的可持续性和稳定性。

在选择技术支撑方案时，需要结合具体业务需求，从技术可行性、可扩展性、稳定性等多个角度进行评估。由于不同的应用场景和业务需求不同，技术支撑方案的选择也会有所不同。例如，在一些边缘计算的场景下，需要具有实时性和低延迟的特性，而在云计算的场景下，更加注重高性能和可扩展性。因此，在选择技术支撑方案时需要结合具体的业务需求进行评估和调整。

总之，技术支撑是智能化应用实现的必要要素，通过选择合适的技术手段、建立合理的系统架构及实施科学的运维管理，可以实现智能化应用的高效、可靠运行，提升业务效率和用户体验。

1.4.4　战略驱动

当谈及智能化应用时，战略驱动是另一个不可或缺的构成要素。智能化应用的开发与推广需要与企业战略紧密结合，以实现更加高效、精准的业务运营，提升企业核心竞争力。

企业的整体战略目标通常与企业的业务增长、效率提升、降低成本、提高客户满意度等密切相关。智能化应用的目标就是实现这些战略目标，因此，在开发智能化应用之前，必须对企业的战略目标进行深入分析和了解，以确保智能化应用的开发方向和目标是与企业战略一致的。

此外，智能化应用的开发和应用也需要与企业整体的数字化战略密切配合。智能化应用可以作为数字化战略的一部分，为企业提供更加智能化、数字化的解决方案，从而加速企业数字化转型。因此，在开发智能化应用的过程中，需要考虑其与企业数字化战略的衔接和配合。

在智能化应用的实际规划和开发落地中，需要从企业战略的高度审慎考虑，具体需要考虑以下几个方面。

首先，智能化应用的开发需要明确企业的业务目标和发展战略，将智能化应用与企业战略紧密结合，达到战略推动业务的目的。例如，智能化应用可以帮助企业降低成本、提升产品质量、增强客户体验等，从而实现企业的长期战略目标。

其次，智能化应用的开发需要有明确的商业模式和盈利模式。智能化应用的成功并不仅是技术实现的问题，还是商业模式的创新和落地。智能化应用可以通过多种方式盈利，如订阅收费、广告收入、数据交换等。

再次，智能化应用的推广与市场营销也需要有明确的战略规划。智能化应用的成功并不仅在于技术的创新，还需要有强大的推广和营销能力。在推广中，需要根据目标用户和市场需求，制定有效的营销策略，包括广告投放、品牌宣传、口碑营销等。

最后，智能化应用的发展需要不断地优化和创新。随着市场和技术的变化，智能化应用需要不断地进行优化和创新，以保持市场竞争力和客户满意度。这需要企业有稳定的研发投入和创新文化，不断地推动智能化技术的发展和应用。

总之，智能化应用的开发和应用需要从企业战略的角度出发，紧密结合企业的战略目标、数字化或智能化战略，确保其在企业战略驱动下完成，从而为企业带来实际的业务价值。

第 2 章
智能化应用的价值、挑战及发展趋势

随着智能化技术的迅速发展和应用范围的不断扩大，智能化应用在企业数字化转型中扮演着越来越重要的角色。智能化应用不仅为企业带来了许多实实在在的利益，也为企业的决策提供了更加精准的数据支持。例如，智能化营销应用可以提高客户接触和口碑，降低营销成本；智能化人力资源应用可以帮助企业快速筛选合适的人才，从而提高企业的招聘效率和人才质量；智能化生产应用可以帮助企业提高生产效率和质量，并能够预测故障，从而减少停机时间和维修成本。

然而，智能化应用的开发和部署面临着许多困难、挑战和迫切需要解决的问题。首先，智能化应用需要有大量的数据支持，数据的质量和准确性决定了应用的精准度；其次，智能化应用需要人才进行智能化应用的开发和部署，但人才的短缺和知识结构的不匹配阻碍了智能化应用的广泛使用；再次，对于一些领域（如医疗和金融）来说，智能化应用在保证数据隐私的同时，也需要保护数据的安全，并保障用户隐私；最后，智能化应用带来的价值需要有明确可量化的评估体系，而目前关于这方面的研究和实践还比较薄弱。

在这样的背景下，本章节将介绍智能化应用的价值、挑战和未来发展趋势，以期为读者提供更多的启示。

2.1　智能化应用的价值

前面的内容已经明确了智能化应用是人工智能技术在各行业中广泛应用的结果，它将数据、算法、计算能力和人类智慧结合起来，为企业带来了前所未有的商业机会和优势。智能化应用能够为企业提高工作效率、降低成本、增加收入等方面带来显著的改进，同时能够激发企业创新和发展的潜力。在这一小节中，我们将介绍智能化应用的优势和机会，以及这些优势和机会对企业和社会的意义和影响。

2.1.1　提高效率

智能化应用的第一个优势是提高效率。在传统的工作流程中，很多任务需要人工完成，耗费了大量的时间和人力资源。而随着智能化技术的发展，许多工作可以通过智能化应用实现自动化和智能化处理，从而大幅提高工作效率。例如，智能化应用可以通过机器学习和自然语言处理技术，自动分析和处理大量的文本数据，从而实现自动化的信息提取和分类。在生产制造领域，智能化应用可以实现智能化的生产计划和调度，以及自动化的物流管理和控制，从而提高生产效率和降低成本。

此外，在金融、医疗、教育等行业中，智能化应用可以帮助实现更加高效的业务流程和服务。例如，在金融领域，智能化应用可以实现自动化的风险控制和信用评估，以及自动化的投资组合管理和交易决策，从而提高金融机构的业务效率和盈利能力。

1. 自动化流程

自动化流程是智能化应用提高效率的重要体现。随着人工智能技术的发展，越来越多的流程可以进行自动化处理，减少了人力资源的投入，也提高了流程的效率和精确度。例如，在生产线上，智能化机器人可以自动执行复杂的生产流程，可以在短时间内完成大量工作。在银行业务中，人工智能技术可以自动完成一些重复性的任务，如对账和审核。这不仅可以提高工作效率，还可以减少错误率和人员成本。

自动化流程还可以提高工作的可追溯性和可重复性。使用人工智能技术处理流程，可以记录所有的流程数据和操作过程，使得工作流程变得更加透明和可追溯，提高了工作的质量和效率。

2. 提高生产效率

提高生产效率是智能化应用价值的重要体现。在生产环境中，智能化应用可以通过自动化、数据分析和实时监控等方式来优化生产流程，减少资源浪费，提高生产效率。

智能化应用可以通过自动化流程来提高生产效率。例如，自动化生产线可以通过减少人工干预和优化流程来提高生产效率。智能化应用还可以通过数据分析来识别生产过程中的瓶颈和问题，并提供解决方案，进一步优化生产效率。

智能化应用还可以通过实时监控来提高生产效率。例如，在制造业中，智能化应用可以实时监控设备运行状况和生产流程，及时发现问题并进行调整，从而避免生产中断和损失。

3. 优化资源分配

智能化应用可以优化资源配置以提高效率。传统的资源配置往往是静态的，无法随着需求的变化而灵活调整。而智能化应用可以通过实时数据采集和分析，动态地调整资源的分配，确保最优化的资源配置。例如，在物流领域，智能化应用可以根据实时的运输需求、交通状况和货物特性等因素，自动调整车辆的路线和配送计划，从而提高运输效率和资源利用率。

　　在制造业和能源行业等领域，智能化应用可以通过实时监测和分析设备运行数据，及时发现设备故障并预测设备维护时间，从而优化设备的使用和维护，提高生产效率和资源利用率。同时，智能化应用还可以通过智能能源管理、智能交通管理等方式，最大限度地利用各种资源，提高资源的利用效率和经济效益。

　　当企业资源的利用率达到最优水平时，企业的生产效率将会得到提高。通过智能化应用，企业可以更加精准地对资源进行分配和配置，从而避免资源的浪费和过度使用。例如，通过使用智能调度系统，企业可以根据生产计划和资源状况来自动分配生产任务，从而避免因为资源不足或过度使用而造成的生产线停机和能源浪费。此外，智能化应用还可以帮助企业识别生产过程中的瓶颈和瑕疵，并提供相应的解决方案，进一步提高生产效率。

2.1.2　优化决策

　　智能化应用的第二个优势是优化决策，它可以通过数据分析和机器学习技术来提供更准确、全面的决策支持。传统上，决策往往基于经验和直觉，而这种方法往往会受到主观偏见的影响，导致决策的不确定性和风险。

　　智能化应用可以通过分析大量数据来消除主观偏见，并为决策者提供更全面、准确的信息。例如，企业可以使用数据分析来确定哪些产品最受欢迎，哪些营销策略最有效，以及哪些渠道最适合推广其产品。

　　智能化应用还可以提供实时的决策支持，帮助企业在不断变化的市场环境中快速做出反应。例如，一个智能化的供应链管理系统可以根据实时的市场需求和供应情况来调整生产计划和物流安排，从而更好地满足客户需求并提高企业的市场竞争力。

1. 数据驱动的决策

　　智能化应用可以通过对数据的分析和挖掘，提供数据驱动的决策支持。通过收集和分析大量的数据，智能化应用可以帮助企业了解市场需求、消费者偏好、供应链状况等关键信息，从而制定更加精准的决策和战略。例如，在销售领域，智能化应用可以通过对销售数据的分析和挖掘，帮助企业了解哪些产品或服务受欢迎，哪些销售渠道更加有效，从而制定更加精准的销售策略。在供应链领域，智能化应用可以通过对供应链数据的分析和挖掘，帮助企业了解供应链中的瓶颈和风险，从而制定更加稳健的供应链战略。

　　同时，智能化应用还可以根据实时数据和情况做出决策调整。例如，在生产领域，智能化应用可以通过实时监测生产线的运行情况，根据数据和算法进行智能化调度和优化，从而最大限度地提高生产效率和质量。在物流领域，智能化应用可以根据实时的交通和天气情况，自动调整路线和运输方式，从而更加高效地完成配送任务。通过这种数据驱动的决策支持，企业可以更加快速、准确地做出决策，从而更好地应对市场变化和挑战。

2. 提高决策质量

智能化应用可以帮助人们做出更准确、更可靠的决策，因为它们能够处理和分析大量数据，并提供实时反馈和预测结果。这些数据驱动的决策可以基于历史数据和模式来预测未来趋势，并对业务流程进行优化和改进。此外，智能化应用还可以消除决策中的主观偏见和人为错误，从而提高决策的质量和准确性。这对于许多行业和组织来说都非常重要，因为一个好的决策可以带来巨大的价值，而一个错误的决策可能会带来不可逆转的后果。

3. 实时决策支持

智能化应用通过实时的数据收集和处理，可以提供实时的决策支持，这对于企业来说非常重要。在过去，许多决策都是基于历史数据和经验做出的，这种方法有时候会导致决策的不准确和落后，尤其在快速变化的市场环境中。而现在，智能化应用可以通过不断地收集实时数据来更新决策支持系统，这可以帮助企业更好地应对市场的变化。

例如，在电商领域，智能化应用可以通过实时监控用户的购物行为、浏览历史和偏好等数据，提供实时的商品推荐和定价策略，从而提高销售额和客户满意度。在制造业领域，智能化应用可以通过实时监测设备的状态和生产流程中的各种指标，提供实时的生产计划和质量控制建议，从而提高生产效率和产品质量。

2.1.3 降低成本

智能化应用的第三个重要优势是能够降低成本。通过使用自动化流程、优化资源配置和提高生产效率等方法，智能化应用能够减少劳动力和物资的浪费，降低企业的运营成本。

智能化应用可以通过各种方式实现成本降低。例如，机器人自动化可以替代人力操作，减少人力成本和错误率，同时提高生产效率和质量。基于人工智能的自动化流程还可以在保证质量的前提下，更加精准地控制生产成本，例如通过精确的需求预测来避免过剩的物资库存。

智能化应用还可以在供应链管理、物流管理等方面降低成本。例如，在供应链管理中，通过使用智能化技术来优化物料采购、库存管理和物流配送等环节，企业可以实现成本的最大化降低，同时提高供应链的效率和可靠性。

1. 降低人力成本

智能化应用可以通过自动化流程来自动完成重复性任务，减少人力资源的浪费。此外，智能化应用也可以优化资源配置，使得公司能够更好地利用现有的人力资源。通过使用智能化应用，公司可以在更少的人力资源下实现更高的效率，从而降低人力成本。

2. 降低生产成本

智能化应用可以对生产流程进行优化，使得资源得到最佳的配置和利用，从而提高生产效率和降低生产成本。例如，智能化制造中的生产线可以通过智能化控制和调度，实现生产过程的优化和调整，从而降低生产成本。

智能化应用还可以通过自动化流程来降低生产成本。例如，在智能化仓库管理中，自动化物流系统可以代替人工搬运和分拣，降低了人工成本和物流成本。

3. 降低物流成本

智能化物流系统可以基于实时数据分析和算法模型进行路线优化，包括选择最优路线和最佳运输模式，减少车辆空驶率等，从而节省物流成本。此外，智能化应用还可以通过减少物流中的人工干预和错误，提高物流的自动化水平和准确性，进一步降低物流成本。通过物流成本的降低，企业可以提高自身的竞争力，提升市场占有率。

4. 降低能源成本

在能源生产和输送过程中，智能化应用可以帮助监测和优化能源的使用，减少能源的浪费，提高能源利用效率。在能源消费方面，智能化应用可以监测和控制设备的使用，避免不必要的能源浪费，例如自动化控制灯光、空调等设备的使用，避免过度消耗能源。智能化应用还可以利用智能传感器监测能源消耗的实时数据，以便进行更加精准的能源消耗预测和调整，进一步提高能源利用效率和降低能源成本。

2.1.4　改善用户体验

智能化应用的另一个重要优势是改善用户体验。传统的业务流程通常需要人工干预和操作，因此可能会存在错误、延迟和不便之处，从而影响用户满意度。而智能化应用可以通过自动化流程、提供实时数据、提高决策质量等方面来改善用户体验，从而提高用户满意度和忠诚度。

1. 加强个性化服务

以智能客服为例，传统的客服模式是人工接听电话，为用户提供通用的服务，这样往往需要用户长时间等待，服务质量也难以保证。而智能客服可以通过语音识别、自然语言处理等技术，实现自动接听电话，并且通过对客户的语音和文本信息进行分析，快速定位客户的问题，并且提供精准的解决方案。这样可以大大缩短客户等待时间，提高服务效率，提升客户体验。

另外一个例子是智能推荐系统。传统的推荐系统往往只能基于客户的历史行为或者基本信息进行推荐，难以做到精准的个性化推荐。而智能推荐系统可以通过分析客户的行为、偏好和需求等多维度信息，实现精准的个性化推荐，让客户获得更加符合自己需求的产品和服务，提升客户体验。

2. 提高客户满意度

智能化应用可以通过更智能化的手段，提高客户的满意度和忠诚度。首先，智能化应用可以通过实时监测客户的行为、偏好和反馈，为客户提供个性化服务和推荐，从而提高客户满意度。其次，智能化应用可以在客户服务过程中，通过自动化流程和减少人为干预，提高服务的效率和质量，同时降低客户等待时间和服务成本。最后，智能化应用还可以通过智能化的反馈机制和预测分析，及时发现和解决客户的问题和需求，从而增加客户的忠诚度。

当企业或组织能够通过智能化应用更好地理解客户的需求和偏好时，就可以提供更加个性化、定制化的服务，使客户感到更加被重视和关心。智能化应用可以通过收集和分析客户数据来确定客户需求，然后提供定制化的产品和服务，从而增加客户满意度。此外，智能化应用还可以通过自动化、在线服务等方式改善客户体验，例如提供 24h 在线客服，通过机器人自动回答常见问题等。这些智能化手段都能够提高客户的满意度和忠诚度，从而促进企业的发展。

3. 优化用户交互体验

智能化应用可以通过更智能的手段，优化用户与应用的交互体验，从而提高客户满意度。例如，在智能语音助手应用中，客户可以通过语音指令完成各种操作，无须手动操作，不仅节省了时间，还减少了误操作的可能性，提高了客户的使用体验。此外，智能化应用还可以通过自然语言处理和机器学习等技术，更好地理解客户的需求和意图，从而提供更加个性化的服务，进一步提高客户满意度。例如，在智能推荐系统中，通过分析客户的历史浏览记录、搜索关键字、购买行为等信息，可以推荐符合客户兴趣和需求的产品或服务，从而提高用户的满意度和忠诚度。

智能化应用还可以通过提供更为便捷的用户交互方式（例如语音识别、自然语言处理等）来改善用户体验。这些技术能够让用户更加方便地与应用进行交互，而不需要像以往那样需要输入指令或填写表单等烦琐的操作。此外，智能化应用还可以通过个性化推荐、智能化搜索等方式，为用户提供更加个性化的服务，满足用户的需求，从而提高客户满意度。

举个例子，现在的智能音箱可以通过语音识别技术，让用户更加便捷地与设备进行交互，如询问天气、播放音乐、控制家居等操作，而无须手动操作。此外，智能音箱还可以通过语音识别和自然语言处理技术，对用户的需求进行分析和识别，从而为用户提供更加个性化的推荐和服务。这种智能化应用的交互方式，不仅提高了用户的使用体验，也提高了客户满意度。

2.1.5 增强竞争力

智能化应用是提高企业竞争力的重要手段之一，它可以使企业更好地适应市场变化、提高生产效率和提供更好的客户体验，从而在市场中获得优势地位。

1. 提高产品质量

智能化应用可以通过质量监测和反馈机制，实时监测产品质量，并及时发现和处理质量问题，避免低质量产品的流入市场。同时，智能化应用还可以通过对质量数据的收集和分析，帮助企业了解产品质量的整体情况，并发现问题的根源，从而优化产品设计和生产过程，提升产品的质量和性能。

通过提高产品质量，企业可以提高客户的忠诚度和产品口碑，增加产品的销量和市场份额。同时，优质的产品也可以提高企业的声誉和形象，增强企业的品牌价值和竞争力。

2. 提高品牌知名度

智能化应用不仅可以通过提高产品质量，增强客户体验来提高企业竞争力，还可以通过帮助企业提高品牌知名度来增强竞争力。随着社交媒体、互联网和移动技术的普及，企业需要寻求更多的途径来与消费者进行交流和沟通，这需要在不同的渠道上传递一致的信息和品牌形象。智能化应用可以通过提供更好的用户体验和个性化服务来吸引消费者，从而提高品牌知名度。例如，智能化营销平台可以通过分析用户数据，为客户推荐更符合其兴趣和需求的产品，提高购买率和客户满意度，同时增加品牌曝光度和知名度。此外，智能化应用还可以通过自动化营销流程提高市场反应速度，迅速响应市场变化和客户需求，从而增强企业的竞争力。

3. 降低市场营销成本

智能化应用还可以通过帮助企业降低市场营销成本来增强竞争力。传统的市场营销方式通常需要大量的人力和财力资源，而且很难直接与目标客户进行精准互动。智能化应用则可以通过数据分析、个性化推荐、智能客服等方式，帮助企业实现更加精准的营销，降低营销成本，提高效率和效果。例如，利用智能化广告投放，企业可以根据客户的兴趣、行为和地理位置等信息，将广告投放到最适合的人群中，从而提高广告的点击率和转化率。此外，智能化客服也可以通过智能化聊天机器人等方式，帮助企业实现自动化客服，降低客服成本，并提高客户满意度和忠诚度。这些都可以为企业在市场竞争中获得更大的优势。

2.2　智能化应用面临的挑战

当企业采用智能化应用时，虽然可以获得很多优势和机会，但同时面临着一些挑战。这些挑战包括技术、安全和管理等方面的问题，如数据安全和隐私保护、技术不成熟和失控、智能化应用的误判和不当应用等。因此，企业需要认真考虑这些问题，并采取相应的措施来减少潜在的风险。本节将详细从数据质量、算法不可解释、数据隐私、数据安全风险 4 个方面介绍智能化应用构建过程中面临的挑战。

2.2.1 数据质量

智能化应用的挑战之一是数据质量问题。智能化应用的成功与否，取决于其能否使用准确、可靠、完整和相关的数据。然而，数据可能存在许多问题，具体的表现有数据收集和处理的不准确性、数据的不完整性和缺失性、数据的不一致性和不可靠性。这些问题可能会导致智能化应用的错误结果和不准确的决策。

1. 数据收集和处理的不准确性

数据收集和处理的不准确性是智能化应用面临的一个挑战。如果数据不准确，智能化应用就无法正确地进行分析和预测，从而影响决策和行动的准确性和效果。数据不准确的原因可能包括数据源不可靠、数据收集不完整、数据处理过程中出现错误等。

解决数据收集和处理的不准确性需要从数据质量管控入手。企业需要制定严格的数据采集和处理流程，确保数据的准确性、完整性和一致性。在数据收集阶段，可以使用更加高效和准确的数据采集工具和技术，如物联网传感器和人工智能视觉识别技术。在数据处理阶段，可以使用更加高效和准确的数据处理算法和技术，如机器学习和深度学习等。

此外，企业需要建立完善的数据质量监控和反馈机制，及时发现和解决数据质量问题，保障智能化应用的准确性和效果。

2. 数据的不完整性和缺失性

数据的不完整性和缺失性是智能化应用面临的另一个重要挑战。在数据收集和处理的过程中，可能会出现数据缺失、错误、不准确等问题，导致数据不完整。而缺失的数据往往会影响智能化应用的预测和决策结果，影响应用的准确性和可靠性。

在解决数据不完整性和缺失性问题方面，需要更加精细的数据采集和处理流程，以及更加先进的数据分析和建模方法。例如，可以使用机器学习算法来填充缺失数据，或者使用数据清洗技术来排除错误数据。

此外，数据不完整性和缺失性问题也需要在数据共享和隐私保护方面加以考虑。在数据共享时，需要确保数据的完整性和准确性，并采取必要的安全措施保护数据的隐私。

3. 数据的不一致性和不可靠性

数据的不一致性和不可靠性也是智能化应用面临的挑战之一。在现实世界中，数据往往有多个不同的来源，这些来源可能使用不同的数据格式、数据定义和数据结构。这些不同的数据源可能会导致数据之间存在冲突和矛盾，从而降低了智能化应用的准确性和可靠性。此外，数据本身也可能存在错误和偏差，这可能会影响智能化应用的决策和预测结果。

为了应对这些挑战，企业需要采用高质量的数据管理方法和技术，包括数据清洗、数据验证、数据整合和数据质量评估等。此外，应该建立数据质量控制标准和流程，并定期对数据进行更新和维护，以确保数据的准确性和一致性。这些步骤可以提高智能化应用的可靠性和准确性，从而为企业带来更多的商业价值。

2.2.2 算法不可解释

智能化应用中使用的算法通常非常复杂，这些算法是由机器学习或深度学习技术创建的。由于这些算法非常复杂，因此它们通常被称为"黑箱"，即它们的内部工作原理难以解释。这种算法不可解释性可能会带来一些挑战。

1. 黑盒算法的不可解释性

黑盒算法是指在实现过程中对内部运作过程不透明的算法，用户只能看到输入和输出信息，但无法理解其中的运作过程。这种算法的不可解释性可能导致用户难以理解、验证和信任其结果，从而对智能化应用带来挑战。

以人工智能领域的图像识别技术为例，黑盒算法在这个领域中被广泛应用。一些图像识别算法可以识别出照片中的物体、场景、人物等，但却无法解释它们是如何进行识别的。这就导致了一些问题，具体如下。

出现错误的分类结果：黑盒算法无法告诉用户它是如何进行分类的，导致用户难以理解出错的原因，也难以对算法进行改进。

出现种族或性别歧视：由于黑盒算法无法解释其运作过程，它们可能对某些人群偏见或歧视，例如对少数族裔或某一性别的人识别准确度低。

产生隐私问题：如果黑盒算法在处理数据时包含了敏感信息，那么用户无法了解算法是如何使用这些信息的，这可能会引起隐私问题。

黑盒算法的不可解释性对企业决策、生产等方面的影响很大。因为黑盒算法的工作原理不透明，所以企业难以理解和解释它们的决策过程。这可能会导致企业在决策时出现误判或不当决策的风险。

在生产方面，黑盒算法的不可解释性也可能会导致生产过程中的错误或问题。例如，某黑盒算法用于控制生产线上的机器人，但企业无法理解它的决策过程，如果机器人出现错误操作，则企业难以快速排查和修复问题。

此外，黑盒算法的不可解释性可能会影响企业的声誉和信任度。如果企业无法解释其决策，客户和其他利益相关者可能会对企业的决策和行为产生怀疑和不信任感，从而损害企业的声誉和信誉。

因此，企业在使用黑盒算法时，需要考虑其不可解释性可能带来的影响，并寻找解决方案来提高透明度和可解释性。例如，企业可以选择使用白盒算法，或通过解释器或可视化工具来解释黑盒算法的决策过程。同时，企业需要加强数据质量管理，确保数据的准确性和完整性，以最大限度降低黑盒算法的误判和不当决策的风险。

2. 对模型进行可解释性分析的技术

对于黑盒算法的不可解释性，人们从技术角度尝试通过模型可解释性分析技术来提高模型（算法）的可解释性。以下是几种常用的模型可解释性分析技术。

特征重要性分析：通过计算每个特征对模型预测结果的影响程度，来确定哪些特征对模型预测结果的影响最大。

局部可解释性分析（LIME）：通过构建一个局部线性模型，来解释一个具体实例的预测结果。这种方法能够帮助人们理解模型在某些情况下的预测原因，进而提高模型的可解释性。

预测值分解（PDP）和部分依赖图（PD）：通过绘制特征与预测值之间的关系图表，来探索特征如何影响模型的预测结果。

决策树：决策树算法能够将一个问题划分成多个小问题，直到问题的答案变得简单明了。通过对决策树进行可视化分析，人们可以更好地理解模型的决策过程。

应用这些技术，可以提高模型的可解释性，帮助企业更好地理解模型的决策过程和预测结果，从而更好地进行决策和优化。

2.2.3 数据隐私

数据隐私是智能化应用面临的一个严峻挑战。智能化应用所涉及的大量数据往往包含用户的个人信息和隐私，例如用户的姓名、地址、电话号码、信用卡号等，这些数据一旦被泄露，将会对用户造成巨大的损失。此外，一些数据还可能涉及商业机密、专利等敏感信息，若这些数据被泄露，也会给企业带来严重后果。

1. 数据泄露和滥用的风险

数据泄露和滥用是数据隐私面临的两大风险。数据泄露是指未经授权地将数据公开或者泄露给未经授权的人员或组织，例如黑客攻击、系统漏洞等。数据滥用则是指数据被用于未经授权的目的，例如将用户数据用于广告推广或出售给第三方。

这些风险会对数据隐私造成严重的破坏，进而影响到企业的智能化应用。首先，这些风险可能导致用户失去对个人数据的控制权，使得用户对智能化应用的信任度降低，进而影响到用户对这些应用的使用。其次，数据泄露和滥用可能会破坏用户隐私和安全，例如身份盗窃、财务损失等。这不仅会影响到个人，还会对企业声誉和信誉造成负面影响。

为了应对数据隐私问题对智能化应用的挑战，需要采取一系列技术手段和策略，例如数据加密、访问控制、隐私保护法律等，以保护用户的隐私和数据安全。此外，对于智能化应用的开发者和管理者来说，也需要遵守相关隐私保护法律和规定，加强数据管理和监督，提高数据安全性和可信度，从而增强用户对智能化应用的信任度和使用意愿。

2. 数据隐私保护的技术手段

数据隐私保护是指在数据收集、存储、处理、传输和使用等全生命周期中，保护数据主体的个人隐私，防止敏感数据泄露或滥用。以下是一些数据隐私保护的技术手段。

加密：对敏感数据进行加密，保证只有授权的人能够解密和访问数据，同时可以使用可逆或不可逆加密方法保护数据的机密性和完整性。

匿名化：通过去标识化、扰动化等技术手段，将个人敏感信息进行隐蔽处理，使其在不影响数据的可用性和实用性的前提下，实现个人隐私的保护。

脱敏：去除数据中的敏感信息或将敏感信息替换为虚拟数据，从而保护数据主体的隐私。

访问控制：对数据进行访问控制，只有授权人员才能访问数据，可以通过身份验证、访问权限控制等手段实现数据的安全访问。

安全计算：采用安全多方计算、同态加密等技术，对数据进行计算和分析，保证数据隐私和安全性。

数据备份和恢复：制定有效的数据备份和恢复方案，以应对各种数据安全事件和故障，及时恢复数据和业务，减少损失和影响。

数据生命周期管理：从数据采集、处理、存储、传输、使用、删除等各个环节进行数据安全管控，保证数据隐私和安全性。

法律合规：遵守相关的隐私保护法律法规，及时更新隐私政策和公告，履行信息披露义务，加强用户信息安全管理和保护。

这些技术手段可以结合实际情况和需求，进行选择和应用，实现数据隐私的保护和智能化应用的安全使用。

2.2.4　数据安全风险

智能化应用在处理和存储敏感数据时，可能会面临安全威胁和攻击的风险。这些风险可能会导致数据泄露、系统瘫痪、业务中断等严重后果，进而影响企业的声誉和信誉。

1. 威胁来源和类型

数据的威胁来源和类型是智能化应用面临的安全风险之一。以下是一些数据威胁来源和类型。

外部攻击：外部攻击者可能试图通过黑客攻击、网络钓鱼或恶意软件等方式获取机密数据，进而破坏智能化应用的安全性。

内部威胁：内部威胁包括员工、合作伙伴或供应商等具有访问企业数据权限的人员可能会滥用权限或者故意或不经意地泄露机密数据。

数据篡改：数据篡改可能会导致智能化应用的不准确性，从而影响企业的决策。

拒绝服务攻击：拒绝服务攻击（DoS）是指攻击者通过发送大量请求或大量数据来占用网络带宽和服务器资源，从而导致智能化应用无法正常运行。

数据窃取：数据窃取指攻击者在未经授权的情况下获取机密数据的过程。数据窃取可能会导致企业的商业机密泄露，进而对智能化应用造成安全风险。

社交工程：社交工程是指通过欺骗、诱骗或欺诈等手段获取机密信息的行为，进而破坏智能化应用的安全性。

2. 智能化应用安全防护的措施

为了应对这些威胁，企业可以采取多种技术手段进行安全保护，具体如下。

访问控制：通过访问控制机制，企业可以限制对敏感数据的访问权限，从而降低数据泄露的风险。

加密：加密可以将数据转换为无法读取的形式，从而保护数据的机密性。

安全审计：安全审计可以帮助企业发现未经授权的访问或其他安全事件，从而及时采取措施进行应对。

安全培训：对员工进行安全培训，提高其安全意识，从而减少内部威胁的发生。

安全监测：通过安全监测技术，企业可以实时监测和检测网络安全事件，及时采取措施应对。

2.3 智能化应用的发展趋势

智能化应用是当前技术发展的热点和趋势，未来的发展将更加广泛和深入。它的发展趋势越来越注重人机交互的自然化、智能化和普及化。运用人工智能技术和大数据分析方法，将智能终端设备与各种智能软件通过互联网连接起来，智能化应用将成为嵌入人们日常生活的"第二大脑"，提供更为便捷、高效、智能的服务。此外，未来的智能化应用还将更加注重安全性和隐私保护，以保障用户的信息安全。同时，基于可持续发展理念，智能化应用将与环保和节能相关的领域相结合，推出更多与环保和节能相关的产品和服务，以实现智能化和可持续性的统一。

2.3.1 技术深度融合

随着人工智能和大数据等技术的不断发展，智能化应用也在不断演进，推进各种基于计算机、通信技术和传感器等技术手段的技术要素之间，以及各种应用场景之间的深度融合。具体来讲，技术深度融合是指在保持各自专业领域的前提下，通过技术融合的手段，实现整体优化和协同发展。

技术深度融合的意义在于，实现不同技术单独使用时难以实现的智能化应用效果。通过技术深度融合，不同技术之间的局限性会被打破，各个技术之间的协同效果将得到优化，从而实现更加高效、智能、安全、可靠的智能化应用。

1. 计算机视觉与人工智能的融合

计算机视觉和人工智能是目前应用最广泛的两种智能化技术，二者的深度融合将成为智能化应用领域发展的主要趋势之一。计算机视觉与人工智能的融合可以实现对图像和视频的自动理解和处理，包括图像识别、场景理解、目标跟踪、动作分析等。未来，计算机视觉与人工智能的融合将为智能医疗、智能出行、智能安防、智能家居等领域带来更为精准、高效、智能的服务，实现更加丰富、自然化的人机交互。

2. 传感技术与云计算的融合

传感技术和云计算是实现物联网的两个关键技术要素，二者的深度融合将有助于实现端到端的智能化管理和服务。传感技术可以实现对物理量的监测与采集，而云计算可以实现大数据的分析和处理。通过二者的融合，可以实现对大规模设备的集中管理和控制，从而实现智能制造、智能交通、智能能源等领域的高效管理和优化调度。

3. 物联网技术与 5G 的融合

物联网技术和 5G 通信技术是未来智能化应用发展必不可少的两个技术要素。物联网技术可以实现多种设备之间的互联互通，5G 通信技术可以提供更为高速的网络连接和更低的延迟。二者的深度融合将为人们在智能出行、智能医疗、智能家居、智慧城市等方面带来更加丰富、快速、稳定的智能化服务。

4. 语音技术与自然语言处理的融合

在未来的智能化应用中，语音识别和自然语言处理将成为重要的技术支持。语音技术可以实现人机自然交互，而自然语言处理可以实现语音的理解和语义的分析。技术深度融合将可以实现对多语种、多方言的自然语言的理解和分析，从而为人们提供更为自然、高效的语音交互服务。

2.3.2　数据价值挖掘

随着信息技术的发展，大量的数据被产生和存储，数据在智能化应用中扮演着重要的角色。数据价值挖掘是指在数据中发掘出有价值的信息，为企业决策提供依据，促进业务的发展。未来，数据价值挖掘在智能化应用中将继续发挥重要作用。

1. 多源数据的整合

未来，数据价值挖掘不限于单一来源的数据，而是更多地关注来自多个来源的数据。为了更好地挖掘数据的价值，需要对多个数据来源进行整合，包括来自不同部门、不同业务领域的数据等。多源数据的整合将为数据挖掘提供更丰富的信息，让企业更好地理解客户需求，做出更准确的决策。

2. 智能化技术的普及

随着智能化技术在各行业的实践应用发展，企业越来越重视智能化技术的应用价值。未来智能化技术的产业落地也会更加普遍，尤其是擅长于自主推理和智能决策的机器学习技术，以及能够通过神经网络模型自动处理海量数据的深度学习技术。企业通过引入这些智能化技术，可以实现数据自动分类和数据分类模型的优化，进一步提高数据价值的提取和利用效率，从而发现数据中的模式和规律，挖掘数据的价值。

3. 自动化数据治理

随着数据的大量产生和应用，数据整合和治理将成为数据价值挖掘中的重要环节。数据整合和治理是指将不同来源和类型的数据进行整合，并保证数据的质量和安全。传统的数据治理以企业业务发展为指引、以行业实践为依据，通过项目制方式逐步推进。这种方式周期长、效率低，往往是在企业的数据应用中发现问题之后，根据实际需求提出数据治理的痛点和需求。未来的数据治理模式会更加自动化，通过构建自动化数据治理工具，以机器取代人工，自动化发掘企业的数据问题，自动化构建数据治理标准和模式，进而自动化进行数据整合和治理，高效地处理数据问题，以支撑企业的数据价值挖掘。

未来数据价值挖掘的发展趋势主要集中在多源数据整合、智能化技术应用及自动化数据治理等方面。企业可以根据行业需求和技术发展趋势进行数据价值挖掘相关技术和服务的选型和实施，从而提升数据的价值和企业的核心竞争力。

2.3.3 跨行业应用

跨行业应用是指利用智能化技术将某一行业的优势与其他行业进行有机结合，实现跨越行业的智能化应用。通过跨行业应用，不仅可以进一步优化行业内部的业务流程，还可以开辟新的市场，提高企业的竞争力。随着智能化技术的发展，人工智能、大数据、物联网等技术在不同领域的应用也越来越广泛，传统的行业界限逐渐模糊，跨行业应用成为智能化应用的重要发展趋势之一。

1. 智能制造与智慧物流的结合

智能制造是利用智能化技术实现制造流程全过程的智能化，以提高制造效率、降低成本。智慧物流则是利用物联网、云计算、大数据等技术实现物流流程全过程的智能化，以提高物流效率、降低物流成本。未来，智能制造和智慧物流将会更加紧密地结合起来，形成产业链上下游的紧密合作，提高整个产业的效率和利润空间。智能制造和智慧物流的结合可以实现生产和物流的无缝连接，从而提高物流的可透明度、质量和效率。通过将实时物流数据与智能化生产系统相结合，制造企业可以实现更快的交付时间和更低的生产成本。例如，由于智能化物流系统可以提供准确的物流时间表和运单跟踪信息，生产计划可以更好地调整，这有助于企业实现高效的生产制造。

2. 智能交通与城市智能化的结合

智能交通是指利用现代信息技术对交通运输领域进行智能化改造，提高交通运输效率、优化交通流动性和安全性。城市智能化则是指利用信息技术实现城市公共服务、城市管理和城市生态环境智能化。未来，智能交通和城市智能化将会更加紧密地结合起来，形成"智慧城市交通"，以解决城市交通拥堵、交通事故、污染等问题，实现交通运输系统和城市公共服务的智能化。智能交通和城市智能化的结合可以有助于构建更加安全、可持续、高效的城市交通系统。例如，城市交通监控系统可以实时收集和分析交通数据，从而制定智能交通策略，包括车流量的调整、拥堵区域的疏导等，从而优化城市交通运营和提升城市居民的出行体验。

3. 智能医疗与保险业的结合

智能医疗与保险业的结合可以有助于提高医疗服务的质量和效率。例如，通过与保险公司的合作，智能医疗系统可以更及时地为患者提供个性化的医疗服务和保险服务，从而提高医疗服务的质量和效率。同时，保险公司可以根据智能医疗系统提供的数据来评估风险和定价，这有助于降低保险公司的成本和提升客户满意度。

在实际应用中，智能化技术往往需要与相关产业现有的系统相融合，从而实现跨行业的应用。因此，智能化技术的跨行业应用还需要有相应的标准和规范，同时需要相关产业之间的协作和合作。

第 3 章
智能化技术概述

　　智能化技术是近年来在信息技术领域中不断涌现的新技术，是数字经济时代的重要支撑力量，也是智能化应用的主要实现手段。它通过人工智能、大数据、云计算、物联网等多种技术手段，使得计算机系统可进行智能处理，从而实现更加智能化的应用。智能化技术的应用范围非常广泛，包括智能影像、智能驾驶、智能语音助手、智能音箱、智能家居等多个领域，以其卓越的表现吸引着越来越多的关注。

3.1　智能化技术的概念和发展历程

3.1.1　智能化技术的概念

　　智能化技术是指利用数据挖掘、机器学习、深度学习、自然语言处理、计算机视觉等人工智能类先进方法，结合云计算、大数据、物联网等先进技术对实际问题进行抽象建模，从海量数据中提取有用的信息和知识，并进行知识推理，从而实现对系统或设备的智能化改造，使其能够自主感知、自主决策和自主行动的技术。它的目标是实现机器与人的智能交互，提高生产效率、节约成本，提供更便利、更优质的服务，以及解决许多实际问题。

3.1.2　智能化技术的发展历程

　　智能化技术的出现可以追溯到 20 世纪，随着信息技术、计算机技术和通信技术的飞速发展，人们开始思考如何将这些技术应用于实际生活和工作中，以实现更高效、更智能、更自动化的生产和管理。

　　20 世纪 50 年代，人工智能的概念出现。人工智能的起源可以追溯到 1956 年，当时举办了一次人工智能会议，标志着人工智能领域的诞生。在此之后，人工智能逐渐成为计算机科学的重要分支。最初，人工智能的研究主要是为了模仿人类认知和推理过程，通过计算机模拟人类的感知、思考和行动来实现类似于人类的智能行为。这种研究的重点是如何将人类智力知识化，用形式化的方式表达出来，从而能够被机器处理。

在 20 世纪 60 年代，人工智能开始向更具实际意义的目标转变，例如机器翻译、语音和视觉信息的处理、能够自主学习和推理的智能系统等。同时，新的研究趋势也逐渐出现，例如利用基于规则的推理方法解决问题、研究基于知识的推理和专家系统的开发、发展机器学习等技术。

20 世纪 70 年代，专家系统成为人工智能技术的主要分支，专家系统通过将专家的知识和经验转化为计算机程序的形式，以实现智能化决策。同时，神经网络技术也开始发展，这一技术可以用来模拟人类的神经系统，并实现类似于人类学习的过程。

20 世纪 80 年代，机器学习和数据挖掘开始成为人工智能技术的重要分支。机器学习通过将算法和模型应用于大量数据集，以实现自动化分类、预测和决策。数据挖掘则着重于从大量数据中发现潜在的知识和模式，以帮助人们做出更准确的决策。

20 世纪 90 年代，随着互联网的普及和数字化时代的到来，智能化技术得到了更广泛的应用和发展。搜索引擎、语音识别、图像识别等技术开始成为智能化应用的重要组成部分。同时，新的技术也不断涌现，如基于规则的推理技术、基于统计的自然语言处理技术、遗传算法、模糊逻辑等。

21 世纪以来，随着计算机硬件技术和云计算技术的飞速发展，智能化技术开始得到广泛应用，如智能家居、自动驾驶、医疗健康、智能制造等。同时，深度学习技术开始崛起，深度学习通过模拟人类神经网络的结构和功能，实现更高效、更准确的模式识别和决策。

智能化技术在过去的几十年中，经历了从起步到成熟，再到高速发展的历程。其中，机器学习、专家系统、自然语言处理、深度学习、云计算和物联网技术等，都是智能化技术的里程碑式的进展，推动着人工智能技术的快速发展。未来，智能化技术将会不断地扩大其应用领域与深度，并进一步促进社会的进步和发展。

3.2　智能化技术的分类

根据不同的分类标准，智能化技术可按任务类型、技术类型、应用领域、发展阶段等几种常见方式进行分类，下面先对这几种分类方法进行简要介绍。

智能化技术按照任务类型可分为：智能控制，包括智能家居控制、智能工厂控制、智能建筑控制等；智能感知，包括计算机视觉、声音识别、自然语言处理、传感器技术等；智能决策，包括基于规则的决策、基于统计学的决策、基于机器学习的决策等；智能推荐，包括个性化推荐、内容推荐、广告推荐等；智能搜索，包括文本搜索、图像搜索、视频搜索等；智能生成，包括自动生成音乐、图像、视频、文本；智能对话，包括语音助手、聊天机器人、智能客服等。除了以上任务类型，智能化技术还可以根据应用场景进行不同的划分，例如自动驾驶领域中的路况识别、车道识别、交通信号识别等。这些任务类型和应用场景都是智能化技术实现人机交互、自主决策和自主执行的关键技术。

按照技术类型可分为：人工智能技术，包括机器学习、深度学习、强化学习、自然语言处理、计算机视觉等；区块链技术，包括去中心化数据存储、智能合约、数字身份认证等；机器人技术，包括机器人控制、运动规划、人机交互等；传感器技术，包括光学传感器、声学传感器、压力传感器、温度传感器等。除了以上技术类型，智能化技术还涉及云计算技术、大数据技术、物联网技术及边缘计算技术等。这些技术类型相互交织、相互渗透，共同为智能化技术的发展提供了有力的支持和保障。同时，智能化技术也包括一些新兴技术，这得益于人工智能技术的不断发展，如生成式人工智能（AIGC）、大模型技术等。

智能化技术按照应用领域可分为：制造业智能化技术，包括工业机器人、自动化生产线、智能物流等；交通运输智能化技术，包括智能驾驶、智能交通管理、智能公共交通等；健康医疗智能化技术，包括智能医疗设备、健康管理系统、医疗机器人等；金融智能化技术，包括智能风险控制、智能投资分析、智能客服等；教育智能化技术，包括智能教育平台、智能辅导工具、智能评估系统等；农业智能化技术，包括智能农机、智能温室、智能养殖等；建筑智能化技术，包括智能建筑控制系统、智能安防监控系统等。除了以上领域，智能化技术还涉及环境保护、能源管理、文化娱乐等众多领域，正在对各个行业和领域进行深刻的变革和创新。

智能化技术按照技术发展阶段可分为：原型阶段，技术开发者还在研究和开发新的技术，尚未在实际应用中得到广泛应用；成熟阶段，技术已经在实际应用中得到了广泛应用和验证，并取得了一定的商业成果；发展阶段，技术已经趋于成熟，并不断发展和创新，以满足新的需求和应用场景；创新阶段，技术已经成熟，但还存在很大的发展空间，需要不断进行技术创新和突破；转化阶段，技术已经成熟，并得到了广泛应用，但需要进一步转化为商业价值和社会价值。除了以上阶段分类，还可以根据技术的发展速度、应用领域、技术特点等进行不同的分类。在实际应用中，智能化技术的发展不断推动人类社会的进步和创新，为人们带来了更多的便利和福利。

本节主要对智能化技术的技术类型中的几种进行详细介绍。

3.2.1 人工智能技术

人工智能（Artificial Intelligence，AI）是指用计算机技术实现类似于人类智能的理论、方法、技术和应用系统的一门学科。人工智能的核心是研究人类智能的本质和实现方法，主要包括机器学习、深度学习、自然语言处理、知识表示与推理、计算机视觉等方面。在过去十年，由于计算设备和数据的爆发，这些技术发展迅速，使得机器能够模拟人类智能，通过大数据、算法和计算能力等手段进行学习和优化，从而在特定的领域中展现出超越人类的能力。

人工智能应用广泛，包括智能家居、智能安防、智能交通、智能医疗、智慧城市、智能制造等领域。随着技术的不断进步，人工智能除了将在更多领域得到应用，也有望在各个场景中实现更多的自主化和智能化。

人工智能技术的常见算法包括机器学习算法、深度学习算法、强化学习算法、自然语言处理算法、计算机视觉算法、进化类算法大模型技术等。这些算法是人工智能技术的核心，通过对数据、语言和图像等信息的处理和学习，实现人工智能系统的智能化和自主化。其中，机器学习算法是最基础和广泛应用的算法之一，深度学习算法则在大数据和计算能力的支持下迅速发展，自然语言处理算法和计算机视觉算法则广泛应用于语音识别、图像识别等领域，强化学习算法则在游戏、机器人等领域得到广泛应用，进化算法则在优化问题中具有一定的优势。这些算法的应用不断推动着人工智能技术的发展和应用，对于实现智慧城市、自动驾驶、智能医疗、智能制造等领域具有重要意义。

1. 机器学习

机器学习是人工智能领域的一个重要分支，旨在利用计算机算法和数学模型来使计算机具备类似人类学习的能力。机器学习算法通过从数据中学习并发现规律，使计算机能够自动地从输入数据中提取特征并进行预测或决策。机器学习算法的基本思想是通过对大量数据的分析和学习，寻找数据中的模式和规律，从而能够在之后的数据输入中做出预测或分析。

机器学习算法分为监督学习、非监督学习和半监督学习三种类型。监督学习是指从已经标记好的数据中进行学习和训练，并在之后的数据输入中进行预测和分类。常见的监督学习算法包括决策树、支持向量机、逻辑回归等。非监督学习是指从未标记的数据中进行学习和训练，并从中发现模式和结构，常见的非监督学习算法包括聚类、降维等。半监督学习则是介于监督学习和非监督学习之间的学习方式，通常使用少量已标记的数据和大量未标记的数据进行学习和训练。

机器学习算法的应用广泛，包括自然语言处理、计算机视觉、语音识别、推荐系统、金融风险管理等领域。机器学习在数据分析和预测上有着广泛的应用前景，为解决实际问题提供了有效的工具和手段。

2. 深度学习

深度学习也是一种主流的人工智能方法，它模拟了人脑中神经元之间的相互作用，通过建立多层神经网络来实现对复杂模式的学习和理解。与传统机器学习相比，深度学习具有更强的自适应能力和更高的精度。在深度学习中，数据被输入到多个隐藏层进行计算，每个隐藏层都包含多个神经元，每个神经元将收到前一层的所有神经元的输出，并将其与一个可学习的权重进行组合，最终输出到下一层。通过反向传播算法，深度学习可以自动调整每个神经元的权重，从而实现对输入数据的分类、回归、聚类等任务。

深度学习已经被广泛应用于图像识别、语音识别、自然语言处理、推荐系统、智能游戏等领域，它的应用也不断拓展。深度学习技术的不断发展，为实现更加智能化的人工智能应用提供了新的可能性和挑战。

3. 强化学习

强化学习可以被认为是一个"试错"过程，即机器不断地尝试不同的行动，然后通过环境的反馈来调整策略，这种反馈被称为"奖励"，机器的目标是通过最大化所获得的奖励来学习最佳的行动策略。在强化学习中，机器学习的过程可以被形式化为马尔可夫决策过程，其中机器的行为是基于当前状态和环境反馈来决定的。而深度强化学习是近年来备受关注的领域之一，它结合了深度学习和强化学习的技术，能够处理更复杂的任务和更大规模的数据。

4. 自然语言处理

自然语言处理是指将人类语言转化为计算机可处理的形式的技术，包括词法分析、语法分析、语义分析等。词法分析是将自然语言文本分解为基本单元，如单词和标点符号；语法分析是对文本进行结构分析，以理解句子的语法结构；语义分析则是理解文本的含义，包括命名实体识别、情感分析等。

5. 计算机视觉

计算机视觉是指通过图像处理技术和计算机视觉模型，实现对图像的识别、分析、理解和处理等，主要包括图像分类、目标检测、图像分割、物体跟踪等。其中，图像分类是对图像进行标注和分类；目标检测是在图像中定位和识别目标；图像分割是将图像分解成多个区域，以实现更细粒度的分析；物体跟踪则是在视频中跟踪目标物体的位置和运动。

6. 进化类算法

进化类算法是一种基于生物进化原理的优化方法，通过模拟自然选择、遗传变异等过程来进行优化。进化算法可以处理各种类型的问题，如单目标优化、多目标优化、约束优化等。其中的典型代表是遗传算法，它模拟了基因进化的过程，通过"交叉"和"变异"等操作来生成新的个体，并根据适应度函数对个体进行筛选。

7. 大模型技术

大模型技术是一种利用特殊的神经元结构进行训练和调整的技术。它利用大规模的计算机资源来训练深度神经网络，使得神经元的数量可以达到数十亿，甚至数百亿的级别。大模型的基本特点是具有更强的拟合能力和更高的准确率，可以适用于更为复杂的应用场景。

然而，大模型技术也面临着高昂的计算资源和时间开销，以及模型的过拟合问题。因此，在应用大模型技术时需要合理规划计算资源，同时要注意采用合适的正则化技术和优化算法来控制过拟合现象。

目前，大模型技术已被应用于计算机视觉、自然语言处理、推荐系统、语音识别等多个领域，在图像分类、目标检测、机器翻译、情感分析等任务中都取得了卓越的成果。未来，随着深度学习的不断发展和计算资源的不断提高，大模型技术将会在更多领域亮相，并开启新一轮的技术革命，也期待大模型技术能够尽快在各行业有高价值的落地应用。

3.2.2　区块链技术

区块链技术是一种基于密码学和分布式系统的新型技术，它可以用于构建去中心化、可信、安全的信息交换平台。它的核心概念是将多个数据块通过加密算法链接成一个不可篡改的链式结构，从而实现数据的分布式存储和共享。

区块链（Blockchain）是一种去中心化、分布式的数据库技术，它使用加密技术将多个数据块链接在一起形成一个"链"，并且每个数据块都包含了前一个数据块的哈希值，从而形成了一种不可篡改的数据结构。区块链技术通过去除中间的中心化机构，使得交易双方可以直接进行信任交易，同时保证交易的安全性和匿名性。

在区块链中，每个数据块都包含了若干个交易记录，每个交易记录都需要经过多个节点的验证和确认后才能被加入区块中。而且，一旦数据被加入区块中，就无法进行修改或删除，这保证了数据的完整性和不可篡改性。由于区块链的去中心化特性，它可以应用于众多领域，如货币支付、物联网、供应链管理、知识产权保护等。

3.2.3　机器人技术

机器人技术是指通过仿生学、控制工程、电子技术等多个学科的研究和应用，开发并制造具有自主能力的机器人。机器人是一种能够执行任务，从而替代人类完成一系列工作的智能机械设备。

机器人技术可以根据不同的分类进行划分，根据应用领域的不同，机器人可以分为工业机器人、服务机器人、医疗机器人、农业机器人等。根据外观和结构的不同，机器人可以分为人形机器人、汽车机器人、无人机等。根据控制方式的不同，机器人可以分为自主机器人、远程操控机器人等。根据功能的不同，机器人可以分为定位导航机器人、抓取和搬运机器人、视觉识别机器人等。

机器人技术的价值和应用非常广泛。首先，机器人可以完成危险、重复和烦琐的工作，提高生产效率和质量。其次，机器人可以在危险环境中代替人类进行操作，如深海探测、核辐射环境等。此外，机器人还可以应用于医疗领域，协助医生进行手术、康复护理等。另外，机器人也可以用于服务行业，如导购机器人、清洁机器人等。机器人技术在未来的交通运输、农业生产、智能家居等领域也有广阔的应用前景。

总而言之，机器人技术的发展和应用可以提高工作效率，降低成本，增加生产力，改善生活质量。它已经成为现代科技中的重要组成部分，并且将继续在不同领域发挥重要作用。

3.2.4　传感器技术

传感器技术是智能化技术的重要组成部分。传感器技术是指利用物理、化学或生物等原理，将环境中的各种信号或物理量转化为可测量的电信号的技术。传感器可以感知并测量温度、压力、湿度、光线、声音、运动、化学物质等各种参数，将这些信息转化为数字或模拟信号，以供后续处理、控制和决策。虽然传感器本身并不具备复杂的智能能力，但它们在实时感知和获取环境信息方面发挥着关键作用。传感器能够将感知到的数据转化为可量化的信号，使我们能够对环境进行准确的监测和评估。

传感器技术可以根据不同的分类进行划分。根据测量参数的类型，传感器可以分为温度传感器、压力传感器、湿度传感器、光学传感器、声音传感器、加速度传感器、化学传感器等。根据传感原理的不同，传感器可以分为电阻式传感器、电容式传感器、电感式传感器、光电传感器、磁传感器等。根据测量范围和精度，传感器可以分为模拟传感器和数字传感器。根据应用领域，传感器可以分为工业传感器、汽车传感器、生物医学传感器、环境传感器等。

传感器技术的价值和应用非常广泛。首先，传感器可以提供实时、准确的物理量测量数据，用于监测和控制各种工业过程，提高生产效率和质量。其次，传感器在汽车工业中广泛应用，用于车辆安全、环境监测、自动驾驶等。此外，传感器在医疗、农业、环境保护等领域也有重要应用，如健康监测、植物生长监测、水质监测等。传感器技术的发展还可以提供更多的智能化解决方案和数据支持，推动物联网、智能城市和工业 4.0 等领域的发展。

总而言之，传感器技术是连接物理世界和数字世界的重要桥梁，它的发展和应用可以实现更智能、安全、高效的各种系统和设备。通过传感器技术，我们可以获取并理解环境信息，做出更明智的决策，并为各行各业的发展带来巨大的价值。

3.2.5　云计算技术

云计算是一种基于互联网的计算模式，它将大量的计算资源（包括硬件、软件和服务）集中到数据中心，并通过网络按需提供给用户使用。云计算允许用户通过互联网访问存储在远程服务器上的数据和应用程序，以及利用远程计算能力进行处理和分析。云计算通常被分为三个主要模型：基础设施即服务（IaaS）、平台即服务（PaaS）和软件即服务（SaaS）。

云计算使用虚拟化技术将物理资源抽象为虚拟资源，从而实现资源的灵活分配和利用。使用自动化管理技术实现自动化部署、自动化管理和自动化维护，提高了资源的利用效率和管理效率。通过资源池化技术实现资源共享，提高了资源的利用率和利润率。

云计算技术已广泛应用于许多领域，主要包括以下几个方面。

云存储：基于云计算技术实现的用户数据存储服务，可以通过网络实现数据的备份、共享和管理。

云计算平台：通过云计算平台，用户可以以一种高度灵活的方式使用计算资源，以适应业务需求的高低波动，提高系统可用性和灵活性。

云安全：基于云计算技术实现的安全服务，可以为用户提供备份、监控和审计等能力，以应对安全问题和风险。

数据分析：云计算技术可以为数据分析提供巨大的计算能力，从而提高数据的挖掘和分析效率，帮助用户快速获取有用信息。

物联网（IoT）：云计算技术可以用于连接和管理涉及大量设备的物联网系统，提高其的可靠性和可用性。

云计算技术因高度灵活性、高度可扩展性、低成本和强大可靠性的特点，已成为当今各行各业的普遍选择，在企业信息化、科学研究、软件开发、数据处理和安全防范等领域都有广泛的应用和推广。通过云计算，用户可以享受到弹性计算、按需付费、高可用性等优势，大大降低了企业和个人使用计算资源的成本和复杂度。

3.2.6　大数据技术

大数据是指数据量非常大、种类繁多、处理难度高的数据集合。大数据技术是处理和分析大规模数据的一种计算机技术，主要包括数据采集和处理、数据应用和分析。数据采集是指从各种数据源收集数据，包括传感器、社交网络、交易记录等；数据处理是指通过各种技术处理大数据，包括分布式存储、分布式计算、数据挖掘、机器学习等；数据应用和分析是指将采集和处理的数据应用到实际业务场景中，进行数据分析、数据挖掘、机器学习等操作，得出有价值的结论和决策。大数据主要有"5V"特性。

Volume（数据量）：数据的数量庞大，通常是以 TB、PB、EB 等单位来衡量的。随着互联网技术的不断发展和智能设备的普及，产生的数据量呈现爆炸式增长，需要采用大数据技术来存储和管理。

Velocity（数据速度）：数据的产生、传输和处理速度非常快，需要在很短的时间内完成大量数据的采集、处理和分析。例如，互联网上的实时搜索、社交网络中的实时聊天、物联网中的实时监控等场景都需要处理大量的实时数据。

Variety（数据多样性）：数据来源、类型和格式的多样，包括结构化数据、半结构化数据和非结构化数据等。这些数据类型的不同需要采用不同的处理方法和技术，如文本分析、图像处理、语音识别等。

Veracity（数据真实性）：数据的可信度和准确性，即数据是否真实、完整、一致、可靠。在大数据分析中，数据的真实性非常重要，因为错误或虚假的数据会导致分析结果的误判和误导。

Value（数据价值）：数据的商业和社会价值。通过对大数据的分析和挖掘，可以获得有价值的信息和知识，为企业和社会带来巨大的商业和社会效益。

3.2.7　物联网技术

物联网（Internet of Things，IoT）技术是指利用一定的通信技术和互联网技术，将传感器、执行器及其他设备和物品等智能化对象连接到互联网，并实现智能化信息采集、交互和控制等一系列操作，从而实现物品之间的互联互通。应用物联网技术，各种物理设备通过互联网连接，可以互相通信、交换数据、协同工作，从而实现智能化、自动化和更高效的物联网应用系统。

物联网技术已广泛应用于各个领域，主要应用包括以下几个方面。

智慧城市：通过感知传感器和数据采集设备，实现城市基础设施、交通、环保等信息的智能化管理与控制，提高城市管理效率和资源利用率。

智能家居：通过物联网技术，实现家居设备的互联互通，如智能门锁、智能互联灯光、智能家电等，实现智能控制和管理，提高居家安全和居住舒适性。

智能制造：通过物联网技术，实现生产设备和产品之间的互联互通，达到快速生产和自动化控制，提高生产效率和产品质量。

智能交通：基于物联网技术和大数据分析，实现交通信息的智能化移动分析、交通流量监测等，以优化道路流量和提高交通安全程度。

智能医疗：通过物联网技术与云计算技术，将医疗设备、医疗器械和病人数据等信息进行互联，实现疾病的进一步诊断和治疗，提高医疗效率和准确性。

智能零售：基于物联网技术和大数据分析，采用智能收银机、智能超市货架等设备，实现自动采集购买行为，以提高销售量和降低成本。

总之，物联网技术以其在智能化、信息化、智能制造和安全保障等领域的突出优势，逐渐成为各行各业的关注重点和应用热点。

3.2.8 边缘计算技术

边缘计算（Edge Computing）是一种新型的计算架构，它将计算和存储资源尽可能地靠近数据源或数据消费者，以便在本地进行数据处理和分析。与传统的云计算相比，边缘计算更强调将计算从中心数据中心迁移到数据源或消费者附近的边缘设备上，避免了数据传输的延迟和网络带宽的瓶颈，从而提高了数据的传输速度和处理效率。同时，边缘计算还能够避免数据泄露和隐私问题，确保数据的安全性。因此，越来越多的智能化技术被引入到边缘设备和终端中，以实现更为分布式的智能化应用。

目前，边缘智能化技术已经在工业、医疗、交通、智慧城市等领域得到了广泛应用。以工业领域为例，智能传感器、无线网络和云计算等技术的结合，已经可以将数据采集、处理、存储和管理等功能下放到生产线边缘，使得生产过程更加智能化和自动化。在医疗领域，移动医疗、远程医疗和智能医疗等技术的结合，使得医疗信息化和智能化得以进一步发展，为患者提供更加个性化、精准化的医疗服务。在智慧城市领域，智能交通、智能环保、智慧物流等应用的发展，也大大促进了城市智能化的进程。

3.3 智能化技术的主要应用场景

智能化技术可以应用于各种场景，包括但不限于智能制造、智慧城市、智能家居、医疗健康、金融服务、交通运输、教育科研等领域。这些场景中，智能化技术可以通过数据采集、处理、分析、建模等手段，实现对环境、设备、用户等信息的智能化感知和控制，提高系统的效率、安全性和可靠性，为人类带来更加便捷、舒适、安全、健康的生活体验。本节将对智能化技术的主要应用场景进行简要说明。

3.3.1　智能感知与识别

智能识别与感知是智能化技术的重要应用场景，它是指计算机系统能够模拟人类的感知过程，通过识别和感知周围世界中的信息来实现自主学习和智能应用。

其中，智能感知是指计算机系统模拟人类的感知过程，通过传感器等硬件设备采集周围的信息，并且将这些信息转换为可处理的数据格式，进而通过深度学习等算法对各种传感器所采集到的数据进行处理和分析，从而快速获取决策所需信息。智能感知所使用的智能化技术包括传感器技术、数据处理、信号处理等。

智能识别是指计算机系统利用多种技术手段模拟人类的识别能力，将各种复杂的信息进行加工，提取出其中有用的信息，并且从中预测和决策。根据应用场景的差异，智能识别所使用的智能化技术包括机器学习、神经网络、自然语言处理（NLP）、计算机视觉（CV）等。

智能识别和感知技术已经被广泛应用于各个领域中，下面列举几个应用场景。

安防监控：安防监控是智能识别和感知技术的重要应用领域之一。利用智能感知技术可以实现对周围环境进行识别、检测和报警，进而实现对安全事件的监控和预防。

机器人视觉：机器人视觉是利用计算机视觉技术实现机器人感知和决策的重要领域。可以通过机器人视觉技术实现机器人的自我定位、自主导航和环境感知等功能，有效提高机器人的工作效率和安全性。

语音识别：语音识别技术已经被广泛应用于智能音箱、语音助手等场景中，可以实现语音控制、语音搜索、语音翻译等功能，方便人们的生活和工作。

人脸识别：人脸识别技术是智能识别技术的重要应用之一。可以通过人脸识别技术实现身份认证、门禁管理、安全监控等功能，进而提升场馆、建筑等各种场所的安全性和便捷性。

智能感知和识别的应用和发展已经取得了较大的成功，但是由于技术还不完善，一些技术瓶颈和难点依然存在。如何将智能识别和感知技术应用于更多的场景中，让其为人类服务，是一个需要不断思考和探索的问题。

3.3.2　数据分析与挖掘

数据分析和挖掘的目的是从数据中提取有用的信息和知识，可以帮助企业发现相关的数据信息，以便更好地评估企业运营状况，分析市场趋势，提高市场竞争力。

数据分析是指对数据进行收集、处理、分析、解释和呈现的一系列过程。它主要通过各种统计分析方法和技术，从数据中获取有用的信息和知识。数据挖掘是指从数据中自动或半自动地发现模式、潜在关系、规律性等新的知识的过程，它包括各种机器学习算法、聚类算法、分类算法等。数据挖掘和分析相互依存，前者可以生成原始数据的洞察和知识，后者可以透过前者的结果发现并描述问题。数据分析和挖掘具有广泛的应用领域，并已成为大数据时代的重要工具。

3.3.3 业务智能决策

业务智能决策（Business Intelligence Decision Making）简称为 BI 决策是指通过信息技术和数据分析方法，对企业的经营、管理、市场、客户等各方面进行全面、深层次的分析，提供予决策者更好的支持和帮助，使决策者能够更准确、更快速地做出正确的决策。

BI 决策是一种全新的、面向数据的决策方式，它能够帮助企业管理人员更好地理解和利用数据，提供全面的数据查询、分析、计算和决策支持，并为决策者提供可视化的信息、实时的决策帮助和即时的反馈。

BI 决策是在大数据时代背景下发展起来的新型决策方式，它融合了数据仓库、数据分析、数据可视化和决策支持等多种技术手段，能够把企业的各种业务数据、客户数据、市场数据和社会数据等分析整合起来，为企业提供基于实际情况的决策依据，促进企业决策的准确性和效率性。

BI 决策的主要目的是通过适用的信息技术和数据分析手段，将海量的数据通过提炼变为一种及时、准确、有效的信息，以对企业的经营和管理提供支持和指引，使组织对市场、客户、销售、财务等多个方面的业务测算和分析更加精确、全面和快速，从而在商业竞争中处于优势地位。

3.3.4 工艺与流程优化

在传统的生产流程中，人工操作和管理的不可避免的问题导致了许多生产过程中的质量问题和效率问题。随着信息技术的发展和应用，智能化技术逐渐应用于生产流程中，以实现流程自动化、优化和智能化，提高生产效率和产品质量。

工艺优化是指对某个生产工艺的参数进行优化，旨在提高产量的同时减少资源的浪费。工艺优化需要对生产工艺进行深入的探究和分析，寻找可以提高生产效率和生产质量的优化策略。利用智能化技术，可以将人工烦琐的工作自动化，以及大幅度提高工艺优化的效率和精度。

流程优化是应用智能化技术对生产线上的每一个环节进行不断优化，以便不断提高生产效率。但是，在实际应用中，由于人为因素和复杂的生产线，生产线上的一些问题比较难以解决。智能化技术可以通过对生产流程进行实时监测，利用数据分析技术寻找生产过程中存在的瓶颈。这样，就可以对生产流程进行优化，有效提高生产效率。

例如，在生产过程中，通过对数据的收集和分析，我们发现生产线上一台机器的速度过慢，导致在它前后运输的产品需要等待。通过调整生产工艺，增加生产线上该机器的工作环节，同时增加机器数量，以便在相同时段内生产更多的产品，实现整个生产流程的优化。

3.3.5 智能控制与自动化

智能控制与自动化是智能化技术的关键领域，它们涵盖了人工智能、机器学习、自动控制等多个方面的技术，可以帮助企业实现生产流程自动化和智能化，提高生产效率和产品质量。

智能控制是指利用计算机、传感器、执行器等技术手段对生产流程进行监控、调节和优化，实现生产过程自动化和智能化的一种技术手段。智能控制的核心是控制算法和控制器的设计与实现，它通过数据采集、信号处理和决策计算等环节来实现自动控制和智能化控制。

自动化是指在生产过程中通过计算机控制系统实现对生产流程的自动化控制。自动化的本质是将人工智能技术应用到生产流程中，通过智能化控制实现生产过程的自动化。

3.3.6　人机交互与协同

在智能化技术应用场景中，人机交互与协同的需求更加显著。例如，在智能家居领域，用户需要通过手机或语音助手等控制智能设备，还需要与人工智能系统进行"对话"，让家居环境更加符合个人需求。在智慧城市管理中，政府部门需要依靠数字化技术收集、处理和传递大量城市数据，而这些数据也需要向城市居民反馈，让其更好地"参与"城市管理。在智能驾驶领域，车辆需与驾驶人协作完成智能化驾驶，更好地消除人的误判和疲劳等因素对行车安全带来的风险。

3.4　智能化技术的发展趋势

智能化技术是当前信息技术发展的重要趋势之一，它已经深刻地影响了人们的日常生活、工作及社会经济的各个领域。随着人工智能、大数据、云计算等新技术的不断涌现和成熟，智能化技术正向着更加智能、更加高效的方向发展。可以预见的是，未来的智能化技术将会越来越成熟、越来越普及，进一步推动社会的发展和进步。

3.4.1　多模态融合技术将更加普及，强化智能化交互体验

随着物联网、人工智能、大数据等技术的快速发展，以及计算机硬件性能的不断提升，智能化技术正在向更加普及和深入的方向发展。在这个过程中，多模态融合技术成为其中一个核心趋势，它可大幅度强化智能化交互体验。

多模态融合技术是指通过整合不同的输入和输出方式，使机器能够更好地理解人类的意图，进而与人类沟通交互的一种技术。这种技术旨在提升交互效果和用户体验。它基于语音和视觉的结合，加上手势、姿态、运动和情感等多种输入方式，将这些输入方式进行创新的融合设计，可以让用户更加生动、自然地表达和体验。

多模态融合技术广泛应用于各行业的智能应用中。例如，语音助手可以通过多模态融合技术实现多种输入方式来理解和处理用户的指令，包括语音、文本和手势等，可在多个方面为用户提供便捷的帮助。再如，在自动驾驶中，多模态技术可以用视觉、雷达、激光等多种传感器，融合算法可识别目标，从而精确定位，在道路上保证交通流畅和行车安全。

随着以 ChatGPT 为代表的 AIGC 等新技术的快速发展，多模态融合技术将进一步加强智能化交互体验。例如，通过将多种技术融合，ChatGPT 不仅可以加入更多的输入方式，如深

度学习、推荐算法等，还可以进一步提高处理算法的准确性和效率，为用户提供更加智能化和个性化的服务。

以 AIGC 技术为例，它不仅可以通过多模态输入方式来与人类交互沟通，还可以利用人类的语言推理能力和众人智慧，进行语境的理解和知识的挖掘，从而更好地理解人类的需求和问题，并推荐更加合适的解决方案。

而作为 AIGC 技术的典型代表，ChatGPT 可以通过自然语言生成的方式，将更加自然流畅的语言融合到多模态融合技术中，使得机器可以更加智能地进行自然语言理解，并进行自然流畅的回复，加强人与计算机之间的交互体验和沟通效果。

多模态融合技术的发展前景非常广阔，未来它将会在诸多领域得到广泛应用，这将会给社会生产和生活带来重要的变革。

多模态融合技术是智能化技术发展趋势中的一个重要趋势，它可以提升人与计算机之间的交互体验，拓宽智能化技术的应用场景，为未来的技术创新和应用带来更多可能性。

3.4.2 与业务深度融合，促进企业业务升级

智能化技术将与业务深度融合，促进企业业务升级。随着智能化技术的快速发展，越来越多的企业意识到智能化技术对于业务升级的重要性。智能化技术可以通过数据分析、智能决策、自动化等方式，帮助企业提高生产效率、降低成本、优化业务流程等方面发挥作用。

通过物联网、大数据、人工智能等技术的深度融合，可以实现智能化生产、运营、服务、维护等环节全面智能化，打造更加精准、高效的企业运营模式，并带来全新的商业模式。智能化技术与业务的深度融合，将助力转型升级、提高效率、优化成本、提供更好的服务，使企业在未来竞争中占据优势地位。

智能化技术与业务深度融合趋势将不断加强，为企业提供了更多的机会和可能性，可以帮助企业更好地实现业务升级，提高竞争力。企业应该通过推广并应用智能化技术、实现智能化业务生命周期管理、营造智能化企业文化、建立智能化业务的增长模式等措施，为实现智能化技术与业务的深度融合提供支持，并为未来发展积蓄能量。

3.4.3 向边缘设备推进，实现分布式智能化应用

随着物联网设备的数量增加及数据量的爆炸式增长，智能化技术也在不断演进和进化，越来越多的应用将智能化技术推向了边缘设备和终端，这也是智能化技术的发展趋势之一。传统的数据中心已经难以满足实时计算和分析的需求，同时人们对于智能化应用的要求也越来越高，需要实时响应和更高的安全性能。因此，将智能化技术推向设备和终端，实现更为分布式的智能化应用已经成为未来的发展方向。

智能化技术向边缘设备和终端推进已经成为发展趋势，它的推广将带来更为高效和智能化的服务，提高实时性和安全性。随着边缘计算、5G 技术和 AI 芯片的发展，智能化技术向边缘设备和终端的推广将更加普及。在这一趋势下，微软等知名科技公司已经在智能零售、智能制造等领域取得了成功。从市场的角度来看，智能化技术向边缘设备和终端的推广将带

来更多商业机会。在技术和商业方面的支持下，智能化技术必将成为未来的发展趋势。

3.4.4　注重数据安全和隐私保护，应对数据安全风险挑战

随着智能化技术的应用范围越来越广泛，智能化技术已经深入到人们的生活和工作中，为人们的生活和工作带来了很大的便利。但是，在智能化技术的发展过程中，也出现了一些问题，其中最为突出的就是数据安全和隐私保护方面的问题。因此，在未来的发展中，智能化技术将更加注重数据安全和隐私保护，应对数据安全风险的挑战，实现更为分布式的智能化应用。

为应对数据安全风险的挑战，智能化技术未来会更加强化数据的加密和隐私保护措施，以保证数据安全和隐私；加强数据的安全备份和恢复措施，以便在数据丢失或出现故障时能够及时恢复数据；采用多层次的数据安全措施，以避免出现单点故障和数据泄露的风险；保证数据的可追溯性和可审查性，以便在数据安全和隐私问题出现时能够及时追踪和审查；实现更为分布式的智能化应用，以避免数据的集中存储和传输，减少数据安全风险的发生。

3.4.5　注重社会责任和伦理问题，推动智能化应用健康发展

智能化技术的快速发展给社会带来了前所未有的变革，然而在这一过程中，人们必须认识到智能化技术带来的风险与挑战，包括对于社会责任和伦理问题的考量。在未来的智能化技术发展趋势中，注重社会责任和伦理问题将成为重要的趋势之一，这也是智能化应用健康发展的保障。

智能化技术的发展会承担更多的社会责任。在智能化技术发展的过程中，智能化应用带来的影响越来越明显。从生产制造到医疗健康，从金融服务到交通出行，智能化技术已经大规模应用，成为社会经济发展的重要驱动力。智能化技术的商业价值日益凸显，但开发和应用智能化技术需要承担更多的社会责任和义务，包括保护个人隐私、提高数据安全、提高用户体验等方面。

智能化技术的推动者应该认识到，智能化技术延伸出的社会责任和义务也越来越大，因此需要更加深入地思考这些问题，甚至还需要在法律和政策层面上做出明确的规范和要求，以确保智能化应用的健康发展。

要更加注重智能化技术的发展可能引发的伦理问题。智能化技术的生产和应用，不能只关注技术本身的优点、功能、效率等方面，还必须注意伦理问题。随着智能化技术的不断发展，可能会出现一些伦理上的问题。例如，先进的人工智能可能会越来越难以区分人和机器，可能引发机器与人的注意力和同理心不同，同时有可能会对社会伦理产生不良的影响。

因此，智能化技术的开发者和使用者要注意伦理问题，并制定相应的伦理规范，确保智能化技术的产出和应用成为社会进步的力量，而不是给社会造成伦理问题隐患。

第4章
多行业智能化应用业务场景分析

当今世界，各行业都在积极探索和应用智能化技术，以提高效率、降低成本、改善服务质量。

智能化应用已经成为各行业中的重要工具和资源，对行业发展和改进起到了重要的作用。本章将对多个行业的业务场景进行分析，来探讨智能化应用在各行业中的具体应用场景、应用效果和应用前景，并通过具体的应用案例加以说明。

4.1 汽车行业

4.1.1 汽车行业业务分析

汽车行业规模庞大，产业链条很长。随着社会经济的发展和人们生活水平的提高，汽车行业也在不断发展变化。目前，汽车市场竞争异常激烈，各大汽车厂商都在不断推陈出新，以提高市场占有率。

当谈及汽车行业的业务，我们可以从整车制造、供应链、销售、售后服务等多个环节进行分析。

整车制造是汽车行业的核心环节，包括设计、研发、生产和组装等。设计和研发环节是整个制造环节的前置工作，需要通过市场分析、用户研究等手段确定车型和配置，并进行产品设计和研发。生产和组装环节则是将设计和研发的成果转化为实际的汽车产品，包括原材料采购、零部件生产、车身制造、总装等环节。

供应链是整个汽车行业的关键环节之一，涵盖了原材料采购、零部件供应、物流运输等多个方面。在这一环节，需要建立稳定可靠的供应关系，控制成本和库存，以确保整车制造的正常进行。

销售环节是汽车行业的收入来源之一，包括销售渠道的建立和销售活动的开展等。销售渠道的建立需要与经销商建立合作关系，并开发适合市场需求的销售渠道，以提升销售额。同时，销售活动的开展也是非常重要的一环，包括广告宣传、市场推广、销售促销等，可以吸引更多的消费者，提高销售额。

售后服务是汽车行业的重要环节之一，包括保养、维修、配件供应等方面。在售后服务环节，需要建立完善的服务体系和客户服务渠道，以提升客户满意度和忠诚度。

总之，汽车行业的业务环节非常复杂，需要管理者在各个环节进行精细化管理，以提高生产效率、销售额和客户满意度。

4.1.2　汽车行业智能化应用的全景分析

随着智能化技术的不断发展，汽车行业正面临着前所未有的变革和机遇。从智能驾驶到智能网联，从车联网到车辆云端，智能化应用的不断涌现正深刻地改变着汽车行业的生态和商业模式。数字化和智能化技术的广泛应用促使汽车行业向着智能化、服务化、共享化和绿色化的方向发展。

在数字化背景下，汽车行业的数字化转型日益深入。汽车厂商和零部件供应商通过数字化技术实现了供应链数字化、生产线数字化、工业互联网平台建设、车联网平台建设等各个方面的数字化升级，提升了汽车行业的运营效率和生产效率。

同时，在智能化技术的推动下，汽车行业的智能化应用不断发展。智能驾驶技术、车联网技术、智能客户服务平台等应用已经逐渐成熟，并开始在汽车行业中广泛应用。智能化应用的广泛推广和应用，不仅提高了汽车行业的管理效率和服务质量，还促进了产业升级和创新发展。

在这样的背景下，智能化应用建设在汽车行业中的重要价值和意义不言而喻。通过应用智能化技术，汽车厂商可以提高生产效率，降低成本，改善产品质量，并为消费者提供更好的服务体验。同时，智能化应用可以帮助汽车行业建立起更加可靠和高效的供应链，促进汽车行业的数字化和智能化转型，推动汽车行业的绿色可持续发展。

本节将针对汽车行业中的几个重要领域，具体介绍汽车行业中典型的智能化应用。

智能驾驶：智能驾驶是近年来汽车行业中最热门的智能化应用之一。通过激光雷达、摄像头、超声波传感器等技术，可以实现对汽车的自动化驾驶和智能化辅助驾驶。这不仅可以提高驾驶安全性，还可以改善交通拥堵问题。

智能导航：智能导航系统可以通过人工智能技术提供更为精准的路线规划和实时交通信息，帮助驾驶者更好地规划路线和避开拥堵路段。一些智能导航系统还可以自动调整驾驶者的出行路线，从而更好地适应不同的道路和天气条件。

智能制造：智能制造是指通过人工智能技术实现汽车制造过程的自动化、智能化和高效化。例如，利用人工智能技术可以优化生产计划，提高生产效率和产品质量。同时，智能制造还可以提高生产过程中的安全性和可靠性。

智能供应链：汽车行业的智能供应链是指通过数字化和自动化技术，对供应链中的信息、物流和资金等进行优化和整合，实现供应链管理的智能化和高效化。汽车行业的供应链包含了原材料采购、零部件制造、物流配送等多个环节，每个环节都存在大量的信息和资金流动，通过智能化技术可以实现对整个供应链的优化和控制，提升供应链的透明度、响应速度和效率，从而提高整个产业的竞争力。同时，智能化的供应链还可以降低成本，避免因为信息不对称、数据孤岛等问题带来的损失和风险，实现供应链的可持续发展。

智能售后服务： 智能售后服务通过人工智能技术实现的车辆故障预警、故障自动检测等功能，它可以为车主提供更加便捷和及时的售后服务。例如，车辆发生故障后，智能售后服务系统可以自动诊断车辆问题，并提供解决方案和维修建议。

总之，智能化技术为汽车行业带来了巨大的变革和发展机遇，未来也将继续深入应用于汽车行业的各个领域，推动汽车行业实现更加智能化和高效化的发展。

1. 智能驾驶

智能驾驶类智能应用是指通过人工智能技术，使汽车在不需要人工干预的情况下自动驾驶或者辅助驾驶，以提高行车安全性、降低交通事故率和改善驾驶体验。下面将分别从自动化驾驶和智能化辅助驾驶两个方面来介绍智能驾驶的应用案例。

（1）自动化驾驶

自动化驾驶是指在汽车行驶中，通过先进的传感器、定位和人工智能等技术，使汽车能够独立完成行驶过程，不需要人工干预。目前，全球主要的汽车制造商都在积极开展自动驾驶技术的研发和应用。

以特斯拉公司的自动驾驶汽车为例，它的全自动驾驶系统使用了激光雷达、摄像头、超声波传感器等多种传感器技术，可以实现自动泊车、自动换道、自动超车、自动行驶等多种功能。此外，特斯拉公司还推出了"全自动驾驶"功能，可以让车辆在高速公路上自动驾驶，大大提高了驾驶安全性和舒适度。

使用自动化驾驶技术的车辆不需要驾驶人操作，可以自主进行车辆控制、感知、决策和规划等行为。下面是自动化驾驶典型的智能化应用案例。

物流配送： 自动化驾驶技术可以应用于物流配送领域，通过自动驾驶车辆进行货物的运输和配送，可以提高物流效率和准确性，降低成本，实现物流行业的智能化升级。

城市公共交通： 自动化驾驶技术可以应用于城市公共交通领域，例如无人驾驶巴士、电车、地铁等，可以提高公共交通的准时性、安全性和舒适性，同时减少城市交通拥堵和环境污染。

农业机械： 自动化驾驶技术可以应用于农业机械领域，例如农业机械自动化驾驶收割机、播种机等，可以提高农业生产效率，降低劳动力成本和劳动强度。

配送机器人： 自动化驾驶技术可以应用于配送机器人领域，例如无人机、配送机器人等，可以实现自主配送服务，提高配送速度和准确性。

这些智能化应用案例在自动化驾驶领域中，通过自动化驾驶技术的应用，可以实现车辆自主控制，提高效率和准确性，降低成本和人力投入。

（2）智能化辅助驾驶

智能化辅助驾驶是指通过人工智能技术，对驾驶人的行为进行监测和分析，根据实时道路情况和驾驶人的行为，提供相应的辅助措施，以提高驾驶的安全性和舒适度。智能化辅助驾驶技术已经成为汽车行业的重要发展方向。

以奔驰公司的自动驾驶汽车为例，它的智能化辅助驾驶系统可以通过摄像头、激光雷达、超声波传感器等多种传感器技术，实时监测驾驶人的行为和路况，提供自动加速、自动刹车、自动转向等多种辅助驾驶功能。此外，该系统还可以自动识别并躲避障碍物，提高了驾驶的安全性。

车辆上搭载的智能化设备和系统所形成的智能化辅助驾驶，能够通过使用传感器、算法和数据分析技术来帮助驾驶人进行驾驶，提高行车安全性和舒适性。它的主要智能化应用包括以下几个方面。

预警与辅助驾驶：智能化辅助驾驶系统能够对车辆周围环境进行感知和分析，实现交通标志识别、车辆和行人检测等功能。同时，该系统还能为驾驶人提供实时的导航、路线规划、车道保持、车距控制等辅助功能，帮助驾驶人做出更加明智的决策。

自适应巡航控制：该功能能够根据车辆周围的情况自动调整车速，保持安全的车距和车速，避免交通堵塞和追尾事故的发生。同时，该系统还能根据路况和交通情况自动调节车速，使驾驶更加平稳和舒适。

自动泊车：自动泊车系统能够通过使用传感器和自动化控制技术，自动控制车辆的方向盘、节气门和制动，实现车辆自动泊车。驾驶人只需要按照屏幕提示的指示操作油门踏板和制动踏板，就能轻松完成泊车，提高泊车的准确性和安全性。

智能语音识别：智能语音识别技术可以让驾驶人通过语音命令控制车辆的多种功能，如调整音乐、导航、气温等。该功能可以帮助驾驶人更加方便地操作车辆，提高驾驶安全性和舒适性。

电子驻车制动：电子驻车制动系统能够通过使用传感器和控制系统，自动控制车辆的制动和停车，避免驾驶人忘记驻车制动而导致的车辆滑动事故。

2. 智能导航

智能导航是指利用先进的技术，如人工智能、大数据、云计算等，为驾驶人提供更加精准、智能、高效的导航服务。智能导航智能化应用具体如下。

（1）高精地图

高精地图是指比普通地图更为精准、详细、实时的地图数据，它是智能导航的核心基础。通过搭载多种传感器和高精度定位设备，将采集到的路况、地形、交通信号灯等信息上传至云端进行处理，再将结果返回给车载导航系统，从而实现实时路况更新、动态路径规划等功能。高精地图通过对道路、建筑物、交通信号灯等周围环境进行精确测绘和分析，建立了一张数字化的地图，保证了车辆和驾驶人所在位置的准确性和精度，可以大大提高驾驶体验和安全性。

　　具体来说，高精地图可以实现以下几个方面的智能化应用。

　　实时导航：高精地图可以通过与车辆 GPS 信号的交互，提供准确的路线规划和导航信息，可以帮助驾驶人快速找到目的地，避免迷路或者堵车的情况。

　　智能驾驶：高精地图可以提供车辆周边环境的精确测绘和分析，可以实现自动驾驶和辅助驾驶等智能化驾驶功能，提高驾驶人的行车安全性和舒适性。

　　智能停车：高精地图可以提供周边停车场的信息，可以实现智能化停车导航和停车位预订等功能，帮助驾驶人快速找到合适的停车位，提高停车效率和便捷性。

　　目前，许多汽车制造商和科技公司都在研发和推广高精地图技术，如百度地图、高德地图、HERE 等。随着 5G、物联网、人工智能等新技术的发展，高精地图在汽车行业的应用前景将越来越广阔。

　　（2）实时交通状况监测

　　智能导航能够实时监测交通状况，根据实际情况为驾驶人提供最佳路线，并在路上持续更新路况，实现动态路线规划。

　　（3）智能路线规划

　　实时交通状况监测是指通过各种传感器和数据分析技术对道路上的实时交通状况进行监测和分析，向驾驶人提供实时交通信息以帮助其规划最佳路线和避开拥堵路段，提高行驶效率和安全性。它利用机器学习和大数据分析等人工智能技术，智能导航系统可以根据历史车辆轨迹、交通流量、拥堵状况、天气情况等多种因素，预测未来路况，提供更为准确的路线规划。

　　（4）个性化推荐

　　个性化推荐是基于用户的历史行驶记录、偏好设置、目的地信息及实时路况等多种因素，为用户推荐个性化的驾驶路线。这种个性化推荐可以大大提高用户的出行效率，并且可以为车辆节约时间和降低能源消耗。

　　（5）智能语音交互

　　在汽车行业智能导航应用中，智能语音交互是一个非常重要的功能，它能够提高驾驶人的安全性和驾驶体验。智能语音交互技术可以让驾驶人通过语音指令来完成导航、播放音乐、接电话、发送短信等操作，无须分散注意力去触摸屏幕或按键。智能导航具备语音交互功能，语音识别技术可让驾驶人通过口头指令与车载导航系统交互，不需要手动输入目的地和路线，提高驾驶安全性，提供更为便捷的导航服务。例如，可以通过语音输入目的地、调整路径、查看路况等指令，使驾驶人更专注于行车安全。

　　3. 智能制造

　　汽车行业的智能制造旨在通过应用现代信息技术，实现整个汽车生产过程的智能化和自动化，从而提高生产效率、产品质量和生产效益。具体来说，汽车制造类智能化应用包含如下几个方面。

　　（1）智能化设计

　　智能化设计主要指利用人工智能技术和其他信息技术对汽车设计和生产过程进行智能化

优化。例如，利用计算机辅助设计（CAD）和计算机辅助工程（CAE）等技术进行智能化设计，提高设计效率和精度，降低设计成本，具体包括以下内容。

基于虚拟现实技术的数字化设计：虚拟现实技术可以将设计师的想象力和创意变为现实，通过虚拟现实技术可以进行 3D 可视化设计，方便设计师在不同视角下对产品进行全面的观察和调整。同时，利用智能化的虚拟现实设计技术还可以进行多样性设计和仿真分析，通过数据分析和模拟试验可以快速测试产品性能，降低了实际制造成本和开发周期。在汽车行业，采用虚拟现实技术的数字化设计可以大大提高设计效率和设计精度。

基于机器学习的自动化设计：机器学习可以通过分析大量的数据和产品参数，从而学习产品的特征和规律，进而生成新的设计方案。在汽车行业，基于机器学习的自动化设计可以自动生成多个设计方案，并通过数据分析和模拟试验，从中筛选出最佳方案。相比传统设计方式，自动化设计可以大大缩短设计周期和降低人力成本。

基于智能算法的优化设计：智能算法可以通过对产品的数据进行分析和建模，快速地找到最优解。在汽车行业，基于智能算法的优化设计可以针对特定的问题或者需求，对数据进行分析和建模，从而快速找到最优的设计方案。相比传统的试错式设计，基于智能算法的优化设计可以大大降低设计成本和缩短设计周期。

以上是智能化设计在汽车行业中的应用案例，涵盖了虚拟现实技术、机器学习和智能算法等人工智能技术。相比传统的设计方式，智能化设计可以大大提高设计效率和设计精度，以及降低制造成本。

（2）智能化制造

在汽车行业的智能制造中，智能化制造是非常重要的一环。智能化制造是指通过自动化、数字化和智能化技术，实现制造过程的高效化、灵活化和精益化，从而提高生产效率、降低成本、提高质量和增强企业的竞争力。采用数字化工厂和智能制造系统，实现生产过程的智能化、自动化、柔性化和信息化，提高生产效率和产品质量。

具体来说，智能化制造在汽车行业中主要包括以下几个方面。

AI 驱动的机器人和自动化生产线：人工智能技术可以让机器人更加智能化和自适应，可以通过感知和学习，实现更高效、精准的操作和生产过程。机器人在汽车生产线上的应用已经非常广泛，例如在焊接、喷漆、装配等环节，机器人能够完成重复性高、劳动强度大的工作，提高生产效率和质量水平。

数据驱动的生产过程优化：数据分析和机器学习等人工智能技术可以帮助企业实时监控生产过程中的数据，以便实现生产过程的优化和精益化。

智能制造系统集成：智能制造系统集成是指将不同的智能制造技术和系统进行有机整合，实现全生命周期的智能化生产制造管理，从而提高生产效率和质量水平。例如，通过智能化制造系统集成，可以实现生产计划与生产现场的无缝对接，快速响应市场需求，提高生产效率。

同时，智能化应用还体现在汽车生产及装配车间的智能化生产流程控制、智能化质量控制、智能化零部件检测等方面。

相比传统的制造方式，智能化制造可以更加精确地控制生产过程，提高生产效率和品质，也可以降低生产成本和减少人力资源的浪费。

（3）智能化装配

汽车行业智能化制造的一个重要方面是智能化装配，它采用智能化装配系统，实现零部件的智能化、自动化、高效化和精准化装配，提高产品的组装质量和效率。智能化装配的具体表现包括以下方面。

智能化机器人装配：通过自动化装配线将车辆的零部件从仓库中自动取出，并自动组装在一起，以提高生产效率和质量。智能化的自动化装配线利用机器人和物联网技术，可以对车辆的每个组件进行实时监控和控制，确保装配质量和生产效率。这些机器人使用人工智能算法和视觉识别技术来进行零件的识别和装配，以提高生产效率和质量。例如，利用深度学习技术来训练机器人进行视觉识别，以便能够识别和处理不同形状和尺寸的零件。

智能化装配计划：在制造汽车时，需要为每个组件和零件制订装配计划。传统的方式需要人工编制计划，而智能化装配可以通过人工智能技术，例如机器学习和规划算法，分析工艺流程、零件库存和机器利用率，优化装配计划，提高生产效率和质量。例如，利用机器学习技术来预测零件装配顺序和所需的时间，以实现更加智能和高效的装配计划。智能化计划编制主要采用人工智能算法，如遗传算法、模拟退火算法等来优化生产计划，从而实现生产线的高效运转。这些算法可以自动调整生产流程，减少生产时间和资源浪费，提高生产效率和产品质量。

智能化生产装配调度：智能化生产调度主要采用机器学习和人工智能技术来实现。通过对生产过程的监测和分析，系统可以预测生产状况并做出相应的调整，确保生产过程的平稳进行，提高生产效率和产品质量。

智能化零部件识别：利用计算机视觉和机器学习技术，实现零部件的自动识别和分类。通过这种方式，可以提高零部件的装配精度和质量，并提高装配效率。

智能化零部件匹配：利用人工智能技术，将需要匹配的零部件进行自动匹配，并在匹配过程中进行检测和验证，确保装配的精度和质量。

智能化检测与质量控制：在生产汽车时，需要对每个组件和零件进行严格的质量控制。智能化装配可以利用人工智能技术，如机器学习和图像处理，来自动检测零件的缺陷和质量问题，以提高产品的质量和减少人为错误。例如，利用机器学习技术来训练模型检测零件的缺陷和质量问题，以便能够实现自动化检测和控制。

相比传统的手工装配方式，智能化装配具有更高的生产效率、更高的装配精度和更高的装配质量。同时，智能化装配可以减少人力和物力资源的浪费，提高生产效益和经济效益。

（4）智能化质检

汽车行业智能制造的智能化质检是指通过人工智能技术、机器视觉等来提高汽车生产过程中的质量控制和质检效率，减少人工误判和漏检，保障汽车产品的质量。它的具体表现如下。

智能化检测设备：智能化质检设备采用了传感器、计算机视觉、声音识别等技术，可以对汽车生产过程中的各个环节进行检测和分析。例如，利用计算机视觉技术对汽车车身进行检测，可以自动识别和分析车身的缺陷和变形情况，提高了质检效率。

智能化预测分析：通过对生产过程中的数据进行分析，智能化质检可以预测未来可能出现的质量问题，并提出改进建议。例如，利用机器学习技术对生产线上各个环节的数据进行分析，可以预测出某个零部件可能出现的质量问题，并及时调整生产过程。

智能化协同：智能化质检还可以利用互联网和物联网技术，实现企业内部和企业之间的协同。例如，汽车零部件供应商可以通过互联网将生产过程中的数据共享给汽车生产企业，实现共同协作，提高汽车零部件的质量和效率。

（5）智能化生产物流

利用物联网、云计算等技术进行物流信息的智能化管理和监控，实现生产物流的智能化、高效化和可视化。具体来说，智能化生产物流在汽车行业中的表现包括以下几个方面。

智能化仓储管理：采用物联网技术和 RFID 技术，对原材料、零部件、半成品、成品等进行自动化管理，实现自动入库、出库、盘点等功能，提高物流效率和准确度，降低人工管理成本和减少误差。

智能化生产调度：通过人工智能算法对生产计划、物料需求和库存情况进行实时分析和优化，实现自动化的生产调度和排产，避免因物料缺失或生产线闲置等问题导致的生产延误和浪费。

智能化配送管理：通过物联网技术和 GPS 定位技术，对配送车辆进行实时监控和调度，提高物流配送效率和准确度，同时降低配送成本。

智能化质量管理：通过人工智能算法对生产过程中的数据进行实时分析和检测，对生产过程进行自动化监控和调整，保证产品质量和生产效率。

4. 智能供应链

智能化供应链管理是指将物流、采购、生产、销售等供应链各环节与信息技术有机结合，通过实时、准确、高效地信息共享和数据管理，实现对供应链整体的优化和协调，提高供应链的效率和质量。智能化供应链管理在汽车行业中的应用，能够实现生产计划、物流运输、库存管理等环节的精细化管理，有效提高了生产效率、降低了成本、缩短了供应链周期，有利于企业的发展和竞争力的提升。具体来说，供应链管理智能化应用包括以下几个方面。

（1）智能化采购管理

利用人工智能技术进行供应商评估、采购风险预警、采购成本分析等。例如，通过对供应商的历史订单数据、交付能力、质量水平等进行分析和评估，预测和预警供应商可能存在的风险和问题，以便及时采取措施避免损失。具体来说，智能化采购管理包括以下方面。

供应商管理：通过大数据分析和人工智能算法，对供应商的信用评估、生产能力、质量水平等进行评估和预测，从而实现供应商的智能选择和管理。

采购过程的自动化：通过采用智能化的采购系统，实现采购订单的自动生成、自动审核、自动分配等流程的自动化，提高采购流程的效率和准确性。

采购过程的信息化：通过采用信息化技术，实现采购订单的在线管理、实时跟踪、信息共享等，提高采购流程的透明度和可控性。

采购过程的智能化：通过采用人工智能算法，对采购需求、供应商、库存等数据进行分析和预测，实现采购计划的智能制定和优化，提高采购的准确性和效率。

（2）智能化仓储管理

采用物联网技术实现智能化的仓储管理，通过智能化的传感器设备实时监控仓库存储的物料、原材料、半成品和成品的库存情况、温度湿度、货架位置等信息，并利用人工智能技术进行数据分析和处理，提高仓储效率、降低库存成本。下面列举几个智能化仓储管理的应用案例。

自动化仓储管理：借助自动化设备如 AGV（自动导引车）、机器人等对物料的存储、出入库等操作进行自动化控制和管理，提高了物料处理的效率和准确性。

智能化库存管理：基于物联网技术、大数据技术和人工智能算法，对仓库中的物料进行实时监控、分析和预测，从而准确把握库存状态，避免因过多库存或缺货导致的成本损失或客户投诉等问题。

仓储作业优化：借助机器视觉技术，对仓储作业进行实时监测和分析，发现问题和瓶颈，优化流程和作业规划，提高作业效率和准确性。

智能化质检管理：借助机器学习技术和计算机视觉技术，对仓库中的物料进行自动化质检和分类，从而提高质检效率和准确性，减少人工质检的时间和成本。

智能化仓储管理的优势主要在于提高了仓储作业效率和准确性，降低了物料损耗和误操作的风险，同时提升了供应链的可视性和透明度，方便了企业对仓储物流的管理和控制。

（3）智能化生产计划管理

通过对生产计划进行智能化的调度和优化，提高生产计划的准确性和效率。例如，采用人工智能算法优化生产排程，避免生产线闲置或过载，保证生产任务的顺利完成。智能化生产计划管理具体包含以下环节。

需求预测：通过数据分析、机器学习等人工智能技术，对市场需求进行分析预测，为生产计划提供可靠的数据支持。需求预测是指通过分析历史销售数据、市场趋势、消费者需求等信息，对未来一定时间内的销售需求进行预测和估算。在智能化生产计划中，通过准确的需求预测可以帮助企业制订更加精准的生产计划，提高生产效率和产品质量，也可以减少废品和库存等浪费。

产能分析：对企业的生产能力进行分析，包括设备使用率、人力资源、生产线效率等，为生产计划的制订提供参考。通过分析企业的产能状况，了解企业的实际产能和生产瓶颈，可以有效地指导生产计划的制订和调整，避免生产过剩或者生产不足的情况发生。

生产排程：生产排程的目标是根据需求预测和产能分析，结合生产线设备的可用性、产品制造工艺等因素，制订合理的生产计划，并进行排程。智能化生产排程基于智能化技术进行智能调度、智能监控、优化调度、协同制造和智能优化。具体而言，它包括以下方面。

- **智能调度**：利用人工智能算法，将生产任务分配给适当的生产设备和工人，以优化生产过程并提高生产效率。

- **智能监控**：通过物联网、传感器等技术，实时监测生产设备和生产过程，并分析和预测生产状态。一旦发现问题，及时进行调整，避免生产延误和损失。
- **优化调度**：利用大数据分析和机器学习算法，对生产数据进行挖掘和分析，以发现潜在的生产瓶颈和优化空间。通过优化生产调度方案，提高生产效率和生产质量。
- **协同制造**：利用云计算、大数据等技术，实现生产任务的实时共享和协同。这让不同的生产设备和工人之间的配合更加协调，提高生产效率和产品质量。同时，通过物联网技术实现对生产设备和物料的智能追踪和管理，减少生产过程中的错误和浪费。
- **智能优化**：通过人工智能算法，实现生产过程的优化。例如，在某些情况下，可以通过智能调整生产任务的优先级，避免生产瓶颈或减少生产过程中的等待时间，从而提高生产效率和质量。

进度跟踪：通过物联网、云计算等技术，实时监控生产进度，对计划与实际进度进行对比和分析，及时发现问题并进行调整。它主要用于跟踪生产流程中每个环节的完成情况，及时发现问题并做出调整，确保整个生产计划按时、按质完成。具体来说，进度跟踪需要实时监控生产车间的生产情况，并将监控数据与生产计划进行对比和分析，进而得出当前的生产进度和预计完成时间。

供应链协同：智能化技术可以应用于供应链协同管理和产能协调，以优化生产计划和生产效率。通过数据共享、信息透明等方式，实现生产进度共享和交付协同，以更好地协同完成整个供应链上的生产计划。智能调度、智能监控、优化调度、协同制造等技术的应用，可以实现生产任务的合理分配和优化，提高生产效率和质量，同时能减少生产过程中的错误和浪费。

质量管理：通过数据分析和机器学习等技术，对生产过程中的质量问题进行监测和预测，及时发现和解决问题，提高产品质量。具体来说，通过智能化质量检测对生产过程中的各个环节进行智能化检测，确保产品质量符合要求；通过智能化质量控制对生产过程中的各个环节进行实时监控和控制，及时发现问题并进行调整，确保产品质量稳定；通过智能化的信息系统，将质量数据及时反馈给生产部门和相关负责人，帮助他们及时了解生产过程中存在的问题，及时采取措施，避免质量问题进一步扩大。

（4）智能化运输管理

智能化运输管理是指通过应用人工智能技术，对汽车行业的物流运输进行智能化管理和优化，以提高运输效率、降低物流成本、增强供应链的透明度和可追溯性。智能化运输管理利用物联网技术实现物流信息的实时监控和跟踪，包括车辆、货物、司机等信息，同时利用人工智能技术进行数据分析和处理，实现物流的智能化调度和优化，提高物流效率和准确性。汽车行业的智能化运输管理包括以下几个方面。

路线规划和优化：通过分析运输需求和路况信息，使用算法优化运输路线，提高运输效率和降低物流成本。

车辆调度和管理：智能化运输管理中的车辆调度和管理主要是通过人工智能技术对运输车辆的调度和管理进行优化，通过智能调度算法，对运输车辆进行优化调度，提高车辆使用率和运输效率。同时，通过车辆追踪系统，实时监控车辆行驶情况，确保运输安全和准时到达目的地。

运输模式选择:运输模式选择是智能化运输管理中的一个重要环节,通过人工智能技术对运输模式进行选择和优化,可以提高物流运输效率和降低成本。在汽车行业中,常见的运输模式包括公路运输、铁路运输、航空运输和海运运输等。

货物追踪和监控:通过物联网技术和传感器技术,实现对货物的追踪和监控,提高运输可追溯性,减少货损和货物遗失。通过构建智能化应用、货物追踪和监控,可以实现货物实时定位、运输路线智能监控、货物状态感知、预警和异常识别。

运输成本控制:在智能化运输管理中,运输成本控制是一个重要的环节,通过控制运输成本,可以提高企业的盈利能力。通过数据分析和成本管理系统,控制运输成本,减少无效运输和浪费,提高物流效率。

供应链可视化:供应链可视化是指将供应链各环节的数据和信息进行汇总、整理、分析,并通过可视化手段展现出来,以帮助企业更好地了解供应链的运转情况,并进行决策和优化。通过数据可视化技术,实现供应链透明度和可视化,及时掌握供应链运作情况,提高供应链的灵活性和反应速度。

5. 智能售后服务

智能售后服务应用是汽车企业数字化和智能化转型的重要一环。通过智能化技术的应用,汽车企业能够更好地满足消费者个性化的需求,提升服务质量和效率,降低运营成本,也能够增强企业的竞争力和市场份额。智能售后服务应用已经成为汽车企业不可或缺的一部分。智能售后服务应用可以帮助汽车企业实现售后服务全流程自动化,从而提高服务质量和客户满意度。智能售后服务类智能化应用具体应用包括以下内容。

(1)智能化预约

智能化预约是智能售后服务的重要环节之一。传统的预约方式需要客户到门店排队填写表格、登记信息等,时间和精力消耗较大,还可能出现错误或遗漏。而智能化预约系统可以让客户在手机或计算机上随时随地预约售后服务,大大提高了预约的便利性和效率,系统自动生成预约方案,减少客户等待时间和提高预约效率。

智能系统记录客户个人信息、车型和历史维修记录,实现个性化定制服务,根据车型和里程数提供保养和维修建议和提醒,帮助客户更好地管理车辆。智能预约系统与门店的工作计划和维修资源对接,优化预约安排,减少客户的等待时间和门店的资源浪费,提高工作效率和客户满意度。同时,实时追踪服务进度和维修过程,提供更新和通知,增强了客户的信任感和满意度。

(2)智能化诊断

汽车智能化售后服务中的智能化诊断是指利用各种先进的技术手段,例如数据挖掘、机器学习、深度学习等,对汽车故障进行诊断和分析,并给出相应的维修建议。通过智能化诊断,可以大大提高汽车故障的定位精度和维修效率,减少人为误判和误操作所造成的影响,提高汽车维修的准确性和可靠性。

智能化诊断主要包括以下几个功能。

智能故障诊断：利用各种传感器、数据采集器等装置，对汽车的各项数据进行实时监测，并通过数据分析、模式识别等技术手段，对汽车故障进行诊断和定位。

智能维修推荐：对于检测出的汽车故障，根据车辆故障的种类、位置、程度等因素，智能化诊断系统会推荐相应的维修方案和维修材料，减少人工干预，提高维修效率，同时智能化诊断系统可以根据维修数据库、车型特征等信息，自动生成维修建议，提供相应的修理方案和建议。

故障预测和预警：通过对车辆数据的分析和比对，系统可以发现车辆潜在的故障风险，提前预警，避免故障发生。

预防性维修：通过对汽车各项数据进行实时监测和分析，智能化诊断系统可以预测汽车可能出现的故障，提出相应的预防性维修建议，提高汽车的可靠性和使用寿命。

（3）智能化维修

智能化维修是指在保养和修理汽车时，利用智能化技术提高维修效率和准确度，基于数据化的故障诊断和维修，利用智能化的设备和工具，实现汽车维修全流程的自动化和标准化，提高维修效率和降低成本。智能化维修可以包括以下功能。

智能故障诊断：通过连接汽车的诊断接口，利用人工智能算法和数据分析技术，对汽车的故障进行快速准确的诊断。例如，利用机器学习算法分析历史故障数据，提供对故障原因的推荐和修复方案。

智能备件管理：利用 RFID、条形码等智能技术，对维修过程中所使用的备件进行跟踪和管理。可以实现备件库存的自动化管理、实时监控备件使用情况等。

智能保养提醒：通过车载系统或智能手机应用程序，提醒车主进行定期保养和维护，以延长汽车寿命。

智能维修指导：利用 VR、AR 等技术，提供维修指导和培训，帮助技术人员更快、更准确地完成维修任务。

智能化客户服务：通过客户关系管理系统和人工智能算法，对客户的投诉和反馈进行分析和处理，提供更好的客户服务和体验。

（4）智能化维保推荐

在汽车企业 4S 店的售后服务中，智能化技术的应用可以帮助企业推荐保养品和零部件，以提高收益和提供更加个性化的服务。

对于大量的免费的、低利润的保养品和零部件，可以采用数据挖掘技术，利用历史购买记录和车辆保养记录来预测客户下一步需要哪些保养品或零部件，并在维修保养过程中向客户推荐，提高客户的满意度和品牌忠诚度。同时，可以根据客户的历史保养记录和车辆情况，提供相应的保养建议和推荐合适的保养周期，引导客户及时进行车辆保养，延长车辆使用寿命。

对于高级的机油、润滑油等高利润保养品，可以采用人工智能技术，结合客户的行驶习惯、车辆类型等因素，进行精准推荐。通过车辆传感器和智能设备的数据采集，对车辆的使用情况进行分析，结合车辆型号和厂家推荐等因素，为客户提供个性化的高级保养品推荐方案。

（5）智能化续保

智能化续保，又称客户回站管理，是汽车售后服务中的一个重要环节。它指的是利用智能化技术，对客户的车辆保险到期时间进行预警提醒，并主动与客户联系，提供保险续保服务的过程。通过智能化续保，汽车企业可以提高客户的保险续保率，增加售后服务收益，也能提高客户的满意度和忠诚度。

智能化续保是利用客户数据、车辆数据以及其他相关数据，通过机器学习和数据挖掘等技术来实现更加精准的续保提醒和推荐。例如，通过对车辆使用情况、车主行为及保险索赔数据的分析，可以预测车辆的保险索赔概率，从而帮助客户选择最适合他们的保险套餐。此外，通过与车联网技术结合，可以获取车辆的实时数据，包括行驶里程、车速、车况等，通过这些数据可以更加准确地判断车辆的维护保养状况，进而为客户提供个性化的续保建议和服务。

此外，智能化续保还可以利用自然语言处理和语音识别技术，为客户提供更加便捷的服务。客户可以通过语音输入或文字输入的方式，向系统查询保险信息、维保信息等，系统将根据客户的需求进行智能推荐和回答。这样不仅可以提高客户的满意度，还可以减轻售后服务人员的负担，提高服务效率。

（6）智能化备件管理

汽车售后服务中，智能化备件管理是指利用先进的技术手段，对汽车备件的采购、库存、配送、管理等方面进行智能化的处理，提高备件管理的效率和准确性，同时降低了管理成本和资金压力。通过智能化备件管理系统，实现备件采购、配送、库存管理和维修记录的自动化，提高备件使用效率和管理效率。

具体来说，智能化备件管理包括以下几个方面。

智能化备件采购：通过人工智能技术和数据分析，预测和优化备件采购计划，实现合理化的备件采购。利用机器学习算法对大量数据进行分析和处理，以预测需要的备件数量和类型，从而更好地控制成本和库存水平。还可以通过智能化供应商管理，以确保获得最好的价格和服务质量。

智能化备件库存管理：通过智能化技术手段，对备件库存进行管理和分析，实现库存最小化和备件配送的及时性。通过实时监测库存水平和销售趋势，智能化备件库存管理可以精确预测需要的备件数量和类型，并确保备件在需要时准确可用，还可以应用机器学习算法来优化库存分布和调配，以提高库存效率并减少浪费。

智能化备件配送管理：利用智能化技术对备件配送进行规划和优化，使备件配送快速、准确、可靠。借助物联网技术和实时数据分析，智能化备件配送管理可以实现备件的快速、准确和高效配送，以满足客户需求。例如，可以使用智能配送路线规划和优化技术，以优化送货路线并减少交通拥堵和燃料消耗。

智能化备件管理系统：采用先进的管理系统，实现备件管理信息化、自动化和智能化，提高备件管理的效率和准确性。智能化备件管理系统集成了多个功能，包括采购管理、库存管理、配送管理、数据分析和可视化等，以实现全面的备件管理和控制。通过机器学习和数据分析技术，该系统可以提高库存效率，减少浪费和成本，并提高客户满意度。

在实现智能化备件管理方面，人工智能技术、物联网技术、大数据技术和云计算等技术都发挥着重要的作用。例如，利用数据分析和预测技术，可以实现备件采购和库存管理的合理化和优化；利用物联网技术和智能传感器，可以实现备件配送的实时监控和跟踪；利用云计算和大数据技术，可以实现备件管理信息化和智能化。

总之，智能化备件管理可以有效提高汽车售后服务的质量和效率，降低管理成本和资金压力，为汽车售后服务的可持续发展提供了有力的支持。

4.1.3　典型智能化应用一：基于机器学习技术的汽车销量预测

1. 为什么需要汽车销量预测

当前汽车行业面临内外部变化的挑战，这需要汽车企业转型以适应市场变化。首先，消费者需求越来越多样化和定制化，这意味着汽车生产需要更好地满足市场需求。其次，车企的汽车销售过程中压货给经销商带来巨大压力，导致汽车经销商库存系数同比上升，库存水平长期位于警戒线以上。再次，产销不平衡导致生产决策困难，给车企的供应链管理带来巨大压力。最后，产业链利润结构不断变化，厂商与经销商只有通过协同才能共同提升利润。因此，车企需要转向以用户为中心、拉动式的生产模式，并且准确预测未来销量成为运营决策的关键要素。

汽车制造商和经销商需要做出许多决策，如生产计划、库存管理、销售促销和供应链管理等。如果没有准确的销量预测，这些决策可能会导致成本过高、效率低下和库存积压等问题。因此，销量预测可以为经营决策提供重要支持，具体表现如下。

第一，销量预测可以优化生产计划。在生产汽车时，需要考虑到各种成本和风险，例如零部件的供应、生产线的利用率、运输成本等。如果销量预测准确，就可以更好地控制生产规模和时间，降低生产成本，提高生产效率。

第二，销量预测可以降低决策风险。在面对市场不确定性和竞争激烈的情况下，制造商和经销商需要做出许多决策，如定价、推广和促销活动等。如果销量预测准确，就可以更好地预测市场需求和竞争对手的动态，降低决策风险。

第三，销量预测可以提高供应链效率。制造商和经销商需要优化供应链，以满足客户需求和减少库存积压。如果销量预测准确，就可以更好地管理供应链，优化配送和库存管理，降低成本，提高效率。

第四，销量预测可以降低库存成本。制造商和经销商需要保持足够的库存以满足客户需求，但库存成本也很高。如果销量预测准确，就可以更好地控制库存规模和时间，降低库存成本。

第五，销量预测可以缩短提车周期。如果销量预测准确，制造商可以更好地预测交付日期，减少等待时间，提高客户满意度。

最后，销量预测可以调动经销商积极性。经销商需要考虑到市场需求和制造商的生产能力，以确定库存规模和销售策略。如果销量预测准确，就可以更好地调整销售策略和库存管理，提高销售效率和利润。

销量预测的决策支持与业务价值如图 4-1 所示。

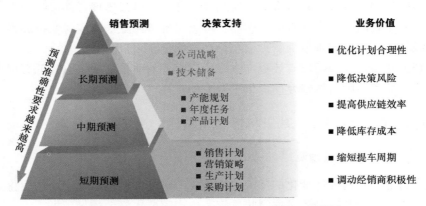

图 4-1　销量预测的决策支持与业务价值（见彩插）

2. 传统的汽车销量预测方法已不能满足业务发展需求

针对汽车销量预测，传统的汽车预测方法已不能满足业务发展需求。传统的预测方法主要分为定性、定量和综合方法。定性预测方法是基于个人经验和分析判断能力，运用已有的历史资料和直观材料做出未来发展的性质和程度上的判断，如专家预测、德尔菲法、局部类推法等。定量预测方法则是根据已掌握的比较完备的历史统计数据，运用一定的数学方法进行科学的加工整理，揭示变量之间的规律性联系，如回归分析法、时间序列模型、季节预测方法等。这些方法对汽车销量反映了较合理的未来市场供求情况及变化趋势，但由于数据和方法的局限性，预测结果仍不能完全满足业务的需要，如无法准确预测短期销量、无法进行车型、颜色、排量等细颗粒度预测，以及无法实现逐周、逐月的动态持续预测和持续的高预测精度。此外，预测结果的可解释性也存在问题。传统的汽车销量预测方法及其难点如图 4-2 所示。

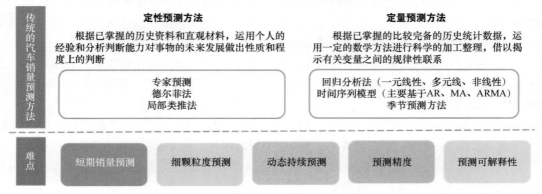

图 4-2　传统的汽车销量预测方法及其难点

3. 智能化技术为汽车销量预测精度带来巨大提升

首先，智能化技术能够提供更准确、高性能的智能学习模型，这些模型融合了传统的统计学方法、机器学习和深度学习等技术，能够更加精准地对市场趋势和变化进行预测。相比于传统的定性和定量方法，这些模型能够更好地识别数据中的模式和规律，从而提高预测的准确性和精度。

其次，智能化技术可以实现更全面的数据收集和分析。除了历史销量数据、车辆配置数据和供给数据，智能化技术还可以利用外部行业数据和宏观经济数据，以及互联网的汽车论坛口碑数据等多维度的信息进行预测分析。通过收集和整合这些数据，智能化技术可以更全面地把握市场趋势和消费者需求，从而更好地预测销量。

最后，智能化技术可以实现更细粒度的洞察，实现不同粒度的汽车销量预测和动态持续预测。例如，可以实现不同车型、颜色、排量等细粒度预测，同时可以逐周、逐月地进行动态持续预测，从而更好地满足企业的业务需要。这些功能使得智能化技术不仅能够提供更准确的预测结果，还能够为企业提供更具体、更有针对性的销售策略和决策支持。

智能化技术在汽车销量预测的应用价值如图 4-3 所示。

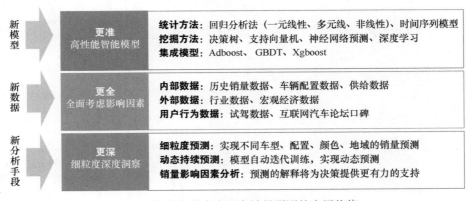

图 4-3　智能化技术在汽车销量预测的应用价值

4. 构建基于机器学习技术的汽车销量预测

构建基于机器学习技术的汽车销量预测需要从数据整合和智能化应用建设两方面来看。首先，数据整合方面，通过整合车企内部数据（如历史销量数据、车型配置数据等）、供给数据和行业外部数据和宏观经济数据，以及用户行为数据（如重点汽车论坛口碑数据等），全面洞察车辆销量影响因素，包括但不限于市场需求、车型配置、竞争对手、季节因素等。在数据整合的基础上，进一步融合内外部数据，构建更为全面的预测模型。

基于机器学习技术的汽车销量效果如图 4-4 所示。随着数据维度和复杂度的不断提升，销量预测准确度也同步提升。

图 4-4 基于机器学习技术的汽车销量效果（见彩插）

智能化应用建设方面采用了机器学习技术，实现了多种高性能机器学习模型的集成，以最大化提高汽车销量预测的准确度。这些模型包括回归分析、决策树、随机森林、神经网络等，并且每种模型都可以在不同情况下取得最优的预测结果。此外，为了达到更好的预测效果，对于特定的场景，可以采用组合多种模型的方法。

为达到较好的稳定性，不能依赖单一的算法进行预测。在项目实践中，针对各车型各品类，我们构建了基于时间序列算法的基础预测模型、基于机器学习算法的噪声模型，以及针对特定节假日和政策因素的影响模型。在每个模型中，又构建了全品类较粗粒度的长周期预测模型和单品类较细粒度的短周期预测模型，以表现品类内的关联性和差异性。最终，再通过多类型的模型集成方式，将上述模型组集成到一起，同时进行预测，以取得更高的模型精度和稳定性。基于机器学习技术的汽车销量预测模型如图 4-5 所示。

同时，智能化应用还包括模型自适应学习、动态更新等功能，可以根据不断变化的市场情况对模型进行及时的调整，以确保预测结果的准确性和稳定性。通过这些智能化应用，可以实现更细粒度的洞察，例如不同粒度的汽车销量预测、动态持续预测等，为汽车销售和生产提供更为准确、全面、可靠的决策依据。

5. 准确的汽车销量预测赋能车企业务

（1）精细化经销商管理，辅助经销商合理制定销售目标，使收益最大化

基于机器学习技术的汽车销量预测对汽车行业有很多价值，其中之一是可以实现精细化经销商管理（见图 4-6），辅助经销商合理制定销售目标，最大限度获取收益。传统的依赖经验进行销售目标制定的方法已经不能满足市场需求。现在，有了精准的汽车销量预测，可以构建精准的汽车销售目标指导，并实现对经销商的精细化管理。

以往，经销商的串货、压货行为往往会扰乱市场秩序，导致车企的销售目标无法完成。有了精准的车辆销量预测，车企可以根据精准预测制定补贴激励政策，避免了经销商不合理的串货、压货行为。同时，车企也可以更好地进行经销数据分析，提前识别数据异常，及时采取对策。总之，机器学习技术的应用使得汽车销量预测更加准确，进而实现了对经销商的精细化管理，提高了销售目标的完成率，从而使收益最大化。

（2）产销协同一体化，通过精准销量预测，指导各车型按需生产、决策优化

销量预测的第二个重要应用是产销协同一体化（见图 4-7）。通过精准的销量预测，可以指导主机厂进行按需生产、决策优化。根据销量预测，主机厂可以制订最优生产计划，包括最优生产批次、最优生产政策和库存、最优生产资源配置等。这样可以避免产能浪费和库存积压，降低生产成本，提高企业的盈利能力。

同时，精准的销量预测还可以指导 4S 店和修理厂进行智能补货和智能调拨，提高客户服务满意度。通过销量预测，可以确定各车型的销售热度和库存情况，进而制订合理的补货计划和调拨方案，确保每个销售点都有足够的库存，并保证不同地区的客户能够及时获得所需的车辆和零部件。这样可以提高客户的购车满意度和企业的售后服务质量，增强客户对品牌的忠诚度。

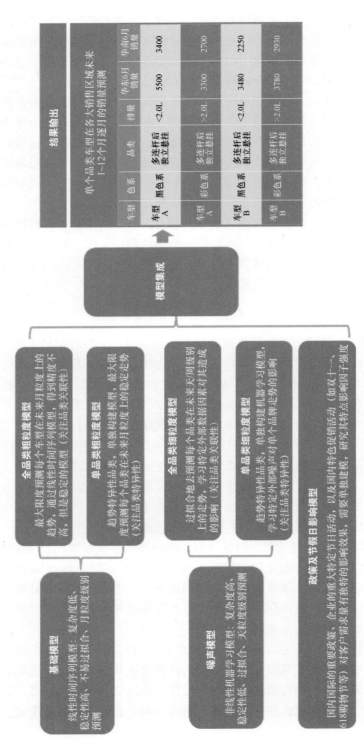

图 4-5　基于机器学习技术的汽车销量预测模型（见彩插）

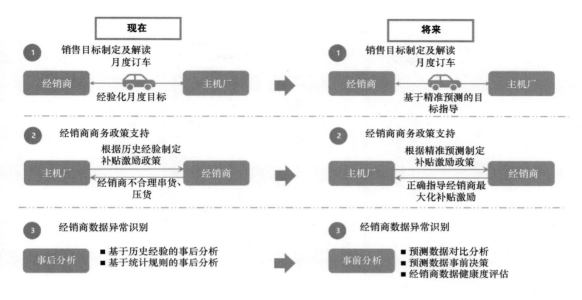

图 4-6　业务价值一：精细化经销商管理

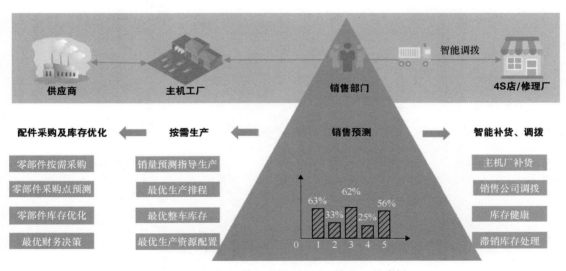

图 4-7　业务价值二：产销协同一体化（见彩插）

　　总之，销量预测的产销协同一体化应用可以提高整个汽车产业的效率和盈利能力，也可以提高客户满意度和品牌忠诚度。

　　（3）精准把握市场趋势，针对性竞品分析，区域化营销策略制定

　　销量预测的第三个重要应用是帮助车企精准把握市场趋势（见图 4-8），以及有针对性地进行竞品分析和制定区域化营销策略。

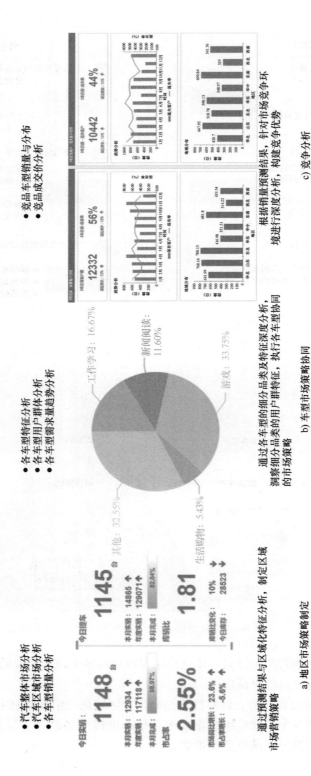

图 4-8 业务价值三：精准把握市场趋势（见彩插）

首先，通过销量预测，车企可以精准地把握市场趋势，了解消费者需求变化及市场竞争环境，从而有针对性地制定营销策略。通过预测结果与区域化特征分析，可以制定区域市场营销策略。车企可以了解不同地区市场的特点，包括消费习惯、经济状况、政策环境等，并根据这些特点制定相应的市场营销策略，以更好地满足消费者需求并提高销量。

其次，销量预测可以帮助车企实现车型市场策略协同。通过各车型的细分品类及特征深度分析，车企可以洞察细分品类的用户群特征，并执行各车型协同的市场策略。例如，在某个细分市场中，不同的车型可能有着不同的竞争优势和适用场景，针对不同的细分市场，车企可以根据销量预测结果和市场竞争情况，制定针对性的营销策略，以提高各车型的市场份额和销量。

最后，销量预测还可以帮助车企进行竞品分析。根据销量预测结果，车企可以深度分析市场竞争环境，包括竞品的定位、市场份额、产品特点等，并构建竞争优势。通过了解竞争对手的产品特点和市场表现，车企可以根据自身的优势制定相应的营销策略，以在市场竞争中取得更好的成绩。

4.1.4　典型智能化应用二：基于多分类深度学习技术的汽车售后备件需求预测

1. 为什么需要售后备件需求预测

售后备件是汽车产业链的重要组成部分，对保障车主用车质量、提高客户满意度、增加售后收入等方面都具有重要作用。通过做好售后备件需求预测，可以更好地进行备件的生产、采购、库存管理，实现库存和供应链的优化，降低成本，提高售后服务的质量和效率。

具体来说，售后备件需求预测的应用主要有以下几个方面。

确保备件库存充足：通过对售后备件需求的预测，可以帮助企业更加准确地预测备件的需求量和类型，从而在生产、采购和库存管理方面做好充足的准备，避免因库存不足而导致售后服务受阻。

降低库存成本：通过精准的备件需求预测，可以减少库存过多而导致的库存积压和产品过期，降低库存成本，提高资金周转效率。

提高售后服务质量和效率：备件需求预测可以帮助企业及时准确地获取售后服务需求信息，从而更好地规划和安排售后服务资源，提高售后服务的质量和效率。

支持售后收入的增长：通过精准的备件需求预测，企业可以更好地掌握市场需求，及时调整产品结构和市场策略，推出符合市场需求的产品，从而支持售后收入的增长。

总之，做好售后备件需求预测对于汽车企业来说是非常重要的，可以帮助企业提高服务质量、降低成本、提高客户满意度和增加售后收入。

2. 传统售后备件预测方法难以适应市场的快速变化

备件需求预测的准确性对整个企业的运营管理具有重要的影响。根据备件的市场需求情况，备件可以分为快速流通件、中速流通件和慢速流通件。需要对不同的备件采用不同的预测方法售后备件的分类及传统需求预测方法如图4-9所示。

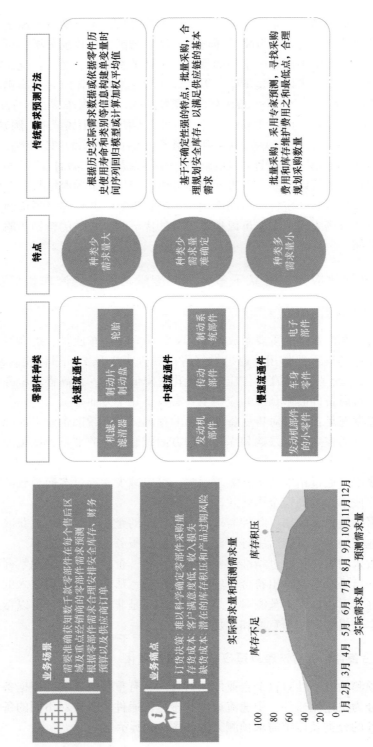

图 4-9　售后备件的分类及传统需求预测方法（见彩插）

（1）快速流通件（Fast-moving Parts）

这些备件的种类少，但是需求量大，通常用于车辆的日常维护和常规保养。常见的快速流通件如下。

机油和机滤：用于保持发动机的润滑和清洁。

空气滤清器：用于过滤进入发动机的空气，以保护发动机免受污染。

燃油滤清器：用于过滤进入发动机的燃料，以防止杂质对发动机造成损害。

制动片和制动盘：用于制动系统，确保车辆安全停车。

轮胎：用于承受车辆的牵引力和重力，以及减震等。

传统上采用常规的时间序列预测方法进行预测，如单变量时间序列回归或加权平均值等。这种方法主要依据历史需求情况，通过统计方法得出未来的需求预测，但是由于市场的变化性较大，该方法容易出现预测结果波动较大的情况，具体如下。

数据不平稳性问题：快速流通件的需求数据通常呈现明显的季节性、周期性、趋势性等非平稳性特征，而常规的时间序列预测方法通常只适用于平稳的数据，因此会影响预测的准确性。

对异常值敏感：常规的时间序列预测方法对异常值比较敏感，而快速流通件的需求通常会受到各种因素的影响，出现异常值的概率较高，因此这种方法容易出现预测误差较大的情况。

忽略影响因素：常规的时间序列预测方法通常只考虑历史需求数据的影响，而忽略了其他的影响因素，如市场变化、竞争环境等，导致预测结果与实际需求存在较大偏差。

难以处理突发事件：常规的时间序列预测方法难以处理突发事件对需求的影响，如天灾、重大政策变化等，导致预测结果与实际需求存在较大偏差。

（2）中速流通件（Medium-moving Parts）

这些备件的种类较少，但需求量较难确定，通常用于较为复杂的维修和修理。常见的中速流通件如下。

发动机部件，如曲轴和连杆等。

传动部件，如离合器和变速器等。

制动系统部件，如制动泵和制动缸等。

中速流通件的需求量相对不稳定，很难预测准确的需求量。传统上，中速流通件的需求量预测多采用历史需求量代替未来需求量的方法，或者是简单的单变量时间序列回归或加权平均值。这些方法的主要问题是无法考虑到多种因素对需求量的影响，如市场变化、竞争情况、产品更新换代等。此外，这些方法还容易出现预测结果突升或突降的问题，缺乏科学的方法体系。因此，企业也会采取批量采购的方式，以保证供应链的稳定性。同时，为了避免库存不足的情况，企业还需要合理规划安全库存，以确保备件能够及时供应。然而，这种做法也存在如下问题。

资金占用大：中速流通件种类较少，但每种备件需要采购的数量较多，导致企业需要占用大量的资金用于采购，对企业的资金流动造成一定的压力。

库存积压：由于中速流通件需求量较难确定，企业往往采取保守策略，保持较高的安全库存水平，以避免库存不足的情况。这样就可能导致库存积压，增加企业的库存成本。

需求变化快：由于中速流通件所属的备件种类通常较少，一旦市场需求发生变化，企业的备件库存很可能就会失去价值，导致浪费。

（3）慢速流通件（Slow-moving Parts）

这些备件的种类多，但需求量相对较小，通常用于较为罕见的维修和修理。常见的慢速流通件如下。

活塞和气门等发动机部件的小零件。

车身零件，如门把手和雨刷器等。

电子部件，如车载娱乐系统和导航系统等。

传统上，慢速流通件的预测方法是基于专家经验和采购成本、库存维护成本之间的平衡来进行的。这种方法根据通过对历史需求和库存数据的分析，结合供应商的信息和采购成本，来制订合理的采购计划。具体来说，就是通过专家的经验积累和对市场的预测，预测慢速流通件未来的需求量，然后根据采购成本和库存维护成本的权衡，确定最佳的采购量。这种方法的优点是可以充分考虑到供应商的信息和采购成本等因素，减少库存积压和损失。然而，这种方法也存在如下一些问题。

缺乏科学性：这种方法主要基于专家的经验和判断，缺乏科学性和精确度。由于市场需求的不确定性，专家的预测也往往存在误差，导致采购计划出现偏差。

需要大量的人力投入：制订采购计划需要考虑很多因素，需要大量的人力投入，容易出现效率低下的情况。

没有充分考虑到供应链的整体效益：这种方法主要考虑采购成本和库存维护成本的平衡，缺乏对供应链整体效益的考虑。如果只关注某一环节的成本，可能会导致整个供应链的效率降低。

采购量过大或过小：专家判断和理论模型都有可能导致采购量过大或过小，导致库存积压或供应短缺的情况。

3. 基于多分类深度学习技术的售后备件需求预测

基于多分类深度学习技术的售后备件需求预测可以通过数据挖掘、机器学习、深度学习等技术实现。相比传统的预测方法，基于人工智能技术的预测具有更高的准确性和预测能力。

首先，基于多分类深度学习技术的预测可以对大量的历史数据进行分析和学习，从而发现隐藏在数据背后的规律和趋势。机器学习算法可以自动地提取数据中的特征和模式，从而实现对未来需求的预测。这种方法不仅可以提高预测的准确性，还可以节省人力和时间成本。

其次，基于多分类深度学习技术的预测可以处理多维度、多种类别的数据。通过结合多种数据源，如销售数据、供应链数据、市场数据等，可以得到更加全面和准确的预测结果。

此外，利用深度学习技术，可以通过对数据进行卷积、池化等操作，实现对高维度数据的有效处理和分析。

最后，基于多分类深度学习技术的预测可以实现实时更新和优化。传统的预测方法通常是基于固定的模型和算法，难以适应复杂多变的市场环境和需求。而基于人工智能技术的预测可以通过实时监控和学习，及时更新和优化预测模型和算法，实现更加精准和实用的预测结果。

需要注意的是，基于多分类深度学习技术的预测也存在一些挑战和限制。例如，对于数据质量和数据隐私问题、算法选择和优化、模型解释和可解释性等方面需要进行充分的考虑和处理。此外，预测结果的精准度和可靠性也需要进行评估和验证，以保证预测的实际应用效果。

4.1.5　典型智能化应用三：基于多目标优化技术的售后服务备件生产计划和库存优化

1. 什么是售后服务备件生产计划和库存优化

售后服务备件生产计划和库存优化是指针对售后服务领域中的备件生产和库存管理所制订的计划。通过优化备件生产计划和库存计划，可以提高备件的供应链管理效率和服务水平，同时降低备件生产和库存管理的成本。

备件生产计划是指根据市场需求和销售预测情况，制订合理的备件生产计划，包括生产量、生产时间、生产成本等。合理的备件生产计划可以有效地控制生产成本，提高生产效率，同时满足售后服务的备件需求。

备件库存优化是指根据市场需求和库存管理策略，制订合理的备件库存计划，包括安全库存、最佳库存水平、库存周转率等。通过制订优化备件库存计划，可以有效地降低库存成本，同时确保备件的及时供应，提高售后服务的服务水平。

综合备件生产计划和库存计划可以更好地控制备件生产和库存成本，提高备件供应链的效率和服务水平。

2. 售后服务备件生产计划和库存优化中的多目标问题

在售后服务备件生产计划和库存优化中，多目标问题是指需要在多个目标之间进行权衡和优化。通常，多目标问题涉及的目标包括但不限于以下内容。

最小化库存成本：尽可能减少库存成本，包括订购成本、储存成本、报废成本等。

最大化服务水平：确保备件供应的及时性和可靠性，提高客户满意度。

最小化缺货损失：尽可能减少由于库存不足而导致的缺货损失，包括销售收入损失、品牌声誉损失等。

最大化生产效率：提高备件生产和采购的效率，尽可能缩短生产和供应链的周期时间。

这些目标常常相互制约和矛盾，例如最小化库存成本和最大化服务水平之间就存在着权衡关系。如果为了减少库存成本而减少库存量，可能会导致备件缺货的情况，影响服务水平。因此，售后服务备件生产计划和库存优化是一个典型的多目标优化问题，需要在考虑多个目标的前提下，找到一个平衡点，使得各目标之间的制约关系得到最佳的协调。具体来说，需要确定合适的生产计划、采购计划、库存水平等参数，以最小化总成本、最小化缺货量、最大化客户服务水平等多个目标。同时，还需要考虑到供应链中的不确定性因素，如需求波动、交货延误等因素，以确保优化方案的鲁棒性和可行性。在进行售后服务备件生产计划和库存优化时，需要考虑多个目标之间的权衡关系，制订合理的生产计划和库存策略。

3. 传统的售后服务备件生产计划和库存优化方法难以实现多目标协同

传统的售后服务备件生产计划和库存优化方法往往只关注单一目标，例如最小化库存成本或最大化服务水平。这种单一目标的优化方法可能导致在某些情况下优化某个目标时会牺牲其他目标，从而无法实现多目标协同优化。

例如，为了最小化库存成本，可以降低安全库存水平，但这会增加缺货的风险，从而降低服务水平。同样，为了提高服务水平，可以增加备件库存水平，但这会增加库存成本。因此，售后服务备件的生产计划和库存规划通常需要考虑多个目标，并寻求最优的平衡点，以满足不同的需求。

传统的方法往往采用单一的优化目标，忽略了不同目标的相互影响和制约关系。这些方法主要存在以下问题。

最小化库存成本： 该方法主要目的是尽可能降低库存成本，但可能导致缺货风险增加，严重影响服务水平和客户满意度。

最大化服务水平： 该方法主要目的是提高服务水平和客户满意度，但可能导致库存水平增加，从而增加库存成本和维护成本。

最小化缺货损失： 该方法主要目的是减少缺货损失，但可能导致库存水平增加，从而增加库存成本和维护成本。

最小化生产效率： 该方法主要目的是尽可能提高生产效率，但可能导致库存水平增加，从而增加库存成本和维护成本。

以上问题都是由于采用单一指标优化导致的，无法实现多目标的协同优化，从而导致在一个目标上优化的同时，可能会牺牲其他目标的效果。

4. 多目标优化技术可实现售后服务备件生产计划和库存计划的优化

多目标优化技术是一种优化方法，旨在解决具有多个目标函数的问题。它通常包括将多个目标函数转化为一个综合目标函数的方法，以及使用一些算法来搜索解空间中的最优解集合，这些解可以同时最大化或最小化多个目标。

常见的多目标优化技术包括以下几种。

遗传算法（Genetic Algorithm，GA）： 使用生物进化中的基因、遗传和自然选择等机制来寻找最优解。

蚁群算法（Ant Colony Optimization，ACO）： 模仿蚂蚁在寻找食物时释放的信息素，寻找最优解。

粒子群算法（Particle Swarm Optimization，PSO）： 通过模拟鸟群或鱼群等动物的群体行为来寻找最优解。

支配排序遗传算法（Non-dominated Sorting Genetic Algorithms，NSGA）：基于支配排序的多目标优化算法。

多目标粒子群优化算法（Multi-objective Particle Swarm Optimization，MOPSO）：基于粒子群算法的多目标优化算法。

多目标模拟退火算法（Multi-objective Simulated Annealing，MOSA）：基于模拟退火算法的多目标优化算法。

应用多目标优化技术，实现售后服务备件生产计划和库存计划的优化可以分为以下几个步骤。

① **建立多目标优化模型**：首先，需要建立多目标优化模型，该模型需要考虑生产成本、库存成本、缺货损失和服务水平等多个因素，并将其作为不同的目标函数，同时需要考虑多个决策变量，例如生产计划、采购计划、库存水平等。

② **选择合适的算法**：根据实际情况选择适合的多目标优化算法，例如基于遗传算法、蚁群算法、粒子群算法等进化算法的多目标优化算法，或基于线性规划、整数规划等传统优化算法。

③ **数据采集与处理**：收集并处理相关数据，包括历史需求数据、生产和采购成本、库存成本、缺货损失等，以便于模型的建立和求解。

④ **模型求解与分析**：通过选择的多目标优化算法求解模型，并分析模型求解结果，评估每个目标函数的权重和相应的决策变量值。

⑤ **实施与优化**：根据模型求解结果制订生产计划和库存计划，实施并监控执行情况，不断进行优化和改进，以满足客户需求和企业经济利益。

通过应用多目标优化技术，可以实现售后服务备件生产计划和库存计划的优化，从而提高客户满意度，降低库存和生产成本，减少缺货损失，优化供应链管理。

4.2 石油石化行业

4.2.1 石油石化行业业务分析

石油石化行业是一个复杂而庞大的产业链，涉及石油和天然气等资源的勘探、开采、运输、加工和销售等行业，涵盖了油田、天然气田、炼油厂、化工厂等多个领域。该行业是世界经济的重要组成部分，对国家的能源安全和经济发展具有重要意义。

在石油石化行业中，主要业务包括以下几个方面。

油气勘探开采：通过地质勘探技术，找到油气资源的分布，然后采用钻井等技术进行开采。

炼油加工：将原油经过分离、裂化、重组等多个工艺步骤，转化为成品油、润滑油和化工原料等产品。

化学品生产：通过各种化学反应制造出涂料、塑料、橡胶、纤维和化肥等产品。

润滑油生产：生产各种类型的润滑油，用于保护机械设备、减少磨损和延长使用寿命。

产品销售：将生产的石油化工产品出售给客户，包括燃料油、润滑油、化学原料和成品化学品等。

在这些业务中，石油石化行业存在着许多业务痛点，主要包括以下几个方面：

油气田开采难题：石油石化企业面临着越来越严峻的油气田开采难题。其中，一方面是大型油气田已经逐渐开采到了后期，采收率逐渐下降，另一方面是新开采的油气田通常位于复杂地质环境下，开采难度和成本也随之增加。因此，石油石化企业急需解决如何更加高效地勘探、开发和生产油气资源的问题。

生产计划和生产效率问题：在石油石化企业的生产环节中，如何合理制订生产计划，提高生产效率是一个急需解决的问题。传统的生产计划制订通常基于经验和规则，缺乏科学性和准确性。此外，由于生产过程中存在大量的复杂因素，如设备故障、物料短缺、质量问题等，因此需要建立高效的生产调度系统，通过优化生产过程中的各个环节，提高生产效率和质量。

成本控制问题：石油石化企业的生产过程中需要消耗大量的原料和能源，因此成本控制是一个非常重要的问题。传统的成本控制方法通常采用的是成本中心的方式，即将企业划分为不同的部门和成本中心，由各个成本中心负责控制和管理自己的成本。但是，这种方法存在着信息孤岛、协调困难等问题，因此需要采用更加高效的成本控制方法，如基于数据的成本管理方法。

产品销售问题：石油石化企业生产的产品通常具有规模大、周期长等特点，销售渠道复杂，市场需求难以准确把握等问题。此外，石油石化企业还需要面对日益激烈的市场竞争，因此如何提高产品的市场竞争力，拓展销售渠道，提升销售业绩是一个急需解决的问题。

针对这些业务痛点，石油石化行业引入数据分析、人工智能、优化算法等技术手段来进行业务分析和优化。例如，通过分析市场需求和供应情况，建立生产计划和库存计划的模型，以优化生产效率和库存水平；利用预测模型来预测原油价格和市场需求，以优化原油采购计划和产品销售策略；应用多目标优化技术来协调各个环节的成本和效益，以优化整个供应链的运营。这些技术手段可以帮助企业解决业务痛点和实现业务的优化。

4.2.2 石油石化行业智能化应用的全景分析

随着数字化和信息技术的不断发展，石油石化行业也在积极探索数字化和智能化转型，通过信息化和数字化手段提高产业的效率和质量，降低成本和风险，实现可持续发展。

数字化技术在石油石化行业中的应用，可以帮助企业实现全流程数字化管理，提高企业的运营效率和生产效率，降低成本。在数字化转型的过程中，智能化应用是石油石化行业的重要组成部分。智能化应用是基于人工智能技术、大数据、物联网等技术手段，对企业的生产、运营、管理等各个环节进行优化和智能化改造，从而提高企业的效率和质量，降低成本和风险，增强企业的核心竞争力。智能化技术的应用可以帮助企业实现自动化、智能化生产，提高安全管理水平，提升企业的核心竞争力。

在石油石化行业中，智能化应用可以涉及多个领域。例如，智能化油气田勘探和生产管理、智能化炼油生产和储运管理、智能化化工生产和安全管理等。以下是一些典型的智能化应用案例。

智能化油田勘探和生产管理：采用大数据、人工智能等技术，实现油气勘探和生产的精准化、智能化管理。例如，某石化公司推出的"智能油田平台"可以实现油气勘探、生产、销售等全过程的数字化管理和智能化决策。

智能化炼油生产和储运管理：采用智能化监控和控制技术，实现炼油过程的智能化管理，提高炼油产品质量和产量。同时，智能化的储运管理可以实现油品储运过程的自动化、智能化管理，提高储运效率和安全性。例如，某石化公司推出的"智慧炼化"系统可以实现炼油过程的智能化监控和控制，提高炼油产品的质量和效率。

智能化化工生产和安全管理：采用智能化技术，实现化工生产过程的智能化监控和控制，提高化工产品质量和产量。同时，智能化的安全管理可以实现对生产过程中的事故隐患进行实时监测和预警，降低事故发生的可能性。例如，某石化公司在化工生产过程中，通过在设备中安装传感器，将实时采集的温度、压力等数据上传至云端，并利用大数据和人工智能技术进行分析和预测，以实现化工生产过程的智能化控制和优化。通过智能化控制和优化，可以降低能耗和物耗，提高生产效率和产品质量。

下文将通过一些具体应用展示智能化应用在石油石化行业中的应用和效果。

1. 智能化油田开发中的智能化应用

油田开发是一个复杂的过程，涉及多个阶段的勘探、开采、储存和运输。油田开发是一个大量能源消耗和排放 CO_2 的高耗能行业，也是一个高危行业。为了提高油田的采收率，减少能源消耗和减少环境污染，智能化应用在油田开发中的应用逐渐成为趋势。

数字化和智能化应用技术在油田开发中的应用主要在智能勘探、智能钻井、智能生产和智能物流等领域。在勘探领域，利用数据采集和处理技术，提高勘探的准确性和效率；在钻井领域，利用智能化控制和决策技术，提高钻井的效率和质量，降低成本和风险；在生产领域，利用先进的智能化监测和控制技术，提高油井的生产效率和稳定性，延长油井寿命；在物流领域，利用智能化物流管理技术，优化物流运输计划和过程，提高物流效率和安全性。

以下是一些智能化应用技术的案例。

（1）智能勘探

智能勘探是利用人工智能技术和大数据分析技术，对地质勘探资料进行分析和挖掘，以实现对油气资源的高效发现和开发。具体来说，智能勘探包括地震数据处理、图像识别技术、数据挖掘和模型预测等多个方面。在地震数据处理方面，智能勘探利用人工智能技术对地震数据进行分析和处理，以实现对油气资源分布的高效判断和识别。在图像识别技术方面，智能勘探利用计算机视觉技术对地质勘探中的图像数据进行分析和识别，以实现对油气资源的精准定位和判断。在数据挖掘和模型预测方面，智能勘探利用大数据分析技术对海量数据进行挖掘和分析，构建模型，预测油气资源的存在和规模。

（2）智能钻井

智能钻井是指在油气勘探开发过程中，通过智能化技术对钻井作业进行自动化控制和优化，实现高效、安全、节能、环保的钻井作业。利用物联网、传感器和云计算等技术，可以实现钻井过程的实时监测和控制。例如，中海油某公司在深水区域应用的智能钻井系统可以自动控制井口压力、钻头位置和钻井液流量等参数，提高钻井效率和安全性。

（3）智能生产

智能生产是指通过采用数字化和智能化技术，提高石油和天然气生产效率，减少人为操作，提高安全性，以及延长生产设备寿命。智能生产主要应用于油田采油、油气处理、油品储运等生产环节。在这些环节中，利用人工智能、大数据和物联网等技术，可以实现生产过程的智能化管理和优化。例如，中海油某公司应用的智能化生产平台可以实现全过程数字化控制，达到提高生产效率和降低成本的目的。

（4）智能物流

石油和天然气的勘探、开采与储运中，智能物流是非常重要的一环。智能物流可以帮助石油和天然气企业实现货物运输的实时监测和管理，提高物流效率和货物安全性，降低物流成本。利用物联网、大数据和人工智能等技术，可以实现物流过程的实时监测和智能化调度。例如，某天然气公司应用的智能物流平台可以实现实时监测和调度油气管道、储罐和运输车辆等资源，提高物流效率和降低运输成本。

总的来说，智能化应用技术在石油和天然气勘探、开采与储运中的应用可以提高生产效率、降低成本和提高安全生产水平，对于推动行业的可持续发展具有重要作用。

2. 智能化炼油厂中的智能化应用

炼油工业是石油产业中非常重要的一环，它主要负责将原油加工成各种成品油和化工产品。随着炼油工业的发展和技术的进步，数字化和智能化技术在炼油厂的应用逐渐成为趋势。

数字化技术应用可以让炼油厂的生产管理更加精细化和智能化，也能提高生产效率、节省成本和降低环境污染。炼油厂数字化技术的应用包括工艺自动化、智能化控制系统、数字化监控、数据分析等方面。随着人工智能技术的不断发展，智能化应用在炼油厂的应用也越来越广泛。智能化应用可以让炼油厂更加高效、安全、可靠地运营。

下面简要说明智能化炼油厂的智能化应用。

（1）智能化控制系统

智能化控制系统是智能炼油厂建设中的重要组成部分之一，它是通过自动化技术实现对炼油过程的全面控制和管理，提高生产效率和产品质量，同时降低能源消耗和环境污染。

智能化控制系统主要采用现代化的数字化技术，例如物联网、云计算、大数据分析、人工智能等，结合传感器、控制器、执行器等装置，实现对炼油生产过程中的温度、压力、流量、质量等关键参数的监测和控制。这些系统还能通过实时的数据采集和分析，及时发现和预警生产过程中的异常情况，提高生产效率和安全性。

（2）智能化安全监测

智能化安全监测在炼油厂建设中扮演着至关重要的角色。炼油厂作为高危行业，存在着一定的安全风险，因此需要对生产过程进行全方位的安全监测。传统的安全监测方法往往是通过人工抽检、巡检等手段来完成，存在人工疏忽、漏检等问题，且效率低下，不能满足快速、准确地监测需求。

智能化安全监测则通过传感器、摄像头、人工智能等技术手段，对炼油厂生产过程进行实时监测和分析，实现安全事件的早期预警和精准诊断，减少事故发生的可能性，提高生产安全性。

（3）智能化质量管理

智能化质量管理是炼油厂建设中的一个重要应用方向，旨在通过数字化和智能化技术提高产品质量和生产效率，并降低质量问题和成本。主要的智能化应用如下。

智能化质量检测系统：采用先进的传感器技术和数据分析算法，可以对生产过程中的各个环节进行实时监测和控制，及时发现和修复可能导致质量问题的异常情况。

智能化质量数据分析和预测系统：通过对历史生产数据和相关质量指标的深度分析，可以预测未来可能出现的质量问题和生产瓶颈，并提供优化方案和建议，以提高产品质量和生产效率。

智能化质量控制中心：通过集成各个生产环节的数据和信息，建立全面、实时的质量监控体系，并设立专门的质量控制中心，以实现质量问题的快速定位、处理和反馈。

这些智能化应用可以有效提高生产效率和产品质量，同时降低成本和风险，促进炼油厂的可持续发展。

（4）智能化维护

智能化维护是指利用人工智能和物联网技术，实现对设备的状态监测、故障预测、维修计划制订和执行等全过程的智能化管理。在智能化炼油厂建设中，智能化维护是一个非常重要的方面，它能够帮助炼油厂实现设备的全生命周期管理，提高生产效率，降低维护成本。

智能化维护的核心是设备健康监测和故障预测。通过传感器和物联网技术，可以实时监测设备的运行状态、振动、温度、压力等参数，分析数据并建立模型，预测设备的故障和失效，提前制订维修计划，避免设备故障对生产造成的影响。同时，还可以根据设备的实际使用情况，调整维护计划，实现优化维护。

3. 智能化化工厂中的智能化应用

化工生产是石油石化行业的重要组成部分，化工产品广泛应用于医药、日化、涂料、塑料、橡胶等众多领域。然而，化工生产过程中存在着许多事故隐患和环境污染风险，对企业和社会的影响非常大。

化工生产过程是一个非常复杂的过程，包括原料的输入、加工生产、质量检测等多个环节。智能化应用可以在以下环节中实现优化和提升。

（1）生产工艺优化

石油化工行业的化工品生产工厂需要通过工艺优化来提高产品质量、降低成本和增加生产效率。智能化应用在工艺优化方面发挥了重要作用。通过对生产过程的数据监测和分析，可以优化生产过程中的各个环节，提高生产效率和产品质量。例如，采用模型预测控制算法，通过对生产过程的预测建模，实现对生产过程的自适应控制，从而优化生产过程，提高产品收率和质量。

（2）基于运筹优化的参数控制

在石油化工行业的化工品生产工厂中，基于运筹优化技术的参数控制是一种有效的智能化应用，可以帮助企业实现更高效、更准确的生产控制，从而提高生产效率和产品质量，降低成本。

在具体应用中，运筹优化技术可以用于控制生产过程中的温度、压力、流量等参数，通过实时监测数据和运算，自动调整控制参数，使生产过程保持在最优状态，从而优化生产过程中的参数控制，减少浪费，提高生产效率，进而可以自动化控制生产过程中的参数，减少人为干预，降低生产风险，提高生产效率。

（3）产品收率提升

石油化工行业的化工厂在生产过程中，常常需要通过各种控制手段来提高产品的收率，以降低生产成本和提高产品利润。采用智能化控制系统和优化算法，实现原料利用率的最大化，使生产成本降低。例如，利用先进的模型预测技术和智能化控制算法，对生产过程进行实时监控和调整，实现原料的精细计量、生产工艺的最优化调整，提高产品收率，降低生产成本。

以丙烯为例，目前智能化生产已经广泛应用。丙烯是一种广泛应用于塑料、橡胶、合成纤维、涂料等工业领域的重要化工原料，它的生产通常需要经过烃类蒸汽裂解反应。智能化生产利用先进的数学模型、优化算法和实时控制技术，通过对反应器内参数的精确控制和优化，可以有效减少副产物和废料的产生，提高丙烯的收率。

（4）基于人工智能的质量检测

基于人工智能的质量检测是石油化工行业的化工品生产工厂智能化应用中的一个重要领域。传统的质量检测方式主要是通过人工采样、送样、化验的方式来进行。这种方式存在着周期长、成本高、易出错等缺点，而且只能检测样品的质量，无法对整个生产过程进行实时监控和调整。通过使用人工智能技术，对产品进行质量检测，实现质量控制的智能化和精细化。比如，利用图像识别技术和机器学习算法，对产品外观、尺寸等进行自动检测和判定，大大提高了检测效率和准确性。

（5）化工生产过程虚拟仿真

化工生产过程虚拟仿真应用虚拟现实技术模拟化学反应和物理变化的过程，以便更好地理解和优化生产过程。这种技术可以使操作人员在真实操作之前预先了解生产过程的影响，从而减少操作错误和生产过程中的风险。通过建立化工生产过程的虚拟仿真模型，对生产过程进行优化和改进。例如，利用虚拟仿真技术，对生产过程进行多次模拟和优化，找到最优的生产工艺和操作方案，提高生产效率和产品质量。

4.2.3　典型智能化应用一：基于运筹优化技术的油气田智能钻井参数优化

随着油气资源的逐渐枯竭和采集难度的逐渐加大，钻井技术的研发和提升成为石油石化行业的重要议题之一。

传统的钻井过程往往需要大量的人力、物力和时间成本，而且在钻井过程中，地层条件的不断变化和复杂性，以及井深的增加，会导致钻头受损、井眼塌陷、井壁稳定性差等问题，使钻井效率低下、成本高昂、安全风险大。因此，如何利用现代科技手段来优化钻井过程，提高钻井效率和安全性，是石油石化行业面临的重要挑战。

1. 什么是油气田智能钻井参数优化

油气田智能钻井参数优化是指通过利用数据分析和人工智能技术，对钻井作业中的参数进行优化，以提高钻井作业效率和减少作业成本。智能钻井参数优化可以针对不同的钻井阶段和不同的井下地质情况进行优化，以满足不同的钻井需求。

在油气田钻井作业中，钻井参数包括钻头转速、掘进速度、钻压、钻阻、循环泥浆的流量、压力等多个因素，它们对钻井作业的效率和质量都有着重要的影响。不同参数的组合会影响到钻井效率和钻井成本。传统的钻井方法往往是由经验技术人员进行控制，但是这种方法容易出现误差，难以达到最佳效果。因此，采用智能化的方式进行钻井参数优化，可以使得钻井过程更加自动化和高效化。

基于人工智能技术的智能钻井参数优化可以通过对钻井数据进行分析和挖掘，建立数学模型，实现实时优化和预测。其中，深度学习算法、强化学习算法、模糊逻辑推理算法等都可以用于钻井参数的优化。

智能钻井参数优化的优点如下：

实现了钻井参数的实时优化，提高了钻井作业的效率和质量。

减少了钻井成本，提高了经济效益。

提高了钻井作业的安全性，减少了事故隐患。

可以针对不同的钻井阶段和井下地质情况进行优化，实现个性化的钻井作业。

可以积累和共享钻井数据，为后续的数据分析和挖掘提供基础。

2. 基于运筹优化技术的油气田智能钻井参数优化

近年来，本书作者和团队先后为多家油气田勘探企业实施了基于运筹优化技术的油气田智能钻井参数优化。下面以某企业的油田钻井参数优化项目为例，介绍智能钻井参数优化的实施过程。

（1）数据收集与分析

需要收集钻井过程中的实时数据，包括井深、压力、扭矩、流量等，并对数据进行质量分析、异常分析、关联分析，尤其是从工艺机理和数据分析角度，找出与钻井掘进速度强关联的控制参数与监测参数。影响钻井掘进速度的参数要素排序如图 4-10 所示。

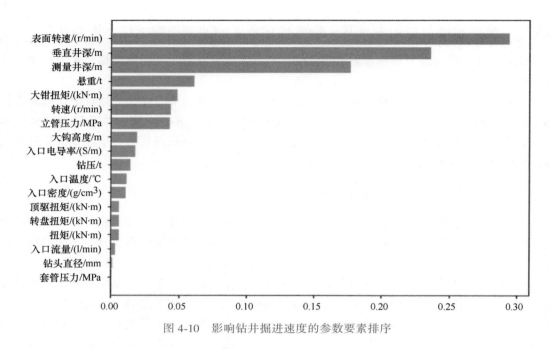

图 4-10　影响钻井掘进速度的参数要素排序

（2）钻井参数优化方案

首先根据影响钻井掘进速度的历史参数数据，构建基于机器学习算法的钻井掘进速度预测模型，在当前钻井作业工况下，实时预测不同地层、钻井口径及钻井设备的钻井掘进速度，基于工程物理原理和工况特征，实时判断优化方向，并根据可调控参数（如：马达旋转速度、钻杆旋转速度、泵压、泥浆流速等）和参数调整范围，构建基于运筹优化的最优参数组合推荐模型，实时推荐最优控制参数及参数控制路径。油田钻井参数实时优化算法技术方案如图 4-11 所示。

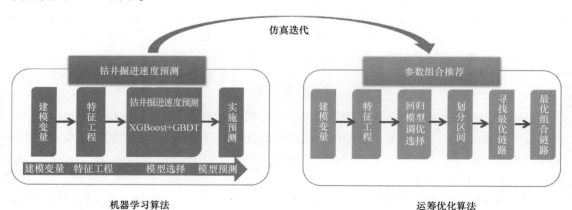

图 4-11　油田钻井参数实时优化算法技术方案

（3）建立钻井实时预测模型

通过建立基于钻井掘进速度经验方程与机器学习算法的钻井掘进速度实时预测模型，该模型可以准确地预测钻井掘进速度的实时变化。

在项目实践中，我们共获取了 20 口油井的钻井相关数据，其中包括钻头类型、井深、井径、转速、钻压、钻重、泥浆密度等多个因素。我们用 16 口油井的数据作为模型的训练和随机测试数据集，用剩下的 4 口油井的数据作为实际验证数据，以验证模型的预测准确性和稳定性。试验结果表明，模型的平均实时预测准确率达到 94.7%，平均绝对误差（MAE）为 2.4m/s。这意味着我们的模型可以高度准确地预测钻井速度，帮助工程师和操作人员优化钻井作业。

图 4-12 为某油井的实时钻井数据与模型预测数据对比。可见，模型预测准确度高，稳定性好，验证了该模型的可行性和准确性。通过这个模型，油田可以更加精细化地管理钻井作业，提高生产效率和降低成本。

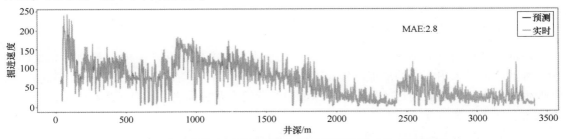

图 4-12　某油井的实时钻井数据与模型预测数据对比（见彩插）

（4）建立钻井参数优化模型

建立基于运筹优化技术的钻井参数优化模型，可以实现钻井过程中参数控制的自动化，提高钻井效率和降低成本。为了使模型能够有效地优化钻井参数，需要基于历史钻井数据参数，确定各工况下的参数调整范围、频率、步长和先后次序，并建立多维参数的调整组合，以满足不同井深、地层和钻井工况下的钻井需求。

同时，钻井掘进速度实时预测模型是实现钻井参数优化的关键。通过基于钻井掘进速度经验方程与机器学习算法的实时预测模型，可以准确和稳定地预测钻井掘进速度的实时变化，提高钻井效率和降低成本。

在实际钻井过程中，通过应用钻井参数优化模型和钻井掘进速度实时预测模型，可以实现钻井过程的自动化优化。根据预测结果，将提升率较高的调整组合输出并推荐给控制系统，实现参数控制和优化，同时可以通过实时监测钻井数据，对钻井过程进行实时调整和优化。

如图 4-13 所示为某油田钻井参数的实时优化结果，蓝色线表示未使用钻井参数优化技术的实际钻井掘进速度，橙色线表示经过钻井参数优化后的实际钻井掘进速度。通过两口同类型的油井的实际测试数据对比，实现钻井掘进速度参数优化后的实际钻井掘进速度提升了 22.5%，平均钻井时间节约了 18.5%，单口井可量化成本节约 135.6 万元人民币。通过对比实际钻井掘进速度与经过钻井参数优化后的实际钻井掘进速度，可以看出钻井参数优化的显著提升效果。

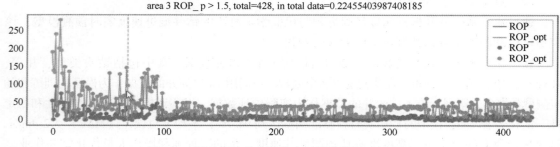

图 4-13　某油田钻井参数的实时优化结果（见彩插）

4.2.4　典型智能化应用二：炼油工艺产品收率优化

1. 什么是炼油工艺产品收率

炼油工艺产品收率是指在炼油过程中，从原油中生产出目标产品的量与原油总量的比例。炼油厂通过采用不同的加工流程和工艺参数，可使目标产品的产量最大化，提高收率，降低生产成本，增加盈利。产品收率是炼油厂经营的重要指标之一，对于提高炼油厂的竞争力和盈利能力至关重要。

在炼油厂的加工过程中，原油会经过多个加工单元进行处理，如分离、重整、裂化、重整等，每个单元都有特定的操作条件和参数，影响着目标产品的产量和质量。因此，针对不同的原油成分和产品需求，需要进行合理的工艺流程设计和参数优化，以使目标产品收率最大化。同时，炼油厂还需要对原油的性质进行分析和检测，以便确定最佳的加工流程和工艺参数。

2. 传统的炼油工艺产品收率优化方法

进行炼油工艺产品收率优化的关键是找到生产过程中的瓶颈环节，并在此基础上对工艺流程进行调整，以提高产品收率。传统上常用试错法、统计推断法和专家经验法针对原有配方、工艺操作条件、操作流程或生产设备进行优化，以达到收率优化的目的，具体如下。

优化原油混合配方：将不同来源的原油按照一定比例混合，可以获得更高的产品收率和质量。通过 AB 试验试错或模拟软件模拟混合比例，可以在生产前预测出混合比例的最优值。

改变操作条件：操作条件包括温度、压力、流速等，可以通过调整这些参数来提高产品收率。例如，在裂化过程中，适当调整温度和催化剂的使用量可以提高汽油的产量。

引入新工艺：引入新的工艺可以提高产品收率和质量。例如，采用更先进的催化剂可以提高裂化产物的收率和质量。

优化设备：设备的优化可以提高生产效率和产品收率。例如，在精馏过程中，优化塔板的布置和高效塔填料的选择可以提高产品收率。

优化操作流程：优化操作流程可以提高生产效率和产品收率。例如，在精馏过程中，采用复合式加热方式和多级换热器可以提高加热效率，从而提高产品收率。

这些方法在一定程度上可以对产品收率有一定提升，但会存在以下问题。

基于经验或试错方法的优化方法容易出现误差。由于生产过程受到很多因素的影响，经验和试错方法往往需要较长的时间来进行调整和优化，并且结果可能存在一定的误差。

缺乏考虑多种因素的综合优化方法。传统方法通常只考虑单一的因素对产品收率的影响，无法对多种因素进行综合考虑和优化，因此无法达到最优化的效果。

缺乏智能化的支持。传统方法往往需要大量的人工干预和判断，缺乏智能化的支持，使得优化效率低下，无法满足大规模和高效的生产要求。

因此，需要一种新的方法，利用现代技术和方法，实现智能化的炼油工艺产品收率优化，以提高生产效率和降低成本。

3. 基于机器学习技术的炼油工艺产品收率优化

基于机器学习技术的炼油工艺产品收率优化是一种新型的优化方法，它能够更准确地预测炼油工艺中的产品收率，并有针对性地调整工艺参数，从而提高产品收率和降低生产成本。与传统的炼油工艺产品收率优化方法相比，基于机器学习技术的优化方法具有以下优点。

更加准确的预测能力：传统的优化方法通常基于经验公式和试验数据进行建模，预测能力受到数据质量和数据量的限制。而基于机器学习技术的方法可以处理大量的数据，并通过训练模型自动发现数据中的规律和模式，从而提高预测的准确性。

更加灵活的适应性：传统的优化方法通常只能适应特定的炼油工艺条件，当工艺条件发生变化时，需要重新建模和优化。而基于机器学习技术的方法可以根据实时的工艺数据进行调整，并且可以适应多种不同的工艺条件和场景，具有更高的灵活性。

更高的效率和自动化水平：基于机器学习技术的优化方法可以实现自动化的数据处理和模型训练，并且可以快速地进行实时预测和优化。与传统的优化方法相比，基于机器学习技术的方法具有更高的效率和自动化水平。

4. 某炼油企业裂化装置的产品收率优化

裂化装置是炼油厂中重要的加工装置之一，用于将重质石油馏分转化为较轻的产品，其中包括干气、液态烃、汽油等。接下来以某炼油企业裂化装置的产品收率优化项目为例，介绍裂化装置中干气、液态烃、汽油、液态烃+汽油等产品的收率优化。

（1）数据收集与分析

分别采集并整理裂化装置四类产品的相关数据，包括裂化装置的操作参数、原料性质、产品质量、环境因素等，并对各类数据进行相关性分析，找到与产品收率关联性强的点位参数。产品收率关联参数收集如图 4-14 所示。

（2）产品收率优化模型

针对裂化装置中的干气、液态烃、汽油、液态烃+汽油等产品收率优化问题，可建立基于机器学习和多参数因果链路的参数优化模型。产品收率优化实时过程如图 4-15 所示。

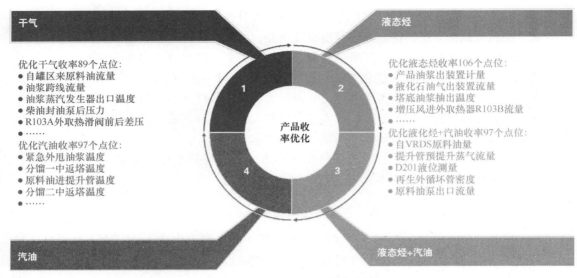

图 4-14　产品收率关联参数收集

工艺关联性分析：筛选与各产品收率指标相关联的前序点位，确定参与分析的数据集合。

验证前序点位数据的合理性：根据各产品收率的计算公式，验证前序点位数据的合理性，排除数据异常点位的影响。

特征工程：根据裂化装置工艺机理和机器学习技术，找出与收率相关的特征，包括物质成分、工艺参数等因素，并通过皮尔逊相关和斯皮尔曼关联性分析选择对收率有较高影响的特征。

异常值处理：对各点位数据、构建特征进行分布检测，对缺失、极值或非正态分布数据进行异常值处理，保证数据质量。

构建多模型融合的产品收率回归预测模型：利用机器学习算法，如支持向量回归（SVR）、随机森林（Random Forest）等，构建多模型融合的收率预测模型，根据实时数据预测产品收率。

聚类分析：根据产品收率的分布区间，进行聚类分析，对区间进行划分，并找到最优参数组合的分段区间。

构建工艺链路的参数调控：根据划分后的区间，分析各个区间内参数组合的分布情况，找到使得各区间内产品收率达到峰值时的参数最优组合，并确定参数调控最优链路，实现产品收率的优化。

需要注意的是，炼油工艺涉及复杂的物理化学反应过程，优化过程需要结合实际生产过程中的工艺控制，以实现最优的产品收率。

（3）优化结果展示

在该项目中，分别构建了干气、液态烃、汽油、液态烃+汽油等四类产品的产品收率优化模型，同时建立了裂化装置产品收率控制系统（见图 4-16），并进行实时收率优化，对优

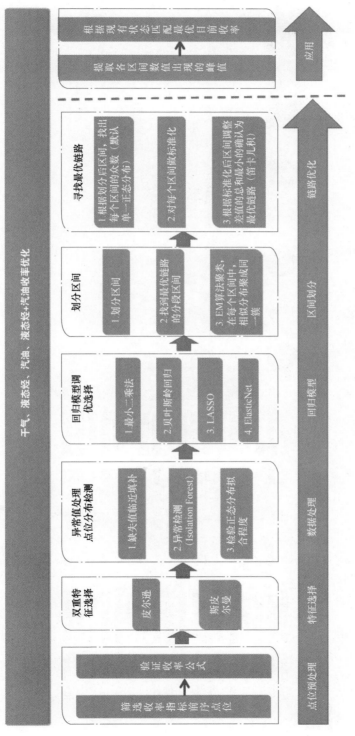

图 4-15　产品收率优化实时过程

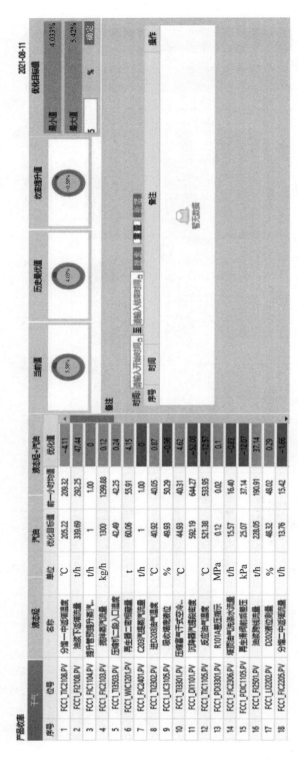

图 4-16　产品收率控制系统

化参数和结果进行实时监控。同时，为避免极小范围的频繁参数调整，根据各产品特性、原材料配方和工艺过程，实时更新各产品收率优化目标区间，在优化区间内进行参数组合和参数链路实时控制，并对优化参数和结果进行实时监控。最终，通过实时收率优化，平均收率提升了 4.5% 左右。

4.2.5　典型智能化应用三：工艺参数智能预警与控制

1. 为什么需要工艺参数预警和控制

炼油工艺产品收率是指在炼油过程中，从原油中生产出目标产品的量与原油总量的比例。通过采用不同的工艺参数进行预警和控制是石化行业工艺管理中至关重要的一环。石化行业的生产中存在着多种复杂的工艺流程和设备，工艺参数异常可能会导致设备损坏、停产，甚至安全事故，给生产带来重大的经济和社会损失。因此，石化行业需要通过工艺参数的异常预警和反馈控制来及时发现和解决潜在的问题，保证生产的稳定性和安全性。

工艺参数预警和控制可以通过实时采集、分析和处理工艺参数数据，及时发现异常情况，进行预警和控制。这些异常情况可能包括温度、压力、流量等参数超过安全范围、设备运行状态不正常等。在发现这些异常情况后，可以立即采取措施进行控制，例如调整设备的运行参数，停止不安全的工艺流程，甚至关闭生产线，避免事故的发生。

工艺参数预警和控制的实施可以带来显著的经济和社会价值。首先，通过预防和解决设备故障和生产事故，可以避免生产停滞、生产损失、修复费用等经济损失。其次，通过实现生产线的稳定和可持续运行，可以提高产品质量和生产效率，增加产量和利润。最后，保证生产的安全和环保，可以避免社会负面影响，保护人民群众的生命和财产安全，提高企业的社会形象和品牌价值。

2. 如何实现工艺参数预警和控制

传统的工艺参数预警和控制方法主要依靠人工经验和手动调整，存在人力成本高、效率低、响应时间长等问题。为了提高工艺参数预警和控制的效率和准确性，石化行业需要通过智能化技术进行工艺参数预警和控制的智能化应用。

工艺参数预警和控制的实现分为三部分，一是根据工艺机理和数据科学技术构建基于化工反应控制原理的参数因果链路，二是构建基于机器学习技术的关键参数预测模型，三是构建基于图网络技术的智能控制。

（1）根据工艺机理和数据科学技术构建基于化工反应控制原理的参数因果链路

首先需要深入研究化工反应控制原理，通过建立反应动力学模型和控制模型等手段，抽象出参数之间的因果关系，并将其建立成参数因果链路。同时，需要运用数据科学技术对工艺数据进行分析，识别出重要的关键参数，并将其纳入因果链路中。

（2）构建基于机器学习技术的关键参数预测模型

基于机器学习技术，对关键参数进行建模和预测。根据因果链路、工艺机理和工艺路线的目标, 识别基于不同目标控制参数和监控参数, 如产品质量关联参数、能耗关联参数、工艺安全关联参数等, 通过对历史数据的学习和分析, 建立预测模型, 实现对关键参数的实时预测, 为后续的控制提供可靠的数据支持。

（3）构建基于图网络技术的智能控制

基于参数因果链路和关键参数预测模型, 通过图网络技术构建智能控制系统。具体而言, 将参数因果链路建模成图网络, 在网络中表示各个参数之间的因果关系, 并将预测模型与图网络相结合, 通过实时预测和分析, 当关键参数预测值超过目标边界时, 通过基于因果链路的图网络技术, 寻找关键图节点对应的影响参数, 并实时调整关联参数的设定值, 以实现对工艺的智能控制。

总体而言, 通过深入研究化工反应控制原理, 运用数据科学技术和机器学习技术, 以及构建基于图网络技术的智能控制系统, 实现对工艺参数的预测、预警和控制, 提高工艺生产效率和产品质量。

3. 某催化裂化装置的工艺参数智能预警和控制

催化裂化是炼油工业中重要的二次加工过程, 是重油轻质化的重要手段。它是使原料油在适宜的温度、压力和催化剂存在的条件下, 进行裂化、异构化、氢转移、芳构化、缩合等一系列化学反应, 将原料油转化成气体、汽油、柴油等主要产品及油浆、焦炭的生产过程。催化裂化的生产过程包括以下几个部分。

反应再生部分: 主要任务是完成原料油的转化。原料油通过反应器与催化剂接触并反应, 不断输出反应产物, 催化剂在反应器和再生器之间不断循环, 在再生器中通入空气烧去催化剂上的积炭, 恢复催化剂的活性, 使催化剂能够循环使用。烧焦放出的热量又以催化剂为载体, 不断带回反应器, 供给反应所需的热量, 过剩热量由专门的取热设施取出加以利用。

分馏部分: 主要任务是根据反应油气中各组分的沸点不同, 将它们分离成富气、粗汽油、轻柴油、回炼油、油浆, 并保证汽油干点、轻柴油凝固点和闪点合格。

吸收稳定部分: 利用各组分在液体中的溶解度不同, 把富气和粗汽油分离成干气、液化气、稳定汽油。控制好干气中的 C_3^+ 含量和 C_3^- 含量、液化气中的 C_2^- 和 C_5^+ 含量、稳定汽油的 10% 点。

在这个装置中, 一系列的工艺参数如温度、压力、催化剂负荷等对产品质量和产量有着重要的影响。因此, 实现对这些参数的智能预警和控制, 能够提高产品质量和产量, 减少能耗和废料产生。

针对某石化公司的催化裂化装置, 选择装置的关键工艺点位, 建立关键报警点的预警预测分析模型, 并结合实时数据对关键报警点进行实时预测, 一般可预测未来 1~10min 的数据情况, 提前形成对异常工况的预警机制, 辅助操作人员及时进行判断和预警, 使操作工有更充裕的响应时间, 有助于装置的平稳运行。

某催化裂化装置的工艺参数智能预警和控制项目主要包括以下几个步骤。

（1）构建催化裂化装置的参数因果链路

根据催化裂化的工艺机理和数据科学技术，构建基于化工反应控制原理的参数因果链路。这个过程主要包括对催化裂化装置中各个参数之间的关系进行分析和建模，以及通过模型预测和验证来确定各个参数的因果关系。该项目共梳理催化裂化装置反再系统、分馏塔、吸收塔的关键参数 697 个，其中关键控制参数 31 个，其中反再系统 19 个工艺参数、分馏塔 6 个工艺参数、吸收塔 6 个工艺参数，这些工艺参数是需要进行实时监控、实时预测和实时控制的，影响工艺质量、能耗和安全的核心参数。图 4-17 所示为部分催化裂化装置参数因果链路。

（2）构建 31 个关键参数的预测模型

利用机器学习技术，构建针对催化裂化装置关键参数的预测模型。通过对历史数据训练和模型优化，可以实现对各个关键参数的预测，包括预警异常情况，粗汽油终馏点、稳定汽油终馏点、油浆固体含量、油浆密度和液态烃 C_5^+ 含量的预测结果见表 4-1。

表 4-1　部分关键参数的预测结果

分析项目	数据量（组）	使用特征			基模型误差		测试误差		上线误差	
		原料（个）	控制系统（个）	总计（个）	均方误差 MSE	平均绝对误差 MAE	均方误差 MSE	平均绝对误差 MAE	均方误差 MSE	平均绝对误差 MAE
粗汽油终馏点	24332	14	57	71	2.52565	1.24660	2.31010	1.21433	3.42345	1.51450
稳定汽油终馏点	24335	14	42	56	4.44672	1.46694	4.04377	1.44800	3.76990	1.50858
油浆固体含量	21202	14	34	48	1.22961	0.33454	1.14909	0.33800	0.01241	0.05243
油浆密度	31506	14	44	58	22.29729	3.32980	16.24758	2.96868	37.19093	4.72321
液态烃 C_5^+ 含量	12468	14	41	55	0.05088	0.14715	0.04010	0.13571	0.01743	0.12329

（3）基于图网络的智能控制

通过采集实时数据并进行处理，将各个关键参数的实际值与预测值进行比较，及时发现异常情况并进行处理。同时，基于预测模型和参数因果链路，实现对各个参数的自动控制和调节，最终实现催化裂化装置的智能化控制，由于控制系统涉及项目秘密，技术细节不再进行展示。图 4-18 为催化裂化装置反再系统工艺点位预警和控制系统。

该项目的实施大大提高了催化裂化装置的稳定性和生产效率，减少操作员的人为干预，降低了运行成本和维护成本。同时，基于历史数据的分析和预测，还可以帮助企业进行更好的生产规划和资源分配，提高企业的竞争力和效益。

4.3　化工行业

4.3.1　化工行业业务分析

化工行业是国民经济重要组成部分之一，化工行业以化学原料为基础，通过化学合成、发酵、萃取等工艺生产各种有机和无机化学品，如氨、硫酸、酚类、塑料、橡胶、颜料、精

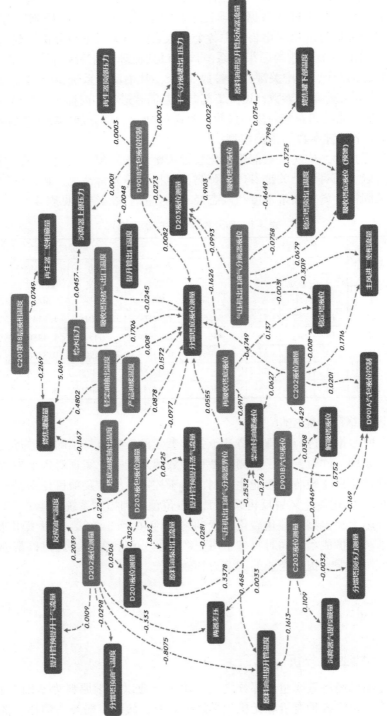

图 4-17 部分催化裂化装置参数因果链路（见彩插）

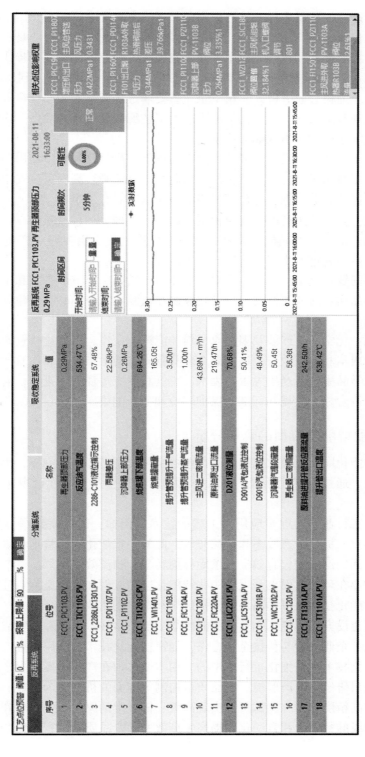

图 4-18　催化裂化装置反再系统工艺点位点预警和控制系统

细化学品等。化工产品的种类多样，具有很高的技术含量和附加值，应用范围也比较广泛，涉及制药、农药、化妆品、食品、医疗、电子等多个领域。我国化工行业具有较强的综合实力和市场竞争力。在数字化和智能化应用方面，我国化工行业逐渐加快了步伐。

化工行业主要业务模式包括：化学品生产、贸易及销售、工程承包及技术服务。其中，化学品生产是该行业的核心业务模式，化工企业主要通过掌握技术和原材料资源，生产和销售各种化学品，实现经济效益。然而化学品生产的工艺流程具有高危险性、连续性和复杂性等特点，因而在实际生产中常出现如下问题。

安全问题： 由于工艺生产设备大多在高温、高压下工作，且过程中使用的各种溶剂、催化剂、助剂等绝大多数属于易燃、易爆物质，因此化工企业必须高度关注安全问题，严格执行安全生产规定，进行相关培训，并购买适当的保险以应对意外事件。

质量控制问题： 化学品生产的工艺流程很复杂，产品种类多且品质难以控制，需要高度的质量控制和监测，以保证产品的合格性，同时在生产过程中需要避免产生不合格品和浪费，这也需要企业具备先进的生产设备和技术手段。

生产过程控制问题： 化学品生产过程中需要严格控制各个环节的参数和工艺流程，以保证产品的稳定性和品质，这需要高度的自动化控制和监测技术，同时需要建立完善的监控体系和数据分析系统。

资源优化问题： 化学品生产涉及多种原材料和能源的使用，需要进行资源的合理配置和优化利用，以降低成本和提高效益，这需要企业具备先进的生产管理和运营能力。

环保问题： 化学品生产会产生大量的废水、废气和废渣等环境污染物，需要企业具备完善的环保措施，以符合相关法规和标准，保护环境和公众健康。

4.3.2　化工行业智能化应用的全景分析

在数字化和智能化应用方面，我国化工行业数字化转型已经初步完成，生产过程的各个环节都已经数字化。通过数字化手段，化工企业可以实现生产全过程可视化，提升生产效率，减少人为误差。

近些年来，化工行业开始逐步应用人工智能技术。例如，通过大数据分析优化生产流程，实现生产自动化，提高生产效率和产品质量。此外，智能化仓储管理和供应链管理系统也在化工企业中得到广泛应用，有效提高了库存周转率和物流效率。

此外，化工行业在环保方面也开展了一些智能化应用，例如在污染物治理和废弃物回收利用方面应用了智能化技术，以提高环境保护效果和资源利用效率。

在智能化应用建设方面，化工企业面临的挑战主要来自技术水平和投资成本。为了克服这些困难，一些化工企业开始与科技企业合作，加速智能化技术的应用和推广。例如，在精细化工行业，智能化技术在精细化工行业中的应用主要体现在产品研发和生产过程的自动化和优化方面，在原料研发、生产监控、产品质量控制等方面的机制尤为明显。例如，利用智能化技术对原料的高精度分析和测试可以实现高效、低成本的原料研发和生产；智能化生产监控可以实现生产线的数字化和自动化，提高生产效率和产品质量；智能化产品质量控制可以实现对产品的全过程的监测和控制，提高产品质量和市场竞争力。

总的来说，化工行业的数字化和智能化应用有助于提高生产效率和产品质量，降低生产成本，也有助于加强环境保护和资源利用效率。智能化技术的应用可以帮助化工行业提高生产效率、降低生产成本、提高产品质量、加速研发进程、实现智能化管理和数字化转型。因此，化工企业应该积极推进数字化和智能化应用建设，提升整个行业的竞争力。

下文具体探讨一些化工行业的典型智能化应用。

1. 化工原料采购中的智能化应用

化工行业使用的原料种类繁多，采购难度大，且原材料的品质对产品的影响很大，因此智能化采购是非常重要的。可以利用大数据和人工智能技术，对历史采购数据、市场价格走势、供应商信息等数据进行分析，制订更加精准的采购计划，也可以根据生产计划进行自动化的采购下单。此外，还可以利用智能化的供应链管理系统，通过实时监测原材料库存和市场供需状况等信息，自动调整采购计划和库存策略，降低库存成本和风险。

化工行业的化工原料采购部分的智能化应用主要包括以下方面。

智能化供应商选择：采用大数据和人工智能技术分析供应商的历史数据、信用评级、交货能力、价格等因素，辅助采购人员进行供应商选择，提高采购效率和质量。

智能化价格预测：通过对化工原材料市场趋势、供需情况等因素进行分析，应用人工智能技术进行预测和分析，帮助采购人员预测市场价格波动，做出更加合理的采购决策。

智能化订单管理：采用大数据和人工智能技术进行订单管理，根据实时库存信息和客户需求等数据，及时安排生产和发货，避免因库存积压或缺货导致的生产和交付延误。

智能化质量控制：通过建立化工原材料的质量数据库，记录每批原材料的检验数据和质量情况，应用人工智能技术进行分析和预测，识别潜在的质量问题，及时采取措施，避免因质量问题导致的生产损失。

智能化仓储管理：采用物联网技术对仓库进行实时监控，记录每个货位的存货情况，预测库存变化趋势，及时调整仓库布局和管理方式，优化存储空间和货物流转效率，提高仓库利用率和库存周转率。

智能化供应链管理：通过整合上下游企业的信息，建立供应链协同平台，采用人工智能技术进行供需匹配和资源优化，实现供应链信息化、智能化、协同化管理，提高供应链效率和企业竞争力。

综上所述，化工行业的化工原料采购部分的智能化应用主要体现在供应商选择、价格预测、订单管理、质量控制、仓储管理和供应链管理等方面，通过应用大数据和人工智能技术，实现采购流程的智能化和优化，提高采购效率和质量，降低采购成本，提高企业竞争力。

2. 智能化生产过程控制中的智能化应用

化工行业的生产过程往往涉及高温高压、易燃易爆等危险因素，因此智能化的生产过程控制非常重要。可以利用传感器和智能控制系统实现对生产过程的实时监测和控制，通过数据分析和机器学习算法进行智能化优化和调整，提高生产效率和产品质量。例如，在液态化工生产过程中，可以利用智能传感器实时监测温度、压力、流量等参数，通过机器学习算法预测生产过程中的异常情况，并自动进行调整，避免生产事故和产品质量问题的发生。

化工行业的生产过程控制部分的智能化应用主要包括以下方面。

生产过程的智能调控：化工生产过程中，工艺参数非常多、人工控制的复杂度高，需要智能化技术做智能调控，代替人工调控。通过应用大数据和人工智能技术，对生产过程进行数据采集和分析，建立模型和算法，可以实现生产过程的智能调控。例如，在合成氨的生产中，可以利用大数据和人工智能技术，对氨合成反应的实时数据进行监测和分析，实现对反应过程的智能调控和优化，提高氨的产率和纯度。

生产过程的多目标优化：化工生产往往要靠对各个生产环节的质量抽检，所以容易产生质量控制滞后问题。因此，需要实现稳定的生产过程控制，不易产生质量波动问题。化工生产过程中往往是多目标的，希望生产的产品纯度高、原料消耗少、能耗少、生产过程的物料转化率高等。通过应用多目标优化技术，可以同时考虑多个目标，制定最佳的生产方案，实现生产过程的多目标优化。例如，在聚氨酯生产中，通过建立多目标优化模型，可以在保证聚氨酯产率的前提下，最大限度地减少反应物的消耗，降低生产成本。

生产过程的智能化计量与调配：化工行业中的生产过程涉及多种原材料的计量与调配，需要实现高精度、高效率的自动化控制。传统的方法往往是手动计量，但这种方法容易出现误差，影响产品质量。为此，化工企业可以采用智能化的计量与调配系统，实现对生产过程中原材料的准确计量和自动调配。

智能化工艺流程优化：化工生产过程中涉及多个工艺环节，每个环节都有一些关键参数需要控制。传统的方法是手动调整这些参数，但是这样容易产生误差和滞后。智能化工艺流程优化系统可以自动调整工艺参数，实现工艺流程的优化，提高生产效率和产品质量。智能化工艺流程优化的关键是建立高效、准确的生产数据采集和分析系统，通过对生产过程中所涉及的参数和数据进行分析，找出优化空间，以期达到更好的生产效果。

生产过程的智能化质量检测：传统的质量检测方法往往需要取样送检，周期长、操作烦琐，容易产生滞后。智能化质量检测系统可以实时监测生产过程中的关键参数，如温度、压力、pH 值等，以及产品的物理和化学性质，快速发现质量问题并及时调整生产参数，以保证产品质量的稳定性。此外，也可以应用机器视觉技术来实现智能化质量检测。机器视觉技术可以对产品的外观和形态进行检测和分析，以判断产品是否符合质量标准。例如，在涂料生产过程中，可以利用机器视觉技术对涂料的厚度、颜色、光泽等进行检测，以保证涂料质量的稳定性。

生产过程的智能化能耗优化：化工生产过程中需要大量的能源，如电力、蒸汽等。智能化能耗管理系统可以实时监测和分析生产过程中的能耗数据，找出能源消耗的瓶颈和浪费点，提出优化方案，降低能源消耗，降低生产成本。

生产过程的智能化预测和预警：化工生产过程中可能会发生突发事件，如设备故障、人为错误等，这些事件会影响生产效率和产品质量。智能化预测和预警系统可以通过大数据和人工智能技术，对生产过程中的各项数据进行实时监测和分析。

3. 智能化环境监测中的智能化应用

在化工行业的智能化应用中，环境检测是非常重要的一部分。化工生产过程中会产生大量废气、废水等污染物，如果不能及时监测和处理，将会对环境和人类健康造成严重的威胁。因此，利用智能化技术来实现化工环境检测是非常必要的。

智能化环境检测可以通过安装传感器和监测设备来实现对环境的实时监测。这些设备可以测量空气中的气体、液体中的浓度、水质、噪声等多个方面的指标。然后，将这些指标数据通过物联网技术实时传输到云端进行分析处理，并生成相应的报告和预警信息。

通过对环境指标数据进行分析处理，可以及时发现异常情况，提高化工企业对环境的监管能力，避免环境污染事件的发生。同时，将历史数据进行统计分析，可以预测未来可能出现的环境污染风险，为化工企业制定更加科学的环保方案提供参考。

此外，智能化环境检测技术还可以与其他智能化应用结合，如智能生产控制、物流运输管理等，从而实现全方位的化工智能化管理。

化工行业智能化环境监测的智能化应用主要包括以下方面。

智能化废气监测：化工生产过程中会产生大量废气，其中包含各种有害物质。传统的废气监测方法需要人工采样、送样、化验等步骤，周期长、费用高、精度低。采用智能化废气监测系统，可以实现实时在线监测，准确地检测废气中的各种污染物，发现异常情况及时报警并采取措施，保障生产过程的环保合规性。

智能化水质监测：化工企业的生产活动涉及大量的水资源，而水污染对环境和人类健康都有着重要的影响。采用智能化水质监测系统，可以对水质参数进行实时监测和预警，对水质异常情况进行自动报警和反馈，实现水资源的智能化管理。

智能化噪声监测：化工生产过程中，噪声是一种常见的环境污染因素。传统的噪声监测需要人工巡检、数据录入等步骤，费时费力，监测效果也不理想。采用智能化噪声监测系统，可以实现噪声数据的实时采集、传输和分析，对噪声异常情况进行自动报警和反馈，及时解决噪声问题。

智能化粉尘监测：化工生产过程中，粉尘也是一种常见的污染因素。传统的粉尘监测需要人工采样、送样、化验等步骤，费用高、周期长、精度低。采用智能化粉尘监测系统，可以实现实时在线监测，对粉尘浓度和成分进行准确监测和分析，发现异常情况及时报警并采取措施。

4.3.3 典型智能化应用一：化学品生产工艺的多目标优化

1. 化学品生产工艺中有哪些目标

化学品生产是一个复杂的过程，通常需要满足多个目标。这些目标通常包括生产成本、产品质量、环境安全、能源效率等方面。这些目标之间有着协同的关系，需要通过多目标优化的方法来实现最佳的生产方案。同时优化多个目标，以达到最优的生产效益。具体来说，化学品生产过程中常见的目标包括但不限于以下内容。

产品质量：化学品的品质是生产的首要目标，需要在生产过程中保证产品的化学纯度、物理性质等各项指标符合要求。

生产效率：化学品生产通常需要耗费大量的能源和原材料，因此生产效率是一个非常重要的目标。生产效率的提升可以通过降低原材料和能源的消耗、减少生产周期和减少废品的产生来实现。

生产成本：化学品生产的成本通常较高，因此需要在保证产品质量和生产效率的前提下，尽可能降低生产成本。生产成本中最主要的影响因素为能耗和原料转化率，因而在生产过程中的目标就包括提高原料转化率和降低系统能耗。

安全性：化学品生产过程中涉及高温、高压、易燃易爆等危险因素，因此安全性是一个至关重要的目标。需要在生产过程中尽可能降低事故发生的概率，并在事故发生时能够及时应对。

环境友好：化学品生产对环境的影响较大，需要尽可能减少对环境的影响，例如降低废水、废气的排放量等。

2. 如何进行化学品生产工艺中的多目标优化

化工生产工艺中的多目标优化需要考虑多个目标之间的相互影响，并找到一个最优的平衡点，使得所有目标都能够得到满足。

首先，需要确定所需优化的多个目标，并进行量化。这些目标可以包括生产成本、产品品质、生产效率、能耗、环保等方面。在确定了这些目标之后，需要确定它们之间的优先级和权重，以便在优化过程中更加合理地平衡各项目标。

其次，需要选择一种合适的优化算法。常见的优化算法包括遗传算法、粒子群算法、模拟退火算法等。这些算法可以通过调整参数和运行多次来找到最优解。

最后，需要进行模拟和试验验证。通过模拟和试验，可以验证所得到的最优解是否符合实际情况。如果不符合，可以对模型进行调整和优化，直到得到最优解。

总之，化工生产工艺中的多目标优化是一项复杂的任务，需要考虑多个因素，并综合运用不同的方法和技术，以实现多个目标之间的平衡和最优化。

3. 某 MTBE 生产工艺的多目标优化

MTBE，即甲基叔丁基醚，是一种重要的有机化学品，广泛用于汽油和溶剂等领域。在 MTBE 生产过程中，通常使用异丙醇和异丁烯作为原料，通过催化剂的作用进行反应，得到 MTBE 产品。

（1）MTBE 生产工艺的多目标

MTBE 生产工艺的多目标优化是指在保证产品质量的前提下，最大限度地提高原料转化率，同时尽可能降低能源消耗。具体来说，MTBE 生产工艺的多目标优化包括以下几个方面：

产品质量目标：在 MTBE 生产过程中，产品质量是首要目标。MTBE 的质量取决于合成反应的选择、反应温度、反应时间和催化剂的种类与用量等多个因素。

原料转化率目标：原料转化率是指在反应过程中，原料转化为产品的比例。在 MTBE 生产工艺中，甲醇、乙烯和异丁烷是主要原料，通过催化剂的作用，转化为 MTBE。原料转化率的提高可以降低原料成本，同时提高生产效率。因此，优化 MTBE 生产工艺需要使原料转化率最大化。

能源消耗目标：在 MTBE 生产过程中需要耗费大量的能源，如蒸汽、电力等。在能源紧缺的今天，优化 MTBE 生产工艺需要尽可能降低能源消耗，提高能源利用效率。

综上所述，MTBE 生产工艺的多目标优化需要同时考虑产品质量、原料转化率和能源消耗三个目标，通过合理的反应条件选择、催化剂的优化和废热回收等技术手段，实现这些目标的最优化。

（2）MTBE 生产工艺中多目标优化的实现

该项目中，根据 MTBE 的工艺反应过程，结合物理反应机理和化学反应方程，建立基于运筹优化技术的多目标优化，具体步骤如下。

① **确定具体的优化目标**：在 MTBE 生产过程中，确定产品质量目标、原料转化率目标、能源消耗目标所对应指标参数。

② **建立化学反应机理模型**：建立基于化学反应机理的反应方程模型是多目标优化的关键。通过对反应的化学机理进行深入研究，了解反应中物质的转化过程、产物生成机理等信息。根据这些信息，可以建立反应方程模型，对反应过程进行模拟和预测。

③ **确定控制参数**：在建立反应方程模型的基础上，需要确定影响反应的各种控制参数，如塔顶回流量、出口甲醇浓度、干燥塔塔盘温度、灵敏板温度、塔顶恒定压力等。这些控制参数可以通过相关性分析与仿真模拟计算进行确定。

④ **建立多目标优化模型**：将确定的多个优化目标及控制参数输入优化模型中，建立多目标优化模型。该项目基于非线性规划与遗传算法等方法建立。

⑤ **进行多目标优化计算**：在建立多目标优化模型之后，可以使用数值计算方法对模型进行求解。通常情况下，需要使用求解器对模型进行求解。这个过程需要考虑反应机理模型的复杂性、控制参数的多样性和优化目标的多样性等因素。

某 MTBE 生产工艺的多目标优化如图 4-19 所示。

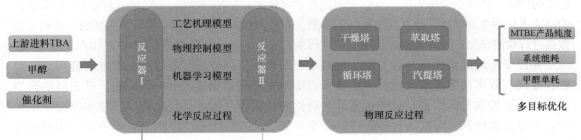

图 4-19　某 MTBE 生产工艺的多目标优化

4.3.4　典型智能化应用二：生产流程的质量智能检测

1. 什么是生产流程的质量检测

化学品生产中的质量检测是指通过一系列的物理、化学、生物学等检测手段，对产品进行定性、定量和分析测试，以确定产品是否符合预定的质量标准和规格要求。

传统上，化学品生产中的质量检测主要是通过在采样点采取样品，运输到实验室中进行化验的方式进行。对于化学品生产企业来说，采样点检测是非常重要的质量控制环节。然而，采样点检测也存在一些问题，如采样误差、样品污染、延迟反馈等，导致检测结果的准确性和时效性受到限制，具体如下。

耗费大量人力物力：采样点检测需要人工采集样品、运输、分析，需要大量的人力和物力投入。此外，检测过程中需要使用各种昂贵的化学试剂和仪器设备，增加了成本。

时效性差：传统的采样点检测需要将样品送往实验室化验，这个过程需要时间，可能需要数小时或数天才能得到结果。这就意味着，如果出现问题，可能需要等待较长时间才能得到反馈，这样会影响生产效率和产品质量。

人力成本高：随着样品量的增加，实验室化验人员也需要不断扩张，这会增加企业的人力成本。

为了解决这些问题，一些化学品生产企业已经开始采用一些新的技术，例如在线分析技术。这种技术可以实现对生产流程中各个环节的在线监测和控制，不需要人工采样和送检，可以实时得到反馈。通过这种技术，化学品生产企业可以更好地控制生产过程，提高产品质量，同时减少人力、物力投入，提高生产效率。

2. 构建基于机器学习的化工产品质量智能检测

化工产品质量智能检测是基于机器学习的一种新型质量检测方法，它能够利用数据驱动的方法，快速准确地检测化工产品的质量，从而提高生产效率和产品质量。此种检测的主要流程包括数据采集、特征提取、模型训练和检测预测等步骤。

在数据采集方面，可以利用传感器和监控系统对生产过程中的关键参数进行实时监测和采集。在特征提取方面，可以将采集到的原始数据进行预处理和特征工程，提取出对产品质量影响较大的特征。在模型训练方面，可以使用机器学习算法（如神经网络、支持向量机等）对采集到的特征进行训练和优化，建立起高精度的模型。在检测预测方面，可以利用训练好的模型对新的数据进行检测预测，及时发现并解决生产过程中的异常问题，从而提高生产效率和产品质量。

相比于传统的采样点化验，基于机器学习的化工产品质量智能检测具有准确度高、自动化程度高、效率高等优点。此外，它还可以根据生产环境和工艺参数的变化，动态调整模型参数和特征提取方式，提高检测预测的准确性和稳定性。因此，将机器学习技术应用于化工产品质量智能检测，可以为化工企业提高生产效率和产品质量，提高企业竞争力，实现可持续发展做出贡献。

4.3.5　典型智能化应用三：化工产品组分纯度的智能控制

化工产品的组分纯度是关系到产品质量的一个非常重要的指标。化工产品组分纯度直接影响到产品的使用效果和市场竞争力。传统上，化工生产中的组分纯度控制主要依靠手动调节反应条件，如温度、压力、反应物投加速率等，以达到期望的纯度目标。这种方式虽然可以收到一定的控制效果，但存在着很多问题，具体如下。

人工调节反应条件不够精准，难以做到实时调整。

反应条件的控制存在一定的滞后性，无法做到对反应实时监控和调控。

传统的手动调节方式对操作人员的要求较高，需要经验丰富的专业技术人员，且工作量大，效率低。

为了解决这些问题，越来越多的化工企业开始采用基于机器学习的智能控制技术来实现化工产品组分纯度的智能控制。这种方法的基本思路是通过对反应过程的数据进行实时监测和分析，使用机器学习算法对反应过程进行建模和预测，进而实现反应条件的实时调整和优化，以达到期望的组分纯度目标。

具体来说，基于机器学习的化工产品组分纯度智能控制一般包括以下几个步骤。

① **数据采集**：利用各种传感器和监测设备实时采集反应过程中的数据，包括温度、压力、反应物浓度、产物浓度等参数。

② **数据预处理**：对采集到的数据进行预处理，包括数据清洗、去噪、数据缺失值填充等处理，以保证数据的准确性和完整性。

③ **特征提取**：对预处理后的数据进行特征提取，提取出反应过程中最重要的特征参数，如反应速率、反应物消耗速率等。

④ **建模和预测**：使用机器学习算法对反应过程进行建模和预测，通过学习反应过程中的数据规律和趋势，预测出未来的反应条件和反应产物质量等指标。

⑤ **反应条件调整和控制**：根据建模和预测结果，对反应条件进行实时调整和控制，以达到期望的组分纯度目标。

在应用机器学习技术进行化工产品组分纯度智能控制时，需要注意以下几个方面。

数据质量：机器学习的性能取决于数据的质量。因此，在进行化工产品组分纯度智能控制之前，需要确保采集的数据准确、完整、可靠。

特征选择：为了让机器学习算法更好地学习化工产品的组分纯度变化规律，需要选取恰当的特征。特征的选择应该能够很好地反映化工产品的组分变化规律。

模型选择：机器学习算法有很多种，包括决策树、支持向量机、神经网络等。为了让化工产品组分纯度智能控制更加准确和高效，需要根据实际情况选择合适的机器学习模型。

实时性要求：化工生产的实时性要求非常高，因此在进行化工产品组分纯度智能控制时，需要保证机器学习模型的预测能够实时地更新，并及时反馈给控制系统，实现对化工生产的实时控制。

安全性：化工生产涉及危险品和高温高压等复杂环境，因此在进行化工产品组分纯度智能控制时，需要保证控制系统的安全性和稳定性，避免出现生产安全事故。

4.4 烟草行业

4.4.1 烟草行业业务分析

烟草行业是我国的一个重要传统产业。它的规模庞大，覆盖面广，对国民经济的发展起着重要作用。烟草行业涉及种植、生产、营销和供应链等多个环节，每个环节都具有其独特的业务特点。

种植环节：我国的烟草种植业主要分布在云南、贵州、湖南、重庆等地，种植面积较大，同时也存在一些问题。例如，烟草种植业往往受到天气、气候和环境等因素的影响，这对烟草生产的稳定性和可控性造成了一定的挑战。

生产环节：烟草制品的生产主要分为加工和制造两个环节。加工环节包括卷烟和其他烟草制品的生产，制造环节则包括烟用滤嘴、烟用纸等辅助材料的生产。烟草制品的生产质量和生产效率是烟草行业的重点关注点之一。同时，烟草制品的生产涉及一些有害物质，对生产车间的环境和生产工人的健康也有一定的影响。

营销环节：烟草制品的营销主要是通过销售渠道和广告宣传来进行。然而，由于烟草制品涉及卫生和健康等问题，它的营销渠道和广告宣传受到了很大的限制和约束。烟草制品的销售需要满足一定的法律法规和质量标准，这也是烟草行业在营销方面需要注意的问题。

供应链环节：烟草行业的供应链环节非常复杂，涉及种植、加工、制造、销售等多个环节。供应链的管理需要考虑到各个环节之间的衔接和协调，同时需要保证供应链的稳定性和可靠性。

总的来说，烟草行业在质量管理、生产效率、营销和供应链管理均有需要解决的问题。针对这些问题，加强技术研发，优化生产工艺和流程，实施质量管理和控制，完善销售渠道和广告宣传，加强供应链管理，提高企业的市场竞争力和生产效率。

4.4.2 烟草行业智能化应用的全景分析

随着经济的发展和人民生活水平的提高，消费者对烟草产品的品质、安全和健康要求越来越高，同时，烟草行业也面临着诸多挑战，如市场竞争激烈、产品质量管理难度大等问题。因此，在这种情况下，智能化应用的引入成为提高烟草行业发展质量和效益的重要手段。

数字化是智能化应用的基础。烟草行业在数字化方面有了长足的发展。数字化在烟草行业的应用主要体现在信息化管理、生产流程自动化和智能化设备应用等方面。例如，通过智能化设备的应用，生产线的自动化程度得到提高，生产效率和产品品质得到保证；通过信息化管理，烟草企业可以更加精准地了解市场需求，优化生产计划，提高经济效益。

除此之外，智能化应用在烟草行业还有很多具体案例，如智能化质量管理、智能化销售管理、智能化客户服务等。例如，在质量管理方面，烟草企业可以通过智能化技术，实现烟草产品的自动检测、质量数据的实时监测和分析等功能，大大提高质量管理的效率和准确度。在销售管理方面，烟草企业可以通过智能化技术，实现销售渠道的多样化和精细化管理，推出个性化的促销活动，提高销售业绩。在客户服务方面，烟草企业可以通过智能化技术，实现客户信息管理、投诉处理、客户反馈分析等功能，提升客户满意度。

智能化应用建设在中国烟草行业的重要价值和意义，不仅体现在提高生产效率、质量和产品品质等方面，还体现在推进行业转型升级、提高企业核心竞争力、满足消费者需求等方面。在未来，随着技术的不断发展和应用场景的不断扩大，智能化应用将成为中国烟草行业发展的重要推动力，带动行业整体的数字化建设。

进一步来说，在烟草行业中，智能化应用主要包括生产、营销和供应链三个方面。在生产方面，烟草企业通过智能化技术提升生产效率和质量，降低生产成本，提高产品的品质和稳定性。例如，采用智能化的生产线，可以实现精准控制烟丝的含水量、烘烤时间等参数，保证产品的稳定性和一致性；通过智能化的质量检测系统，可以实现对产品进行自动化检测和分拣，提高检测效率和准确率。

在营销方面，烟草企业通过智能化技术实现精准营销和增强客户体验。例如，通过智能化的数据分析和挖掘，可以实现对消费者的购买行为和偏好进行分析和预测，从而制定个性化的营销策略和方案；通过智能化的客户服务系统，可以实现对客户的投诉和反馈进行实时响应和处理，提高客户满意度和忠诚度。

在供应链方面，烟草企业通过智能化技术实现供应链的可视化、优化和智能化管理。例如，通过智能化的供应链平台，可以实现对供应链各个环节的数据采集、分析和可视化展示，实现对整个供应链的实时监控和管理；通过智能化的供应链规划和优化系统，可以实现对供应链的调度、库存管理等方面的智能化优化和管理，提高供应链的效率和稳定性。

综上所述，烟草行业中的智能化应用可以帮助企业提升生产效率和质量，提高营销和客户服务水平，优化供应链管理，从而实现更高的经济效益和社会价值。

烟草行业的智能化应用主要涉及烟草生产、销售、管理等方面，可以从以下几个角度来说明：

1. 烟草种植中的智能化应用

烟草行业作为一个传统的行业，也开始探索数字化转型的道路。数字化转型在烟草行业中的应用主要体现在种植、生产、销售等方面。其中，烟草种植是烟草行业的第一环节，也是保证烟草产品质量的基础。近年来，随着农业智能化水平的提升和人工智能技术的广泛应用，烟草种植智能化应用已成为行业的热点之一。通过采用现代化的种植技术、传感器、物联网技术等手段，可以实现对烟草种植全过程的实时监测和数据分析，从而提高烟草种植的效率、质量和安全性，减少对环境的影响。具体应用场景如下。

（1）农业物联网

烟草农业物联网是指通过互联网和物联网技术对烟草生产过程进行智能化管理。具体来说，它通过安装传感器和设备，监测土壤温度、湿度、光照、二氧化碳浓度等环境参数，将烟叶生产中的土壤、气象、光照、水分、温度等环境数据实时采集，并将这些数据上传至云平台进行分析和处理。在云平台上，通过对大量数据的分析和比对，系统能够自动判断烟叶的生长状态，预测未来的生长趋势，并提供相应的管理决策。

烟草农业物联网中具有以下智能应用。

智能化灌溉系统：通过物联网传感器和数据分析技术，实现对烟叶生长环境的实时监测和控制，调整灌溉量和频率，达到节水、增产和提高烟叶品质的目的。

智能化施肥系统：通过物联网传感器采集土壤和烟叶植株的数据，并结合数据分析技术，智能化地调整施肥量和时机，达到提高烟叶产量和质量的目的。

智能化病虫害监测系统：通过物联网传感器和图像识别技术，实现对烟叶病虫害的实时监测和预警，提高病虫害防治的精准度和效果，保障烟叶生产的顺利进行。

智能化气象监测系统：通过物联网传感器和数据分析技术，实现对气象数据的实时监测和分析，提供准确的气象预测，为决策提供科学依据。

智能化收获系统：通过物联网传感器和图像识别技术，实现对烟叶的实时监测和分级，提高收获效率和烟叶质量，降低人工成本。

智能化物流管理系统：通过物联网传感器和数据分析技术，实现对烟草生产、加工和销售全过程的实时监测和管理，提高物流效率和准确度，降低物流成本和风险。

这些智能应用的实现，可以提高烟叶种植的生产效率和品质，减少浪费和损失，降低生产成本和环境污染，为农业可持续发展做出积极贡献。

（2）决策支持系统

烟叶种植的决策支持系统可以帮助农民和农业管理者更好地制定种植策略和管理方案，基于大数据分析结果，结合生产实际情况，为烟叶种植企业提供定制化的决策支持服务，提高烟叶生产的效益和质量。具体来说，决策支持系统可以收集和分析大量的烟叶种植数据，包括天气、土壤、病虫害等信息，为农民提供准确的种植建议。

同时，通过人工智能技术对烟叶种植过程中的各种参数进行实时监测和预测，包括温度、湿度、光照强度等，以及病虫害的发生概率等，为农民提供及时的预警和应对方案，也可以根据烟草生长情况和市场需求，制订最佳的种植计划和销售策略，提高烟草产量和收益。

再者，它帮助农民进行土壤调查和分析，优化土壤养分和水分的管理，提高烟草的品质和口感。此外，决策支持系统可以为农民提供培训和指导，帮助他们更好地掌握烟叶种植技术和管理知识。

总之，烟叶种植的决策支持系统可以帮助农民更好地管理和控制种植过程中的各种因素，从而提高烟叶的质量和产量，降低成本，提高收益。

（3）智能化控制系统

烟叶种植中的智能化控制主要是指在种植过程中应用先进的自动化控制技术，通过对环境参数、土壤条件、水分、施肥等方面的实时监测与分析，实现精细化、智能化的农业生产管理。通过远程控制系统，实现对灌溉、施肥、药物喷洒等烟叶生产全过程的智能化控制和管理，提高生产效率和质量，具体包括以下方面。

环境监测和控制：利用传感器对光照、温度、湿度、CO_2 浓度等环境参数进行实时监测和控制，以保证烟草生长环境的优化和稳定。

智能化施肥：通过对土壤养分含量和烟叶生长状态的监测，利用精准施肥技术，实现对不同部位、不同阶段的烟叶进行精细化施肥。

智能化灌溉：利用传感器实时监测土壤水分含量，根据烟叶生长需要进行精准的灌溉控制，以提高灌溉水分利用效率。

智能化防治病虫害：通过监测和分析病虫害发生的规律和趋势，利用智能化防治技术，实现对病虫害的早期预警和精准化防治。

智能化收割：通过利用自动化收割机器人，实现对烟叶进行自动化收割和智能化的数据采集和分析，以提高收割效率和质量。

总的来说，烟叶种植的智能化控制主要目的在于提高种植效率和质量，降低成本，减少人工管理的工作量和对环境的污染，以实现可持续发展。

2. 烟草制造中的智能化应用

烟草制造是烟草工业的核心领域之一，主要生产各种烟草制品，如卷烟、烟丝、雪茄等。随着数字化和智能化技术的迅速发展，烟草制造行业也开始积极应用智能化技术来提高生产效率、优化生产流程和提升产品质量。

卷烟厂实现智能化应用的关键在于建设智能制造平台、数字化工厂及面向各级生产线的智能应用。智能制造平台是实现数字化、网络化和智能化的重要基础设施，通过构建数字化工厂，可以实现生产全过程的数字化、网络化和智能化，实现生产过程的可视化、可追溯和可控制，具体内容如下。

（1）智能化的质量控制系统

卷烟厂的智能化质量控制系统主要是通过采集和分析生产过程中的数据，以及利用人工智能和数据挖掘等技术，实现对卷烟生产过程中的质量控制进行实时监测、分析和优化。下面具体介绍卷烟厂的智能化质量控制系统的一些功能和应用。

生产过程数据采集和分析：卷烟厂通过安装各种传感器和监测设备，实时采集卷烟生产过程中的各项数据，如温度、湿度、烟丝质量等，然后通过数据分析和挖掘，对生产过程中的关键环节进行监测和预警，以保证产品质量的稳定性和一致性。

自动化控制系统：卷烟厂的生产线通常采用自动化控制系统，通过 PLC、DCS 等控制器对卷烟生产过程进行自动化控制。在智能化质量控制系统中，通过数据采集和分析，对自动化控制系统进行优化和升级，提高控制精度和反应速度，从而提高产品的质量稳定性。

质量智能控制：基于人工智能技术的烟丝质量智能控制可以通过分析烟丝的成分、水分、长度、直径、密度等多个因素，进行精准控制和调整。例如，可以利用深度学习算法对大量烟丝数据进行训练，构建出基于神经网络的烟丝预测模型，从而实现对烟丝质量的智能预测和控制。

此外，利用人工智能技术可以实现烟丝生产过程的智能监控和控制，例如对烟丝的水分、密度等参数进行实时监测，并根据实时数据进行智能调整和控制。同时，结合物联网技术，可以实现烟丝生产过程的自动化和数字化管理，提高生产效率和产品质量。

质量数据分析和挖掘：卷烟厂通过对生产过程中的数据进行分析和挖掘，可以快速发现质量问题，并找出问题的根源，从而采取相应的措施进行改善。此外，还可以通过数据分析和挖掘，预测卷烟生产中可能出现的质量问题，并提前采取措施进行预防和控制。

智能质量检测：卷烟厂通过引入智能化技术，实现卷烟生产过程中的质量检测智能化。例如，通过图像识别和人工智能算法，对卷烟外观和形态等进行检测和分析，从而减少人工检测的成本和错误率。

（2）智能化制丝生产线

制丝生产线中的智能化应用主要集中在烘丝、再加工等环节，通过加入智能感知、智能控制等技术手段来提高生产效率和烟丝质量。

首先，通过安装传感器和智能设备来对烘丝环节进行智能感知和控制。例如，可以在烘房内安装温度、湿度、氧气含量等传感器，实时监测烘房内的环境参数，根据不同的烘丝工艺进行智能控制，从而提高烘丝效率和烟丝质量。

其次，通过智能算法和机器学习技术来进行烘丝工艺优化和烟丝品质预测。通过对历史数据进行分析和建模，建立烟丝品质与烘丝工艺之间的关系模型，为后续的烘丝生产提供参考，从而实现智能化的烘丝工艺优化和烟丝品质预测。

制丝生产线对烟丝的质量、产量和成本有着重要影响。因此，制丝生产线的智能化应用主要集中在以下方面。

智能化调度：通过物联网技术和大数据分析，实现对原材料、能源和设备的实时监测和调度，优化生产计划和生产效率。

智能化控制：采用控制技术和人工智能算法，对生产过程进行实时控制和优化，提高生产质量和稳定性。

智能化检测：采用机器视觉和传感器技术，对烟丝的物理特性、质量和含水率等进行实时检测和分析，提高产品质量和一致性。

（3）智能化卷包生产线

卷包生产线中的智能化应用主要体现在烟丝配比、卷烟质量检测、机器人卷烟等多个环节。

首先，在烟丝配比环节中，通过智能算法和机器学习技术，对烟丝品质和性能进行分析和预测，从而实现自动化的烟丝配比控制，提高卷烟品质稳定性。

其次，在卷烟质量检测环节中，采用视觉识别技术和智能算法对卷烟质量进行实时分析和问题追溯，实现卷烟缺陷的分类、分级识别。

卷包生产线是卷烟厂的最后一道工序，也是消费者接触的直接环节，它的智能化应用主要包括以下方面。

智能化调度：通过物联网技术和大数据分析，实现对卷烟生产的实时监测和调度，优化生产计划和生产效率。

智能化控制：采用控制技术和人工智能算法，对生产过程进行实时控制和优化，提高生产质量和稳定性。

智能化检测：采用机器视觉和传感器技术，对卷烟的重量、长度、密度、成型和印刷等进行实时检测和分析，提高产品质量和一致性。

总的来说，卷烟厂的智能化生产线应用工业互联网和人工智能技术，通过对生产过程的实时监测、控制和优化，提高生产效率、质量和可靠性，为企业的可持续发展提供了有力支撑。

（4）智能化生产过程仿真

卷烟厂的智能化生产过程仿真是指利用计算机技术对卷烟生产过程进行虚拟仿真，以实现对卷烟生产过程的优化和控制。这项技术可以提高卷烟生产的效率和品质，减少生产成本，同时还可以降低卷烟生产过程中的环境污染。

具体来说，卷烟厂的智能化生产过程仿真可以通过以下方式实现。

建立卷烟生产过程的虚拟模型：将卷烟生产过程中的设备、物料流动、工人操作等各个环节建立成虚拟模型，形成一个完整的卷烟生产过程的虚拟系统。

仿真卷烟生产过程：在建立好的虚拟模型上，通过设定各种参数和条件，对卷烟生产过程进行仿真模拟，以获得各个环节的数据和结果。

分析优化：通过对仿真数据和结果进行分析，找到卷烟生产过程中的问题和瓶颈，进而提出优化方案，优化生产过程。

预测和控制：利用仿真模型，预测卷烟生产过程中的可能发生的问题，提前做好预防和控制措施，从而避免生产事故和品质问题。

通过智能化生产过程仿真技术，卷烟厂可以更好地把握生产过程中的各个环节，控制生产质量，提高生产效率，也可以降低生产成本和环境污染。

（5）智能化产线数字孪生

卷烟厂智能化产线数字孪生是指利用虚拟化技术将现实世界中的制丝和卷烟生产线数字化，通过建立数字孪生模型来实现实时监控、优化和调度生产线的效率和质量。

数字孪生技术基于物理世界和虚拟世界的双向数据交换，通过传感器、物联网等技术获取生产线上的数据，将其传输到云平台上，再利用数据挖掘和机器学习等技术进行处理和分析，构建出数字孪生模型。通过数字孪生模型，可以实时监测生产线上的状态、运行情况和效率，从而进行优化和调度，提高生产效率和质量。

智能化产线数字孪生技术可以帮助企业实现以下几个方面的优化。

生产线的实时监测和优化：数字孪生技术可以实时获取生产线的运行数据，分析和优化生产过程，减少生产线的停机时间，提高生产效率。

生产线的运行维护：数字孪生技术可以对生产线进行模拟，进行模拟试验和模拟运行，提前预测设备的故障和维护需求，减少生产线的维修时间和停机时间。

生产线的质量控制：数字孪生技术可以对生产线的质量进行监控和优化，实现生产过程的实时检测和调整，提高产品的质量。

总之，智能化产线数字孪生技术可以为企业提供可视化、实时化、精细化的生产管理，提高生产效率和质量，降低生产成本。

（6）智能化生产设备

卷烟厂的智能化生产设备是智能制造的重要组成部分之一。在制丝生产线上，有许多智能化的生产设备，如松散回潮机、加料机、加香机、烘丝机、水分检测设备、增温增湿设备、温度检测设备等，这些设备都是为了提高生产效率和质量而进行智能化改造和升级。

松散回潮机是制丝生产线上非常重要的设备之一，它用于将干燥的烟叶回潮，提高烟叶的柔软性和延展性，从而有利于后续的生产工艺。现代的松散回潮机一般采用智能控制系统，可以实时监测烟丝的回潮情况，自动调节回潮参数，保证烟丝的质量和一致性。

加料机和加香机也是制丝生产线上重要的智能化设备。它们可以根据生产计划自动添加正确的原料和香料，同时可以实时监测原料和香料的消耗情况，避免浪费和误差。

烘丝机是制丝生产线上的一个关键设备，它用于将潮湿的烟丝干燥并形成烟丝的特有形态。现代的烘丝机一般采用智能化控制系统，可以实时监测烟丝的温度、湿度和烟丝形态等参数，自动调节烘丝参数，以保证烟丝的一致性和质量。

水分检测设备和温度检测设备是制丝生产线上重要的智能化设备。水分检测设备可以实时检测烟丝的水分含量，帮助控制烟丝的回潮过程；温度检测设备可以实时监测烟丝的温度，将烟丝的烘干过程控制在合适的温度范围内，从而提高烟丝的质量和一致性。

除了制丝生产线上的智能化设备，卷烟厂的卷包生产线上也有许多智能化设备，如自动点烟机、烟包机、外包机、贴标机、装盒机等。这些设备与都可以基于不同的工况构建相应的智能应用。

这些生产设备通过构建有针对性的人工智能模型，实现生产设备的智能化，具体来说，这些设备的智能化应用主要有以下几个方面。

自动化控制：通过搭载传感器和执行器，实现设备的自动化控制，如自动调节松散回潮机的温度和湿度、自动控制加香机的加香量等。

数据采集和分析：设备搭载传感器可以采集到丰富的数据，如温度、湿度、振动、电流等。这些数据可以被采集并传输到云平台中，进行数据分析和挖掘，从而实现设备运行的优化和故障诊断。

远程监控和维护：通过互联网技术，可以实现设备的远程监控和维护。例如，在卷烟制造过程中，如果设备出现故障，可以通过智能设备和互联网将设备的信息传输到云平台，远程技术人员可以实时监控设备状态，及时将故障排除。

智能决策：设备集成人工智能算法，可以自动进行设备控制和优化，从而实现更高的效率和更好的质量控制。例如，利用智能算法对加香机的加香量进行优化调整，可以降低加香浪费和成品质量不稳定的问题。

人机交互：人在操作智能化的设备的过程中需要与其进行交互，包括显示设备状态、调整设备参数等。通过采用图形化的界面和人机交互技术，可以提高设备的易用性和操作效率。

综上所述，卷烟厂的智能化生产设备的智能应用，主要体现在设备自动化控制、数据采集和分析、远程监控和维护、智能决策和人机交互等方面，从而提高了设备的效率和质量控制水平。

（7）智能化能耗优化

卷烟厂的能耗优化一直是厂家关注的问题。通过智能化技术的应用，卷烟厂可以实现更加精细化和高效化的能耗管理，从而实现能源的节约和降低生产成本。

卷烟厂智能化能耗优化的具体实现方式如下。

智能监测：采用传感器、数据采集设备等智能化装备实时监测生产设备的运行状态、能源消耗情况，将采集到的数据传输至数据中心，进行分析和处理，及时发现能耗异常和节能潜力。

智能控制：利用人工智能技术，通过建立模型、算法分析等手段，对生产设备进行智能化控制，降低设备的能耗和提高生产效率。例如，通过智能控制烘丝机的温度、湿度等参数，控制生产中的能耗。

能耗分析：通过数据挖掘和分析技术，对生产数据进行深入挖掘和分析，找到能源消耗高的生产环节和生产设备，优化能耗结构，降低能源消耗。

能耗监管：利用智能化技术，对企业的能源消耗进行全面监管和管理，提升能耗管理的科学性和精细化，实现全流程的能耗监管和控制。

卷烟厂智能化能耗优化的实施可以降低企业的能源消耗，提高生产效率，减少生产成本，也符合可持续发展的要求。

3. 烟草销售中的智能化应用

烟草销售智能化应用主要包括烟草供应链管理、烟草营销智能化、烟草销售预测等方面。

首先，烟草供应链管理是指利用物联网、大数据等技术对烟草生产、仓储、物流等环节进行监控和管理，实现烟草供应链的高效运转和优化。通过物联网技术，可以实现对烟草生产、加工、运输等环节的追踪和监测，从而保证烟草的品质和安全。通过大数据技术，可以对烟草供应链的各个环节进行数据分析和挖掘，进而实现供应链的优化和精细化管理。

其次，烟草营销智能化是指利用人工智能、大数据等技术对烟草销售渠道、销售模式、市场趋势等进行分析和预测，为烟草销售提供科学的决策支持。通过对消费者数据、销售数据等大数据的分析，可以实现对市场需求和趋势的精准预测，从而优化烟草销售策略和渠道，提高销售效率和收益。

最后，烟草销售预测是指利用机器学习、深度学习等技术对烟草销售进行预测，提高销售预测的准确性。通过对历史销售数据、市场环境等进行分析和挖掘，可以建立准确的销售预测模型，从而为烟草销售提供可靠的数据支持和决策依据。

在烟草销售智能化应用方面，智能化应用的重要价值和意义在于提高烟草销售的效率和质量，优化供应链管理，提高产品的品质和安全性，减少浪费和成本，同时为企业提供更为科学的决策支持和管理手段，提高了企业的竞争力和市场占有率。

（1）烟草销售的智能供应链管理

烟草供应链管理是指通过科学的计划、组织、指挥、协调、控制和改进烟草仓储、流通和销售等环节的活动，实现物流成本的最优化，提高供应链的效率和效益，确保烟草的质量和安全，提高烟草企业的竞争力。随着信息技术的发展，烟草销售公司越来越注重采用智能化技术优化和管理供应链，以提高供应链的效率和降低成本。

在仓储环节，烟草销售公司可以采用智能化的仓库管理系统，通过物联网技术实现仓库内物品的自动识别、定位、跟踪和管理，提高仓库的运转效率和精准度。同时，利用大数据分析和人工智能算法，对库存进行智能化预测和优化，降低库存成本。

在运输环节，烟草销售公司可以采用智能化的运输调度系统，通过人工智能算法优化路线和配送计划，提高运输效率和准确度。同时，利用物联网技术对运输车辆进行实时监控和管理，提高运输安全性和效率。

在销售环节，烟草销售公司可以采用智能化的销售预测系统，通过大数据分析和人工智能算法对市场需求进行预测，提高销售计划的准确度和效率。同时，利用智能化的客户关系管理系统，对客户进行精准化管理和服务，提高客户满意度和忠诚度。

具体来说，智能化应用可以通过以下方式优化烟草供应链管理。

数据共享和分析：通过数据采集、处理和共享，可以实现供应链各环节的数据共享和分析，从而及时了解各环节的情况和问题，提高响应速度和决策效率。

智能化预测和计划：通过人工智能等技术，对市场需求、库存、生产能力等进行预测和计划，从而实现更加精准的库存管理和生产调度，避免过剩和缺货现象。

智能化物流管理：通过物联网技术和智能化算法，对运输车辆、运输路线、运输时间等进行智能化管理，实现物流过程的可视化和优化，减少运输成本和时间，提高效率和安全性。

智能化质量管理：通过人工智能技术和传感器等设备，对烟草质量进行实时监测和分析，及时发现和解决问题，保证产品质量和安全。

智能化销售管理：通过数据分析和智能化推荐等技术，实现销售渠道和促销活动的优化，提高销售效率和客户满意度。

总之，烟草销售公司的智能化供应链管理可以通过各种智能化技术和系统的应用，优化供应链各环节的管理和协调，提高效率和准确度，降低成本和风险，提升企业竞争力和市场份额。

（2）烟草销售预测

烟草销售预测是指利用人工智能技术和大数据分析方法，对烟草市场进行深入分析和预测，从而提供科学的销售决策支持。烟草销售预测可以帮助烟草销售企业更好地掌握市场需求，提高销售业绩，降低库存压力和成本支出。

具体来说，烟草销售预测可以通过以下几个方面实现。

数据采集和清洗：收集并整理烟草销售企业的历史销售数据、市场趋势数据、经济环境数据等，并对这些数据进行清洗和筛选，以保证数据的准确性和可靠性。

数据挖掘和分析：运用机器学习和数据挖掘算法，对采集到的数据进行建模和分析，从而发现数据中的规律和趋势，预测未来销售趋势和变化。

预测模型建立：根据历史销售数据和分析结果，建立可靠的预测模型，以预测未来销售趋势和变化。

预测结果展示和应用：将预测结果以可视化方式呈现，例如图表、报表等形式，帮助销售企业更好地理解和利用预测结果，制定更加科学和精准的销售计划和决策。

通过烟草销售预测的实现，烟草销售企业可以在生产计划、库存管理、市场营销等方面得到更好的指导和支持，有效提高销售效率和销售质量。同时，智能化的烟草销售预测还可以提高企业的竞争力和市场占有率，促进行业的健康发展。

4.4.3　典型智能化应用一：制丝线水分稳定性智能控制

在烟草行业中，制丝线水分稳定性是非常重要的控制目标之一。水分不稳定会导致生产过程中的质量问题，甚至会对成品的质量和口感产生影响。因此，为了保证烟草制品的质量，需要对制丝线水分进行智能控制。

在实现制丝线水分稳定性智能控制时，传统上会采用先进的传感器和自动控制系统。传感器可以实时监测制丝线上的水分含量，将这些数据反馈给自动控制系统。自动控制系统会根据实时的数据调整加湿和除湿的措施，以达到控制制丝线水分的目的。

为了进一步提高制丝线水分稳定性的智能控制效果，可以采用机器学习算法进行数据分析和处理。通过对制丝线上的水分含量数据进行深度学习和分析，可以建立预测模型，并对未来的数据进行预测和调整，以实现更加精准的智能控制。

此外，还可以通过人工智能技术来进行智能化管理和控制。通过对制丝线上的数据进行人工智能分析和处理，可以实现智能预警、智能决策和智能调整等功能，以进一步提高制丝线水分稳定性的智能控制效果。

4.4.4　典型智能化应用二：基于机器学习与运筹优化技术的烘丝机出口质量优化

烘丝机是一种专门用于烘干烟叶的设备，是烟叶加工生产线中的重要环节之一。烟叶在经过前置处理（如发酵、晾晒等）之后，需要通过烘丝机进行烘干，以达到合适的含水率和烟叶品质。烘丝机的工作原理一般是将烟叶置于烘房中，通过热风或直接加热的方式将烟叶加热，同时通过控制热风的湿度和温度来控制烟叶的含水率和干燥度。

常见的烘丝机类型包括循环式烘丝机和直接式烘丝机。循环式烘丝机主要通过回收和再利用排出的热风，以提高能源利用效率；直接式烘丝机直接将热风吹向烟叶进行加热。烘丝机的控制系统通常包括温度控制、湿度控制、风量控制、烟叶进出口控制等，以确保烟叶在烘干过程中能够达到预期的含水率和品质要求。

1. 烘丝机的出口质量控制目标

烘丝机的出口质量控制是制丝生产过程中非常重要的一环，其中出口质量包括出口水分和出口温度两个指标。

出口水分是指烘丝机出口烟丝中所含水分，这是烟丝质量的一个重要指标。烟丝的含水率对于烟丝的品质、口感、保存性及加工难度等方面都有着重要的影响。因此，对烘丝机出口水分的控制非常重要。对出口水分的控制可以通过烘丝机的温度、湿度、风量等参数的调节来实现，这需要对烟叶的性质、烘干过程中的水分传递规律等进行深入研究和分析，以制定出合理的控制策略。

出口温度是指烘丝机出口烟丝的温度，它也是烟丝质量的一个重要指标。对出口温度的控制可以通过烘丝机内部的温度、湿度、风量等参数的调节来实现。在控制出口温度时，需要考虑烘丝机内部的温度分布、烘干速率、烘干时间等因素，以制定出适合的控制策略。

2. 基于机器学习与运筹优化技术的烘丝机出口质量优化

在烟草制丝车间的生产线上，烘丝机控制系统是一个非常重要的过程控制系统，但它也存在一些问题，例如烘后烟丝水分波动大等。为了解决这些问题，需要建立出口水分预测模型，研究不同生产阶段出口水分偏差与各参数的关联性，并应用机器学习算法和运筹优化技术来构建智能控制模型。此外，还需要建立自学习反馈机制，通过反馈校正来逐渐降低水分偏差。集成算法预测模型可以用于构建烘丝机工艺参数与目标参数之间的映射关系和用于研究各个参数的调整对烟丝出口水分的影响。具体实现方案如下。

（1）数据采集

在数据采集方面，烘丝机控制系统需要采用高精度的传感器和数据采集设备，以确保数据的准确性和实时性。同时，还需要对数据进行处理和清洗，以消除数据噪声和错误，从而得到可靠的数据。

（2）烘丝机出口含水率关联分析与大时滞分析

通过利用烘丝机相关参数的历史数据，可以识别和挖掘这些因素与目标之间的关联关系。在这个过程中，需要充分考虑设备的运行波动及原材料流量及水分的波动等因素对数据的影响。为了建立出口水分、温度的关联因子分析模型，可以采用机器学习算法和工艺机理相结合的方法，并结合实时生产数据进行模型训练和优化。通过这种方法，可以得到出口水分和出口温度的基于不同季节、温度、烟丝品牌的变化规律。同时，还需要建立各关联参数与出口水分和出口温度的时间关联分析，以消除时间滞后带来的影响。这样就可以更加准确地掌握烘丝机控制系统中的数据，并对其进行分析和优化。

（3）基于机器学习的出口含水率实时预测模型

利用历史数据获取烘丝机相关参数的全量多维度数据，以反映可能影响工艺运行过程中的所有有效量化因素。通过运用数据挖掘等科学技术手段，识别和挖掘这些因素与目标之间的关联关系，模拟工艺运行中的人为及非人为的操作规律，同时充分考虑设备的运行波动，以及原材料流量及水分的波动。基于机器学习算法，建立出口含水率预测模型，可对烘丝机出口含水率进行预测。程序能够根据从数据库中读取的当前时刻的烘丝机实时数据，使用自适应分段模型判断烘丝机当前的生产状态，并根据设备当前的生产状态，充分考虑生产工序中数据存在非线性、时变、强干扰并具有耦合的大时滞特性。为解决大时滞特性，用程序分析不同参数的滞后性，使用基于工艺机理和数据科学建立的大时滞模型处理数据进行数据对齐，以使实时数据能够完整表示某一批物料加工时的设备参数。最后，使用基于机器学习的预测模型，利用加工后的数据预测未来的烘丝机出口含水率。

（4）基于运筹优化的出口含水率智能控制模型

烘丝机参数控制优化模型的主要功能是能够根据烘丝机出口的实时含水率，自动推荐最优的控制参数值，以达到更加稳定的烘丝机出口含水率目标。当烘丝机出口含水率不符合质量控制要求时，该模型会根据设定值、当前值、出口含水率预测模型和运筹优化算法，按照"当前生产状态和近邻原则"计算出最优的热风风量和排潮风量。然后，利用烘丝热风和烘丝排潮公式反推出控制变量，给出热风风机频率和排潮风门开度的具体参数值，这些数值可以被传递给工厂 MES 供操作人员参考，或者直接对接集控系统中的自动控制工艺参数，以便实现更加智能化的烘丝机出口含水率控制。

4.4.5　典型智能化应用三：基于机器视觉与仿真技术的全线质量控制

制丝线基于机器视觉与仿真技术的全线质量控制是一种全自动化、高效率的制丝生产线质量控制方法。该方法结合机器视觉技术和仿真技术，通过对生产线上的图像和数据进行分析和处理，实现对制丝全线质量的实时监控和控制，提高制丝线的生产效率和产品质量。

该方法的具体实现包括以下几个步骤。

① **机器视觉数据采集**：通过设置各个关键点的相机和传感器，实时采集制丝生产线上的各种数据和图像信息，如烟丝重量、水分、温度、宽度、厚度、颜色等。

② **机器视觉处理**：采集的图像和数据通过机器视觉算法进行处理和分析，提取特征信息，识别烟丝的质量问题，如不合格烟丝、烟丝卷曲、烟丝断裂等。

③ **仿真建模**：通过对生产线上的各个环节进行仿真建模，模拟生产线的运行过程，并根据模拟结果进行优化和调整。例如，通过建立烟丝拉伸模型，模拟烟丝在生产线上的拉伸过程，优化拉伸参数，使烟丝的宽度和厚度达到要求。

④ **质量控制策略制定**：基于采集和处理的数据和仿真模型的结果，制定相应的质量控制策略。例如，根据烟丝拉伸模型和机器视觉数据，确定调整拉伸参数的方法和时机，使烟丝的宽度和厚度在生产过程中始终保持稳定。

⑤ **实时监控和控制**：将制定的质量控制策略应用于生产线上，并通过机器视觉技术实现对生产线全程的实时监控和控制。例如，通过自动控制系统，实时调整烘丝温度和烟丝拉伸参数，使烟丝的质量保持稳定。

通过以上的步骤，制丝线基于机器视觉与仿真技术的全线质量控制方法能够实现对制丝生产线的全程质量控制，从而提高制丝线的生产效率和产品质量，降低生产成本，提升企业的市场竞争力。

4.5 钢铁行业

4.5.1 钢铁行业业务分析

钢铁行业是重要的基础材料产业，为国民经济提供了重要的支撑。钢铁行业的主要业务如下。

钢材生产：钢铁厂生产各种规格和型号的钢材，例如螺纹钢、角钢、H 型钢、工字钢、管材等。

钢铁贸易：钢材贸易公司从钢铁厂购买钢材，销售给建筑、制造、船舶等行业的终端客户，也可以进行国际贸易。

钢铁加工：将钢材进行加工，生产出各种零部件、设备和成品，例如汽车、机床、建筑结构、家电、船舶等。

冶金工程：提供钢铁生产过程中的技术和工程服务，例如钢铁冶炼、轧制设备和工艺设计等。

煤焦化：生产焦炭作为钢铁生产的原材料，也可作为能源进行销售。

资源开采：开采铁矿石、煤炭等资源作为钢铁生产的原材料。

环保治理：处理钢铁生产过程中的废气、废水和固体废弃物，同时进行环保技术研究和应用。

这些业务形成了钢铁行业的产业链，覆盖了原材料开采、生产加工、销售和服务等环节。

然而近年来，钢铁行业存在如下一些问题。

过剩产能问题：过去几年，我国钢铁行业面临着过剩产能问题，导致行业竞争激烈，企业盈利能力下降，产业集中度低等问题。

环保压力增加：随着社会对环境保护意识的提高，钢铁企业面临着更加严格的环保标准和限制，需要加大对环保技术的投入和升级，使成本增加。

原材料成本增加：钢铁行业的原材料主要是铁矿石和焦炭，它们的价格波动对钢铁企业的经营造成较大的影响。

国际市场竞争压力：随着国际贸易的增加，国际市场竞争日趋激烈，钢铁企业需要提高产品质量和技术含量，降低成本，增强市场竞争力。

人工成本上升：随着人工成本的上升，钢铁企业需要提高生产效率，实现智能化生产，降低人工成本。

为应对这些问题，钢铁企业可以采取以下措施。

优化产能结构，加大市场开拓力度，提高产品附加值，实现产业升级。

加大环保投入，推进工艺和技术的升级改造，增强企业的环保意识和责任感。

推进资源综合利用，开发新型原材料，优化原材料结构，降低原材料成本。

加强国际市场竞争力，提高产品质量和技术含量，降低成本，拓展国际市场。

推动智能化生产，引入机器人和自动化设备，降低人工成本，提高生产效率。

4.5.2　钢铁行业智能化应用的全景分析

随着国家产业升级和数字化转型的推进，钢铁行业也逐渐实现了智能化应用的落地。

在数字化方面，钢铁企业通过建设数字化工厂、数字化矿山、数字化仓库等智能化系统，实现了生产自动化、数据共享和信息可视化。此外，钢铁企业开展了物联网技术的应用，通过传感器等设备对生产过程中的数据进行采集和分析，实现了对生产全过程的监测和控制。

在智能化应用方面，钢铁企业采用了人工智能技术进行质量控制、故障预测和节能降耗等方面的应用。例如，通过人工智能技术对生产数据进行分析，能够准确预测设备故障，并及时进行维修，降低生产停工的时间和成本。此外，钢铁企业开展了基于人工智能技术的质量检测，提高了产品质量和检测效率。

本书作者及其团队自 2015 年开始就与我国多家钢铁企业深度合作，构建了基于大数据和人工智能技术的多项智能化应用。本节将详细介绍在钢铁行业都可以构建哪些智能化应用。

1. 生产管理中的智能化应用

钢铁行业是传统的重工业。在钢铁生产过程中需要进行大量的物流运输、机械设备操作、工艺流程控制等各个环节的管理。随着数字化和智能化技术的快速发展，钢铁行业逐渐开始应用这些新技术来优化生产管理，以提高生产效率和质量。

钢铁行业的智能化生产管理应用案例包括以下方面。

（1）智能化生产调度系统

钢铁行业生产调度系统是一种基于数字化和智能化技术的智能化生产管理应用。生产调度系统是一套对钢铁生产过程进行规划、监控、协调和控制的软件系统，它通过对工序、生产设备、人员、原材料、产品信息等数据的收集、分析、处理，实现生产计划的制订、生产任务的调度和执行、生产过程的监控和控制、生产效率的提升及产品质量的保证。

通过对生产过程进行数据采集、分析和优化，实现生产计划、调度和资源管理的智能化。这可以帮助钢铁企业实现生产效率的最大化，还可以提高产品质量和节约生产成本。

钢铁生产流程复杂，每个环节的工艺参数、生产能力、生产效率都需要进行精细调度和控制，否则就会对生产计划和生产效益产生严重影响。因此，引入智能技术，建立智能化生产调度系统，可以有效提高生产效率和产品质量，降低生产成本，增强企业的竞争力。

（2）智能化质量管理系统

钢铁行业的产品质量管理十分重要，因为产品的质量对于钢铁企业的声誉、市场占有率和盈利能力有着直接的影响。因此，钢铁企业需要实现全面的质量管理，以确保产品的质量符合国家标准和客户要求。智能化质量管理系统通过数字化和自动化技术，帮助钢铁企业提高产品质量、生产效率和管理水平，提高市场竞争力。智能化质量管理系统可以帮助钢铁企业实现质量管理的数字化、智能化和标准化，提高产品质量和企业管理水平，增强市场竞争力和可持续发展能力。

（3）智能化设备维护管理系统

钢铁行业的生产过程涉及众多设备的运转和维护，因此建立一个智能化设备维护管理系统，对于提高设备维护效率、延长设备寿命、降低维护成本等方面都有重要意义。

该系统的主要任务是监测设备的运行状态，预测可能发生的故障，并采取相应的维护措施，保证设备运行的可靠性和稳定性。智能化设备维护管理系统应用了多种技术手段，包括数据采集、数据分析、人工智能等。

具体来说，智能化设备维护管理系统通过传感器、监测设备等实时采集设备运行状态数据，然后通过数据分析和挖掘技术对数据进行处理，建立设备运行模型和预测模型，以识别潜在故障，提前发现设备问题，预测设备的寿命，实现设备的智能化维护和管理。

2. 质量管理中的智能化应用

在智能化质量管理方面，钢铁企业通过建立智能化数据平台和数据分析模型，对生产过程中的数据进行全面分析和优化。通过实时监测和分析生产过程中的数据，钢铁企业可以及时发现生产中存在的问题，如生产异常、设备故障等，提高生产效率和产品质量，降低生产成本和风险。

另外，钢铁企业还可以利用人工智能和机器学习等技术，建立智能化质量控制模型和预测模型，实现对生产过程中的质量进行实时预测和控制。该模型可以根据历史数据和实时数据，对生产过程中的质量进行预测和控制，及时发现并解决生产过程中存在的问题，提高产品的质量稳定性和一致性。

钢铁企业的智能化质量控制应用包括以下几方面。

（1）智能化质量检测

通过传感器、成像设备等技术对钢铁产品的尺寸、外观、表面质量等进行检测，采集数据后通过机器学习和人工智能算法进行数据分析和处理，实现对质量问题的自动检测和识别，提高检测的准确性和效率。一些已经成功实施的具体案例有：利用机器学习和主动学习算法对钢材零配件的缺陷进行分类和判别，提高了缺陷检测的准确性和可靠性，同时减少了人工检测的工作量和成本。该方法结合了机器学习和主动学习技术，能够自动化地识别钢材零配件中的缺陷，并进行分类。

实现这种方法需要先采集大量的带有标注的数据样本，通过这些数据样本训练机器学习模型。在训练时，通过主动学习技术，选择最具有代表性的数据样本，进一步提高训练效果。训练好的模型可以自动地对钢材零配件进行分类，缺陷识别率较高。

相比于传统的手动分类方法，基于机器学习和主动学习的钢材零配件缺陷分类具有高效、准确的优点，大大提高了钢铁行业的生产效率和质量水平。

1）**基于机器视觉的表面缺陷检测。**

基于机器视觉的表面缺陷检测是钢铁行业中常用的质量检测方法之一。通过将高分辨率的数字图像输入到计算机视觉系统中，使用图像处理和模式识别技术进行表面缺陷检测和分类，实现自动化和精确化的质量检测。通过机器视觉的应用，可以实现高效、准确、自动化的表面缺陷检测，提高生产效率和质量控制水平。

2）**基于声音识别的设备故障检测。**

在钢铁行业中，许多机器设备在运行过程中都会发出各种声音，如轧机的滚轮转动声、切割机的切割声、磨削机的磨削声等。这些声音信号中蕴含着大量的设备运行状态信息，如果能够准确地识别这些声音信号，就可以有效地判断设备是否存在故障或异常状态，及时进行维护和修理，从而保障生产效率和产品质量。

通过收集并标注大量的声音信号数据，运用机器学习算法对数据进行训练，建立声音信号分类模型，并对模型进行优化和调整，这样，当设备运行时发出异常声音时，就可以通过该模型快速识别故障类型，并及时进行维修。这种技术具有非常高的准确度和实用性，能够大大提高设备故障检测的效率和精度。

（2）智能化质量控制

钢铁生产中会涉及多个环节，包括炼铁、炼钢、轧钢等，每个环节都需要进行质量控制。钢铁行业的智能化质量控制可以应用各种先进的技术，例如机器学习、人工智能、数据分析等，以实现更加准确、高效、快速的质量控制。以下是一些在钢铁行业智能化质量控制方面的具体应用。

1）**基于模型预测的质量控制。**

通过建立质量预测模型，利用数据挖掘和机器学习等技术，实现钢铁生产中的质量控制。例如，在连铸过程中，可以通过模型预测连铸坯的温度、结晶器尺寸、浸入深度等参数，从而实现对连铸质量的控制。

2）**智能化在线质量控制。**

采用传感器、测量仪器等设备对钢铁生产过程中的各个环节进行实时监测，并通过智能算法分析和处理监测数据，实现在线质量控制。例如，在钢铁热轧过程中，可以通过在线监测轧制力、辊缝形变等参数，实时调整轧制工艺，控制板材厚度和表面质量。

3）**智能化质量反馈调整。**

基于大数据和智能算法，分析生产过程中采集的各种数据，并实现自动化的质量反馈调整。例如，在钢铁生产过程中，可以根据设备的状态、产品的质量、原料的质量等因素，通过智能算法自动调整各个环节的参数，实现质量控制和生产优化。

这些应用都体现了智能化控制的特点，通过机器学习、大数据、智能算法等技术手段，实现了钢铁生产过程中的质量控制和优化。

（3）智能化质量管理

通过对生产过程中的数据进行收集、分析和处理，建立钢铁产品的质量数据库，对质量问题进行追溯和分析，提高质量管控的全面性和效率性。同时，还可以通过大数据分析和智能算法，提前预测质量问题，采取预防措施，降低质量问题的发生率。钢铁行业的质量管理体现在产品质量、生产工艺和设备可靠性等多个方面。智能化质量管理在这些方面都可以发挥重要作用。

1）**基于机器学习的钢铁生产质量预测。**

通过对钢铁生产数据进行收集、清洗、分析和挖掘，构建预测模型，实现对生产质量的预测。该技术可以帮助企业及时发现和解决生产中存在的质量问题，提高生产效率和质量水平。

2）**基于人工智能的钢铁轧制智能化控制。**

采用先进的人工智能算法，对钢铁轧制过程中的各项指标进行分析和控制，实现精确的轧制过程控制，提高产品质量和生产效率。例如，可以利用神经网络模型对轧制参数进行优化，从而实现更高的生产效率和产品质量。

3）**基于智能识别技术的缺陷分类和定位。**

钢铁行业的缺陷识别和分类技术主要包括机器视觉、声音识别、振动识别等多种技术手段。其中，机器视觉是最常用的技术手段之一，可以通过对钢铁表面的图像进行分析，实现缺陷的自动识别和分类。通过使用深度学习等技术，可以提高识别和分类的准确性和效率。

除了机器视觉，声音识别和振动识别也是常用的技术手段。通过对设备运行时产生的声音和振动信号进行分析，可以检测设备的状态和健康状况，并提前发现可能存在的故障和缺陷。

4）**基于智能算法和传感器技术的温度控制。**

在钢铁生产过程中，温度控制是非常重要的一环，因为钢铁的性质受到温度的影响很大。传统的温度控制方法主要依靠人工经验和监测仪器，但这种方法存在精度低、易受人为因素影响等问题，不能满足高质量的生产需求。因此，基于智能算法和传感器技术的温度控制成为一种重要的趋势。

5）**基于人工智能技术的生产工艺优化。**

钢铁行业中的炼钢生产过程，一般包括高炉冶炼和转炉冶炼两个阶段。在这个过程中，高炉冶炼的质量稳定性和转炉冶炼的温度控制都对最终产品的质量产生重要影响。因此，利用人工智能技术对这些环节进行优化，可以提高产品的生产效率和质量。

具体地说，利用人工智能技术可以构建数学模型，对生产环节进行模拟和预测，以确定最佳的生产参数和控制策略。例如，利用机器学习技术可以对大量生产数据进行分析和建模，预测钢铁生产中的缺陷和问题，从而及时调整生产工艺并优化产品质量。此外，利用深度学习技术可以对生产过程中的大量传感器数据进行分析，识别出异常情况并及时进行干预，从而保证生产过程的稳定性和质量。

（4）供应链管理中的智能化应用

钢铁行业是重工业的代表之一，它的供应链管理面临着很多挑战和难题，如需求不确定、供应链可视性差、供应商管理困难等。而智能化供应链管理可以通过运用物联网、大数据、人工智能等技术，提高供应链的可靠性、可适应性、可预测性，从而优化企业供应链的效率和效益。典型的智能化应用如下。

1）钢材产品的需求预测。

在钢铁行业中，需求预测是供应链管理的关键环节之一，因为它直接关系到原材料采购、生产计划、库存管理等环节。智能化的需求预测可以采用人工智能技术，结合历史销售数据、市场趋势、天气情况、政策变化等多种因素进行分析，精准预测未来的需求，从而调整采购计划和生产计划。钢铁企业可以基于历史订单数据、市场变化趋势等因素，利用人工智能技术进行需求预测。这有助于钢铁企业合理制订生产计划和采购计划，避免因库存积压或材料短缺导致的生产停滞。

在实现精准的钢铁产品需求预测方面，大数据和人工智能技术发挥了重要作用。通过收集和分析大量的市场数据、生产数据和消费者数据，可以建立一个全面的数据模型，包括历史销售数据、市场走势、竞争情况、季节性变化、节假日因素等。同时，结合人工智能技术，如机器学习、深度学习、自然语言处理等，可以对数据进行更深入的挖掘和分析，从而实现更精准的需求预测。通过这些预测结果，钢铁企业可以更好地规划生产计划，提高生产效率和利润。

2）原材料的智能采购。

钢铁行业中，原材料的采购是供应链管理的一个重要环节，而智能化采购则是实现供应链管理的关键之一。智能采购是指通过大数据和人工智能技术，结合供应商信息、市场情况、产品质量、价格等多种因素，利用机器学习、深度学习等人工智能技术，建立钢铁原材料需求预测模型，根据历史数据和市场情况，预测未来一段时间内的原材料的需求量。同时基于采购需求和预测结果，结合供应商的信息、产品质量、价格等因素，进行供应商筛选和评估，并选择最合适的供应商，实现高效率、低成本、高品质的采购。

3）智能生产排程。

智能生产排程是指通过人工智能技术对生产计划进行优化和调整，包括生产线平衡、机器调度、订单优先级等。通过智能化的生产排程，可以使生产效率最大化、缩短生产周期、降低生产成本。钢铁行业的生产通常具有批量生产和定制化生产的特点，智能化的生产排程可以更好地适应这些需求。钢铁行业的生产过程一般包括多个工序，每个工序的生产进度都需要精确安排。智能生产排程就是针对工序之间的先后顺序、生产资源的利用率、产出品质等多个因素进行综合考虑和优化，最终确定出最优的生产计划和排程方案，以提高生产效率和产品质量。

4）智能敏捷生产转产。

智能敏捷生产转产是指在生产过程中灵活地进行生产线的调整和优化。钢铁行业的生产通常涉及多种不同的钢材品种和规格，这就需要灵活地进行生产线的调整和转换。通过智能化的生产转产，可以实现生产线快速切换、减少生产停机时间、提高生产效率。

具体来说，钢铁企业可以通过对历史生产数据、市场需求和原材料库存情况等数据进行分析，利用人工智能技术进行预测和预警，以便及时调整生产方案和供应链。例如，通过分析客户的订单、历史销售数据和市场趋势等信息，可以预测未来市场的需求量和变化趋势，从而优化生产排程和调整生产线，以满足需求。

5）智能库存管理与优化。

钢铁行业的智能化的库存管理可以采用人工智能技术，对库存进行动态监控和优化，实现库存预警、库存调度、库存降本等目标。通过智能化的库存管理，可以实现库存的最优化控制，提高库存周转率和生产效率。

通过物联网技术、传感器等设备对生产过程中的库存信息进行采集，并将数据整合到数据仓库中。通过数据挖掘技术，对数据进行分析，提取出具有价值的信息，如库存量、库龄、生产计划等，为库存管理提供决策支持。使用机器学习算法预测未来的库存需求，以便企业在实际生产过程中根据需求来决定库存水平。同时，通过对库存数量和周期的优化，避免库存积压和短缺的问题。通过智能算法对库存进行控制，确保库存在适当的范围内，避免生产中断或者过度库存造成的成本浪费。通过分析生产计划、订单、库存水平等信息，实现库存的智能分配，提高库存利用率，并减少库存损失。

4.5.3　典型智能化应用一：基于卷积神经网络的钢板表面缺陷检测与识别

钢板表面缺陷检测与识别是钢铁行业中非常重要的一个环节，因为钢板表面的缺陷会直接影响钢板的质量和用途。钢板表面缺陷通常包括凹陷、凸起、裂纹、皮疹、气泡等，这些缺陷可能是生产过程中的设备问题、原材料问题或人工操作问题导致的。

传统的钢板表面缺陷检测与识别通常由人工进行，因此这种方法不可避免地存在着主观性和疲劳度问题，并且不能适应高速生产的需求。因此，近年来，随着计算机视觉和机器学习技术的发展，越来越多的钢铁企业开始采用自动化的方法进行钢板表面缺陷检测与识别。

利用卷积神经网络对钢板表面的缺陷进行自动检测和分类，减少了传统人工检测的误差和漏检率，提高了检测效率和准确性。该应用使用图像识别技术对钢板表面缺陷进行自动化检测，避免了传统的人工检测过程中可能出现的漏检、误检等问题。该应用的实现过程一般包括以下步骤。

① **采集图像：** 通过拍摄或扫描钢板表面的图像，获取大量的钢板表面缺陷数据。

② **图像预处理：** 对采集到的图像进行预处理，包括图像去噪、图像增强、图像分割、平滑、灰度化、二值化等操作，以便后续算法处理，以提高模型的精度和鲁棒性。

③ **图像特征提取：** 通过机器学习手段，对图像进行特征提取，包括形态学特征、纹理特征、颜色特征等，以便于后续的分类和识别。

④ **模型训练：** 基于卷积神经网络的算法模型，通过大量的数据进行训练和优化，得到高精度的缺陷检测模型。

⑤ **缺陷检测：** 将待检测的钢板表面图像输入到训练好的模型中进行检测，模型会自动识别出图像中的缺陷，并将其标记出来。

基于卷积神经网络的钢板表面缺陷检测应用可以有效地提高钢铁生产过程中的质量控制水平，缩短质检周期，减少缺陷检测成本，并能够帮助企业减少由于人工检测误差引起的质量问题。

4.5.4　典型智能化应用二：基于深度学习的 VD 炉的炉温控制质量检测

气相熔炼炉或气相真空炉（简称为 VD 炉）是一种真空熔化炉，主要用于精炼不锈钢、合金钢和其他高品质钢材的生产。VD 炉是一种大型真空设备，主要由炉体、真空系统、加热系统、电子控制系统等部分组成。在 VD 炉中，将预熔的钢液加热到液相区，然后注入真空室，通过喷氩或其他惰性气体将钢液进行混合和搅拌，以去除氧化物和气体等杂质，并添加合适的合金元素，最后通过压力差的作用出钢，生产出高质量的钢材。VD 炉具有处理负荷大、生产效率高、冶炼过程稳定等优点，是钢铁行业中常用的钢铁精炼设备之一。

VD 炉的炉温控制质量检测是指在钢铁生产过程中，对于 VD 炉的炉温控制进行监测、检测和分析，以保证钢铁生产中的生产质量和效率。在 VD 炉冶炼钢液时，需要严格控制炉温，以保证钢液的质量和成分，避免钢液过热或过冷造成生产事故或产品质量问题。因此，VD 炉的炉温控制质量检测是非常重要的一环。

传统的 VD 炉的炉温控制质量检测往往需要人工测量温度、调整控制参数，主要通过实时监测 VD 炉内的炉温情况，对炉温进行实时记录和分析。通过对温度变化的监测和分析，可以及时调整炉温控制参数，保持 VD 炉内的温度在合理范围内，确保钢液的质量和成分。然而，这种方式工作量大、效率低、危险性高。基于深度学习的 VD 炉的炉温控制质量检测可以利用炉内多个温度传感器获取大量数据，并使用深度学习算法进行数据处理和分析，从而实现炉温控制的自动化和智能化。

具体来说，基于深度学习的 VD 炉的炉温控制质量检测可以分为以下几个步骤。

① **数据采集**：利用多个温度传感器对 VD 炉内部的温度进行实时监测，并将数据存储到数据库中。

② **数据清洗和预处理**：对采集到的数据进行清洗和预处理，包括去除噪声、对数据进行归一化等操作，以保证后续的分析和处理的准确性和可靠性。

③ **特征提取**：利用深度学习算法对数据进行特征提取，将多个温度传感器采集到的数据进行组合和处理，提取出与炉温相关的特征。

④ **模型训练**：基于提取到的特征，构建深度学习模型，并使用已有数据进行训练和优化，以提高模型的准确性和泛化能力。

⑤ **炉温控制**：利用训练好的深度学习模型进行炉温控制，自动调整炉内的加热功率和气体流量等控制参数，以实现炉温的稳定和均匀。

基于深度学习的 VD 炉的炉温控制质量检测可以大大提高生产效率和质量，降低生产成本和人工误差率，是钢铁行业智能化应用的重要领域之一。

4.5.5　典型智能化应用三：基于人工智能技术的钢材制成件的销量预测

1. 什么是钢材制成件

钢材制成品指的是经过加工、制造、加工等工艺后，可以直接投入使用或销售的钢材制品，例如钢板、钢管、钢筋、钢丝等。这些制品广泛应用于建筑、机械、汽车、船舶、航空航天等领域。中国是全球最大的钢材制成件生产国和消费国。钢材制成品的质量、性能和规格等方面都对它的市场需求和销量产生重要影响。

2. 为什么要做钢材制成件的销量预测

近几年，各行业用户需求波动频繁、幅度增大，是全球化和数字化浪潮下的典型特点。国内外市场环境、疫情影响等多方面因素都对行业用户需求产生了深远的影响。

随着全球化进程的加快，国内外市场环境相互关联、影响的程度日益加深。国际贸易摩擦、政策调整、汇率波动等因素都对国内钢材市场造成了影响。例如，2018 年，受国际市场环境影响，国内钢材出口下滑，一度出现了库存积压、价格下跌等问题。此外，国内经济下行、产业结构调整等因素也会使钢材需求产生波动。

2019 年底，全球爆发了新冠疫情，对全球经济和产业链带来了巨大影响，也对钢材需求产生了影响。例如，在 2020—2022 年，部分行业（汽车、机械制造等）需求减弱，给各钢材企业的供应链带来较大压力。

面对内外部环境的不确定性和挑战，钢材企业需要及时进行市场调研、数据分析和建立预测模型，以更好地应对市场需求的波动和变化。做好钢材制成件的销量预测可以帮助企业更好地规划和管理生产、库存和销售等方面。具体来说，销量预测可以帮助企业进行以下管理。

生产计划和库存管理：通过预测销量，企业可以制订合理的生产计划，控制生产成本，避免过度生产和库存积压。

营销决策：销量预测可以帮助企业了解市场需求，根据市场情况制定营销策略，促进销售。

风险控制：销量预测可以帮助企业避免生产过剩和库存积压的风险，减少存货损失和浪费。

3. 传统的销量预测无法应对快速的市场变化

传统的钢材制成件的销量预测一般采用历史数据法、市场研究法和统计模型法等方法。这些方法基于历史销售数据、市场趋势和其他相关因素进行预测。

然而，这些传统方法的预测精度很大程度上依赖于历史数据的准确性，且无法应对市场的快速变化。钢铁行业市场需求波动频繁、幅度较大，传统方法的预测模型无法及时适应市场变化，从而导致预测误差较大。

此外，传统方法通常忽略了市场环境的复杂性，未考虑诸如宏观经济环境、竞争状况、政策变化等因素对销量的影响。这些因素可能对销量产生重要的影响，但传统方法未对其进行充分考虑。

历史数据法主要是通过分析历史销售数据来预测未来销量，但是这种方法多数为时间序列的单变量回归方法，没有考虑到市场变化和需求波动的因素，快速的市场变化使得历史数据法很难适应新的市场环境。

市场研究法是通过市场调查和问卷调查等方法来获取用户需求信息，但是调查结果可能会受到调查对象的主观因素和问卷设计的局限性等因素的影响，而且调查周期长、成本高，无法及时反映市场变化。

统计模型法是建立数学模型，利用统计分析方法进行预测，但是这种方法需要大量的历史数据来建立模型，而且模型的预测精度会受到数据质量和模型参数选择的影响，无法适应市场变化的快速性。

因此，传统方法无法应对快速的市场变化，企业需要采用更加灵活和准确的方法，如机器学习和人工智能等技术，来对销量进行预测。

4. 应用人工智能技术提升钢材制成件销量预测的准确度

基于人工智能技术的钢材制成件销量预测可以综合内外部数据，应用机器学习、深度学习等人工智能算法，提升钢材制成件的销量预测准确度，具体表现如下。

处理大量非线性数据：钢材制成件的销量预测中涉及多种非线性数据，如季节性因素、产品结构变化因素、上下游产业链数据、宏观经济变化因素等。传统的方法无法处理大量非线性的数据，而人工智能技术如神经网络、决策树等可以很好地处理这些数据，从而提高了预测的准确度。

自适应学习能力：传统的预测方法无法适应环境的变化，难以融入新的数据优化模型，而人工智能技术可以在运行时不断调整和改进自己的模型或算法，以更好地适应不断变化的数据和环境，从而逐渐适应不断变化的市场环境和用户需求，提高预测准确性和泛化能力，从而更好地应对各种复杂的应用场景。

多因素综合分析：传统的预测方法往往基于历史销量情况和市场政策变化等预估未来的销量。然而钢材制成件的销量收到内部外诸多因素的影响，如观经济环境、市场竞争状况、政策变化、产品品质、价格、促销活动、销售渠道等，传统的销量预测方法可能只考虑其中的一个或几个因素，难以准确地反映销量的综合影响。人工智能技术可以将多种因素综合考虑，建立数万数据和特征的深度学习或机器学习模型，从而更全面地预测销量。

5. 基于人工智能技术提升钢材制成件销量预测模型的实现

根据实际项目实践，建立基于人工智能技术提升钢材制成件销量的预测模型，具体方法如下。

① **多维数据收集**：收集各种相关的数据，包括历史销售数据、市场研究报告、宏观经济数据、气象数据等，以获取全面的信息。根据过往项目经验，要实现该销量预测的准确性，需要应用各类技术收集如下内外部数据。

- **企业内部历史销量相关数据**：至少 3~5 年的历史各类制成件销售数据，包括采购合同、销售合同、资金流水、物流信息、客户计划产量、定制类制成件对应的产品物料清单（BOM）。

- **行业供应链相关数据**：至少 3 年的历史行业政策数据、上游原材料行业产销量相关及价格相关数据、钢铁企业数据库，如重点钢厂销售流向、重点钢厂产品库存、全国钢材产量数据、全国钢材价格等。
- **国内外宏观数据**：钢材趋势调查数据、中国经济数据库、国内外铁矿石数据库、钢铁消费与销量数据等。
- **互联网相关数据**：上下游企业口碑论坛、网站新闻、股价走势等。

② **自动化特征工程**：大量的实时、非实时等结构化、半结构化和非结构化数据，需要不断识别、提取和优化特征，同时业务知识和实际需求，对特征进行选择和筛选。需要建立自动化特征工程模型，对各类特征向量进行自动化提取和分析。

③ **智能化模型选择与训练**：根据数据的特点和任务的需求，建立自动化模型选择和训练范式，或使用自动机器学习（AutoML）平台或工具，训练适合的机器学习模型，如决策树、神经网络、支持向量机等，或者采用集成学习方法，如随机森林、GBDT、XGBoost 等。

④ **模型参数的调优**：使用交叉验证和网格搜索等方法进行模型参数的优化，找到最优的模型参数组合，提高模型的泛化能力和准确度。

⑤ **模型集成和监督学习**：利用集成学习方法，将多个模型集成起来进行预测，提高预测准确度。此外，可以采用半监督学习、迁移学习等方法，提高模型的学习效率和泛化能力。

4.6　通信运营商

4.6.1　通信运营商业务分析

通信运营商是一种提供电信服务的企业，主要业务包括移动通信、固定电话、宽带互联网、数据通信等领域。通信运营商作为信息产业的重要组成部分，在数字化转型的背景下，业务模式也在不断创新和变革。

移动通信是通信运营商的主要业务之一，它的主要业务包括 2G、3G、4G 和 5G 移动通信网络的建设和运营。固定电话和宽带互联网是传统的固定通信服务，通信运营商通常会与当地电信公司合作，提供接入网络和客户服务。数据通信是指企业客户之间的数据传输，包括虚拟私人网络（VPN）、多协议标签交换（MPLS）、云服务等。

除了传统业务，通信运营商还在不断探索新的业务模式，如物联网、云计算、5G 网络、人工智能等。其中，物联网是指物品之间通过网络相互连接并实现通信的技术，通信运营商可以提供数据传输和存储服务；云计算是一种基于互联网的计算服务，通信运营商可以提供云计算服务、存储服务等；5G 网络则是新一代移动通信技术，通信运营商可以通过建设和运营 5G 网络提供更快的移动通信服务和更多的业务创新机会；人工智能则可以应用于客户服务、网络优化等领域。

通信运营商面临的主要问题包括市场竞争激烈、运营成本高、客户服务质量等方面。具体的业务问题如下。

网络覆盖和服务质量：用户对通信运营商的网络覆盖和服务质量有较高的要求，包括通话质量、数据传输速度、网络稳定性等。运营商需要不断提升网络建设和维护能力，以保证用户的满意度。

用户体验和服务：随着移动互联网的普及，用户对于通信服务的要求不仅停留在基础的通话和短信功能上，还需要提供更多的增值服务，如流量套餐、流媒体服务、在线支付等。同时，用户对于客服服务和投诉渠道也提出了更高的要求。

业务创新和转型：随着通信技术的不断发展，新的业务模式和应用场景不断涌现，通信运营商需要不断进行业务创新和转型，以适应市场需求的变化。例如，运营商可以开发物联网业务，为企业和消费者提供更多的智能化解决方案。

竞争压力和营销策略：通信运营商市场竞争激烈，需要在产品和服务方面进行差异化，以提高市场份额和用户忠诚度。同时，运营商需要制定有效的营销策略，以吸引和保留用户，如优惠促销、会员福利等。

针对这些问题，通信运营商需要不断创新和优化业务模式，提高运营效率，提升客户服务体验。

4.6.2　通信运营商智能化应用的全景分析

随着数字经济的不断发展，通信运营商在数字化、智能化应用方面也取得了很大的进步。

在数字化方面，通信运营商通过建设智能化网络，实现网络智能化管理、智能化调度，提升了网络的运营效率和服务质量。此外，通信运营商还积极推进数字化转型，推出了各种数字化产品和服务，例如云计算、物联网、人工智能等。

在智能化应用方面，通信运营商不断探索和实践，逐步将人工智能技术应用于自身业务中。具体来说，通信运营商通过人工智能技术实现了智能化客服、智能化营销、智能化运营等应用场景。例如，利用人工智能技术实现了语音识别、自然语言处理等功能的智能客服系统，可以提高客户服务的效率和质量，降低客服成本。同时，通过人工智能技术实现的智能化营销和智能化运营，可以提升运营商的市场竞争力，增强服务的个性化和定制化。

在智能化应用建设方面，通信运营商还有很大的发展空间和潜力。未来，通信运营商可以通过人工智能技术实现更多的智能化应用场景，例如智能化安全、智能化网络优化、智能化决策等，进一步提高运营效率、降低成本，提升服务质量，满足客户需求，推动行业发展。

下面详细介绍下通信运营商智能化应用。

1. 网络运营中的智能化应用

网络运营行业是信息化、数字化和智能化程度较高的行业之一，包括互联网运营、电信运营、云服务提供等。随着移动互联网的普及和数字经济的发展，网络运营行业正经历着快速的增长和变革。数字化和智能化技术在网络运营行业中的应用，已经成为行业竞争的关键因素之一。

随着技术的发展，网络运营行业数字化、智能化应用水平不断提升。例如，互联网运营商引入 AI 技术，提供智能客服，提高客户服务效率；电信运营商引入大数据分析技术，优化网络质量和用户体验；云服务提供商开发智能化监控系统，实现对云计算资源的实时监控和管理等。

智能化应用建设在网络运营行业的重要价值和意义也不容忽视。首先，智能化应用能够提升网络运营效率，降低运营成本。其次，智能化应用可以提升用户体验，增加用户黏性，提高客户满意度。再者，智能化应用能够提升网络安全和稳定性，减少网络故障和风险。

总之，智能化应用建设已经成为网络运营行业的发展趋势和竞争优势。未来随着 5G、物联网等技术的不断普及和发展，网络运营行业的智能化应用将会更加广泛和深入。

智能化网络运营有以下几个具体的智能化应用。

（1）网络智能分析

网络智能分析是指通过对网络数据进行收集、整理、分析和挖掘，从中提取出有价值的信息和模式，并用于网络优化、故障排除和安全防御等方面的应用。进而利用机器学习和数据挖掘技术，对网络中的大量数据进行分析和挖掘，以便更好地了解用户行为、网络质量和服务需求等方面的信息，从而提升网络质量和用户体验。具体的网络智能分析包括：网络性能监控和故障排除、网络流量优化、网络安全威胁检测和防御、网络规划和优化。这些具体的应用可以帮助网络运营商更好地理解网络和用户的行为，提高网络性能和安全性，优化网络布局和营销策略，从而实现更加智能化的网络运营。

（2）智能网络调度

智能网络调度是智能化网络运营中的重要应用之一，它是指通过利用人工智能、大数据分析等技术，对网络资源进行优化调度，以提高网络的利用率和服务质量。它通过智能算法和网络管理系统，对网络资源进行动态调度和优化，使网络资源得到最大化利用，提高网络运行效率和服务质量。通过利用人工智能、大数据分析等技术，对网络资源进行优化调度，可以提高网络的利用率和服务质量，具有重要的应用价值和意义。

（3）智能网络安全

智能网络安全是指通过智能化技术保障网络的安全性、可靠性和稳定性。在网络运营中，智能网络安全涉及各种安全威胁的预防和应对，例如网络攻击、网络病毒、恶意软件等。采用机器学习和深度学习等技术，对网络中的异常流量、攻击行为等进行实时监测和识别，及时发现并防范网络安全风险。

（4）智能客户服务

智能客户服务是指利用人工智能、自然语言处理等技术，为用户提供更高效、更优质的客户服务。在智能化网络运营中，智能客户服务是非常重要的一部分，它为用户提供更便捷、个性化、智能化的服务，从而提高用户体验和满意度。通过利用自然语言处理技术和智能语音交互技术，实现智能客户服务，使用户可以通过语音或文字与网络服务商进行沟通和交互，提高用户体验和满意度。具体包括智能语音客服、智能聊天客服、智能问题解答系统、智能客户关系管理系统等应用，可以为用户提供更高效、更优质的服务，从而提升客户体验和满意度。同时，它也能够帮助企业提高工作效率、节约成本，提高客户忠诚度，进而推动业务发展。

（5）智能维护管理

智能维护管理是智能化网络运营中的一个重要应用，主要通过智能化技术对网络设备的状态进行实时监测、诊断和维护管理，以提高网络设备的可靠性、稳定性和安全性，减少网络故障的发生和维护成本的支出。通过采用远程监测、智能预测和数据分析等技术，对网络设备进行智能化维护和管理，降低维护成本和提高设备稳定性。具体的应用包括远程监控和诊断、设备预测性维护、自愈网络分析及智能化故障排除等。这些应用可以减少网络故障和维护成本，提高网络设备的可靠性和稳定性，从而提高网络运营的效率和质量。

（6）智能化网络设计

智能化网络设计是指利用人工智能和大数据等技术，对网络架构、拓扑结构、网络设备等进行智能化优化和设计的过程。它主要用于提高网络性能、可靠性和安全性，降低网络运营成本，并适应不断变化的业务需求和技术趋势。通过网络仿真、虚拟化和可视化等技术，对网络进行智能化设计和规划，以确保网络的可扩展性、可靠性和性能优化。智能化网络设计的应用范围非常广泛，包括数据中心网络设计、企业局域网设计、城域网设计、广域网设计等。智能化网络设计可以帮助网络管理员更好地理解和掌握网络状况，优化网络结构和性能，提高网络的可靠性和安全性，为用户提供更好的网络体验。

2. 客户服务中的智能化应用

在数字化、智能化时代的背景下，通信运营商需要面对着日益激烈的市场竞争，需要加速数字化转型，提升客户服务和用户体验，进一步掌握客户需求和行为特征，提升商业决策的准确性，提高业务效率和营销效果。因此，通信运营商开始采用各种智能化技术来优化客户服务、提升运营效率和降低成本。

在智能化客户服务方面，通信运营商通过引入智能客服、自助服务、语音识别、人工智能等技术，打破了传统客服的时间和空间限制，实现了 24h 全天候在线服务，通过数据挖掘和分析技术实现客户需求的精准识别，提供更为个性化和差异化的服务体验。此外，运营商还可以通过智能化的客户管理系统来实现对客户的全流程管理和服务，包括客户信息、行为数据、服务记录等的整合和分析，以及预测客户需求和行为，提供更为定制化和个性化的服务和营销方案。

通信运营商的智能化客户服务包括以下具体的智能化应用。

（1）智能化机器人客服

智能化机器人客服是指利用人工智能技术来开发智能化的客服机器人，以提供更高效、更便捷、更贴心的客户服务。智能化机器人客服主要通过自然语言处理、自动学习和模型优化等技术来实现。它能够自动识别客户提出的问题，并通过内置的知识库和数据分析来给出准确的答案和解决方案，还能够与客户进行自然、流畅的对话。此外，智能化机器人客服还可以通过用户的反馈和问题历史来不断学习和优化自身的回答和服务。

（2）智能化在线客服

智能化在线客服是指通过人工智能技术和自然语言处理技术，让机器人代替人工客服，实现与客户的智能对话，提供智能化的客户服务。通过在线客服系统和智能对话引擎，能够实现对用户咨询问题的快速响应和解答，支持多渠道咨询和实时监控服务质量。智能化在线客服的应用可以帮助企业提升客户服务的质量和效率，提高客户满意度和忠诚度，也可以降低企业的人力成本和运营成本，提高企业的竞争力和市场占有率。

（3）智能化客户关系管理

智能化客户关系管理是指利用先进的技术手段，将客户数据集中管理、分析和利用，能够对客户行为和偏好进行深入分析，提供个性化的服务和产品推荐，实现对客户全生命周期的管理，从而提升客户满意度和忠诚度的能力。通信运营商可以利用智能化客户关系管理系统，对客户的需求和行为进行精细化分析，包括客户画像、客户分类、客户行为轨迹、客户需求预测等，为客户提供个性化的服务和产品推荐。此外，智能化客户关系管理系统还可以帮助运营商建立完整的客户服务生态系统，包括多渠道的服务接入、快速响应、智能导航、精准营销等功能，为客户提供更加全面、便捷的服务体验。

（4）智能化投诉管理

智能化投诉管理是通信运营商智能化客户服务的一部分，采用数据分析和预测技术，能够及时发现和解决客户投诉问题，以提高客户满意度和维护品牌形象。具体来说，智能化投诉管理通常包括智能化投诉识别、智能化投诉分析、智能化投诉处理、智能化投诉预警。通过智能化投诉管理的应用，运营商可以更加高效地处理客户投诉，提高客户满意度，降低客户流失率，也可以不断优化自身的服务质量和品牌形象。

（5）智能化服务质量管理

在智能化客户服务应用中，客户服务质量管理是至关重要的一部分。通过使用智能化技术，运营商可以更好地监控客户服务过程中的关键指标，对客户服务质量进行监控和评估，识别服务瓶颈和问题，以提高客户满意度和忠诚度。具体应用包括自动化监控和报警、数据分析和报告、语音质量管理、智能化投诉管理、智能化知识库。这些智能化应用可以提高通信运营商的客户服务效率和质量，满足客户个性化需求，提高客户满意度和忠诚度，增强品牌竞争力。

3. 营销管理中的智能化应用

通信运营商在数字化、智能化转型的过程中，智能化营销成为其实现可持续增长的重要手段。智能化营销不仅可以通过精细化的用户画像和个性化的推荐提高营销效率和客户满意度，还能通过智能化分析和预测，提升市场决策的准确性和科学性。

通信运营商的智能化营销应用主要包括以下几个方面。

（1）智能化营销分析

通信运营商智能化营销分析是指基于数据分析和人工智能技术，对市场、竞争、用户等方面的数据进行分析和预测，为市场决策提供科学依据。对客户的行为数据、用户画像、产品属性等多维数据进行分析，从而深入了解客户需求，提供更加精准的个性化营销策略。在实际应用中，通信运营商可以通过建立大数据分析平台和智能化营销分析系统，实现对客户数据的全面收集、分析和利用，从而实现更加智能化的营销服务。同时，运营商还可以通过AI技术，如机器学习和自然语言处理，自动化处理大量数据，提高营销效率和准确性。

（2）智能化营销执行

智能化营销执行是指利用人工智能技术对营销活动进行智能化管理和执行，从而提高营销效果和投资回报率（ROI）。具体来说，智能化营销执行可以应用于以下几个方面。

智能化广告投放：运用大数据和人工智能技术，对广告投放进行实时监测和优化，提高广告曝光率和转化率。

智能化内容营销：利用人工智能技术对用户需求和兴趣进行分析，生成符合用户偏好的内容，提高内容营销效果。

智能化社交媒体营销：通过社交媒体平台上的智能化营销工具，针对不同的用户群体制定个性化的营销策略，提高营销效果。

智能化电子邮件营销：运用人工智能技术对用户行为和偏好进行分析，提高邮件开放率和点击率。

综上所述，智能化营销执行在提高营销效果、提升用户体验、降低营销成本等方面都有着重要的作用和意义。

4.6.3　典型智能化应用一：智能语音客服

智能化语音客服是通信运营商智能化客户服务的重要组成部分，通过人工智能技术实现自然语言处理和语音识别，并进行语音识别和理解，实现用户问题的自动分类和解答。帮助客户解决问题，提供快速、高效、便捷的服务体验。

智能化语音客服的应用，可以通过对大量客户服务记录进行分析和学习，逐步提高问题识别和解决的准确度和效率。同时，智能化语音客服还可以通过人工智能技术实现情感识别和智能语音交互，提升客户体验的满意度和黏性。

举个例子，当客户拨打运营商的客服电话时，系统可以通过语音识别技术，自动识别客户的问题，并通过智能化语音客服系统对问题进行解答。同时，智能化语音客服还可以对客户的语音情感进行分析，根据客户的情感状态选择不同的语调和表达方式，提高客户的满意度和忠诚度。

在智能化语音客服的应用过程中，还可以采用知识图谱技术和大数据分析技术，将客户的历史数据、服务记录和客户行为等多种数据进行关联和分析，帮助客户更好地理解和使用服务，提升客户满意度，还可以将智能化语音客服与其他智能客户服务应用进行整合，实现更加全面、高效的客户服务体验。

4.6.4 典型智能化应用二：智能化用户画像与营销推荐系统

智能化用户画像是通信运营商智能化营销的重要应用之一。用户画像是指通过对用户的基本信息、行为特征、偏好等多方面数据的分析和挖掘，绘制出用户的全貌和特点，从而更好地为用户提供个性化服务和推荐产品。

在通信运营商的业务中，用户画像可以帮助运营商更好地了解用户需求，针对不同的用户群体进行个性化的营销和服务。通过对用户的行为数据进行分析，可以为用户提供更加精准的推荐服务。例如根据用户的通话记录和短信记录推荐更优惠的套餐和增值服务，提高用户的满意度和忠诚度。

同时，智能化用户画像还可以帮助运营商更好地识别潜在的高价值用户和流失用户，并及时采取措施进行维护和挽留。此外，用户画像也可以为运营商提供更好的客户维护和管理手段，通过对用户信息的全面了解，可以更好地解决用户的问题和需求，提高客户服务质量。

总之，智能化用户画像是通信运营商智能化营销的重要应用，可以帮助运营商更好地了解用户需求，提高客户满意度和忠诚度，同时也可以提高运营商的管理效率和市场竞争力。

智能化推荐系统是通信运营商智能化营销中的重要应用之一。随着数据采集和处理技术的不断提升，通信运营商可以通过对用户的行为、偏好、历史数据等进行分析，建立起用户画像，并运用智能化算法实现个性化推荐。这样能够为用户提供更加符合其需求和兴趣的产品和服务，提高用户体验，从而增加用户忠诚度和运营商的收益。

智能化推荐系统可以应用于各种营销场景，如移动营销、宽带营销、内容营销等。举例来说，当用户在运营商应用商店或官网上浏览产品时，智能化推荐系统可以根据用户的历史浏览、搜索和购买记录，以及其他用户的行为等信息，向用户推荐更符合其兴趣和需求的产品或服务。又或者，当用户通过运营商的短信或语音服务咨询或订购产品时，智能化推荐系统可以通过语义分析和机器学习等技术，理解用户的需求并推荐相应的产品或服务。

在实现智能化推荐的过程中，通信运营商需要注意保护用户隐私，避免过度收集和使用用户信息，同时需要通过技术手段保障用户信息的安全。

4.6.5 典型智能化应用三：智能化网络调度与安全

在智能网络调度中，首先需要对网络资源进行实时监测和数据采集，包括网络拓扑结构、带宽利用率、流量等信息。然后，通过智能算法对这些数据进行分析和处理，预测网络流量、瓶颈节点等信息，进而进行网络资源调度。智能网络调度可以最大化网络资源的利用效率，同时保障网络的高可用性和服务质量。

智能网络调度应用广泛，包括数据中心网络、移动通信网络、云计算网络等。在数据中心网络中，智能网络调度可以根据数据流量和应用负载等实时信息，对网络资源进行实时调度，以提高数据中心网络的性能和稳定性。在移动通信网络中，智能网络调度可以根据用户的位置和网络负载情况等信息，对网络资源进行智能分配和调度，以提高移动通信网络的服务质量和用户体验。在云计算网络中,智能网络调度可以根据用户的需求和云计算资源的利用率等信息,对云计算资源进行智能分配和调度,以提高云计算的效率和性能。

智能网络安全是指通过智能化技术来保障网络的安全性、可靠性和稳定性。在网络运营中,智能网络安全涉及各种安全威胁的预防和应对,例如网络攻击、网络病毒、恶意软件等。采用机器学习和深度学习等技术,对网络中的异常流量、攻击行为等进行实时监测和识别,及时发现并防范网络安全风险。

具体来说,智能网络安全可以采用以下的智能化应用。

智能防火墙:采用人工智能和机器学习技术,通过对网络流量的分析和识别,识别出网络威胁,并进行自动阻止,提高了网络安全的响应速度和准确性。

威胁情报分析:利用大数据和人工智能技术,对网络中的安全事件进行实时监控和分析,自动识别网络攻击,及时发现并防范潜在的安全威胁。

智能加密技术:采用先进的密码学技术和智能算法,对网络数据进行加密和解密,确保数据传输的安全性和完整性。

智能身份认证:采用生物识别技术和智能化算法,对用户的身份进行认证,确保网络访问的安全性和合法性。

网络安全预警:利用数据挖掘和人工智能技术,对网络中的异常行为进行识别和分析,预测可能的安全威胁,及时发出预警,提高了网络安全的防范能力。

这些智能化应用使得智能网络安全可以实现对安全威胁的智能化预防、智能化检测、智能化响应和智能化修复,提高了网络的安全性和稳定性。

4.7　其他行业

4.7.1　零售业

1. 零售业的业务概述

零售业的核心业务是销售商品,让消费者能够获得所需的产品或服务。这包括采购商品、在合适的价格销售商品、保持足够的库存、提供质量良好的客户服务,并且在整个供应链中保持协同性。此外,零售业还需要进行营销活动,以吸引顾客和推动销售。为了提供更好的顾客体验,现代零售业采用了各种技术和工具,例如移动应用程序、社交媒体和大数据分析,以满足客户的需求和提高销售效率。

2. 零售业的业务痛点分析

随着消费者习惯的变化,零售业面临着各种各样的痛点和难点,主要痛点如下:

在供应链方面,供应链管理复杂,包括与供应商的谈判、订单管理、物流和存储等。任何一环节出现问题都会对企业的业务产生不良影响。在库存管理方面,库存是零售业最大的成本之一，因此需要对产品的库存数量进行预测和监控。库存过剩或不足都会对企业的利润产生负面影响。在消费者购买习惯和客户忠诚度变化方面，随着电子商务的发展和在线购物的普及，越来越多的消费者倾向于线上购物，导致线下零售店的流量下降。此外，消费者对于购物体验、产品品质和价格敏感度的提高，也让零售商面临巨大的竞争压力。与此同时，消费者很难忠诚于一个品牌或产品，因为竞争会吸引消费者寻找更好的选择。因此，零售商需要花费时间和精力来建立消费者忠诚度。

以上这些痛点需要零售业从业者密切关注，采取有效措施，以便在激烈的市场中取得优势。

3. 智能化应用解决零售业务痛点

智能化应用是当前零售业发展中的重要趋势，可以帮助解决零售业务中的痛点。

智能化应用可以帮助企业更好地管理和分配物流资源，提高物流的效率和准确率，从而为客户提供更好的物流服务，提升客户的满意度和忠诚度。

过多或过少的库存可能导致企业成本的增加或销售的损失。智能库存管理可以通过实时监控和预测来帮助企业管理库存。这有利于提高对库存的掌控，减少库存推销和削减库存阈值，减少囤积货品的同时能够保证有足够的库存满足市场需求。在智能化零售方面可以帮助企业了解消费者的喜好和需求，提供更准确、快捷和友好的服务。

随着业务范围的扩大，零售企业面临着越来越多的数据挖掘和分析需求。智能化应用可以帮助企业管理和利用相关数据，分析和理解市场趋势、客户需求和品牌形象，进行精准化促销活动。数据分析可以帮助企业预测销售趋势并制定营销策略，实现有效的营销和销售增长。

总之，智能化应用在零售业中具有重要的作用，使企业能够更好地理解客户需求、减少企业成本、提高效率和增长销售额，从而实现可持续的发展。

4. 零售业智能化应用案例分析

零售业是人们日常生活中必不可少的一部分，近年来随着物流技术的不断发展，数字化、智能化水平的提高，越来越多的零售企业利用人工智能、大数据、物联网等技术手段应用于零售业的各个领域，实现业务的自动化，提高运营效率、优化服务和增强竞争力。

零售业智能化应用具有很重要的意义和很高的价值。首先，提高零售企业的效率和竞争力，通过智能化技术，实现自动化业务流程、优化供应链管理、加强库存管理、提高人员调度等，提高企业的生产效率和管理效率，进而提高企业的盈利能力。其次，改善客户体验，通过大数据和人工智能技术，更好地了解客户需求和喜好，为客户提供个性化推荐和定制化服务，提高客户体验和满意度，进而增强客户忠诚度和口碑效应。再次，降低经营成本，智能化技术可以帮助零售企业降低人力成本、物流成本和库存成本，提高运营效率和管理效率，从而降低企业的经营成本，提高企业的盈利能力。最后，推动数字化转型以及探索新的商业机会，帮助零售企业实现数字化经营、智能化管理和创新化发展，为企业未来的发展提供更好的保障和机会。智能化技术帮助零售企业探索新的商业模式和市场机会，通过数据分析和预测，挖掘消费者需求，发现新的销售点和市场热点，开拓新的业务领域和市场空间。

目前主要的应用方向包含零售供应链智能化、零售库存管理智能化、零售销售智能化和零售营销智能化。

（1）零售供应链智能化

零售企业如何控制库存、保持货品新鲜、减少损耗和降低成本是非常重要的。通过对历史销售数据和社交媒体数据进行分析，建立预测模型，准确地预测消费者的购物需求，以减少库存损失和提高销售额。供应链管理是零售业智能化的重要组成部分，通过智能化的供应链管理系统，实现更高效的物流配送和库存管理。

供应链智能化：实现更高效的库存管理和供应链协同。通过大数据分析和人工智能技术，实现对库存、配送和物流等方面的智能化管理，从而优化供应链效率。

配送智能化：利用物联网技术将传感器安装在货车和配送点上，实时跟踪货物的位置和状态，对整个配送过程进行全面监控和调度。通过智能算法优化配送路线，提升配送效率。

智能物流管理：对物流配送过程进行实时监控和优化。运用人工智能技术和大数据分析，实现更加智能化的物流配送和库存管理，从而提高物流效率和客户满意度。

（2）零售库存管理智能化

RFID 技术应用：射频识别（Radio Frequency Identification）利用射频技术对物品进行无线识别和跟踪的技术。通过引入 RFID 技术，零售企业对商品进行实时跟踪和管理，减少库存盘点和货物丢失的风险。对门店内的商品进行实时跟踪和管理。

商品智能化预测：商品智能化预测是一种通过大数据分析和机器学习等技术，对未来的销售和库存情况进行预测和分析的技术。对商品的销售情况和库存需求进行预测和分析，从而优化库存管理和采购策略。

商品智能化管理：通过大数据分析和机器学习等技术，对商品的销售数据和顾客反馈等信息进行分析和预测，从而进行商品管理的技术。零售企业更好地了解顾客需求和市场趋势，优化商品组合和定价策略，提高销售转化率和顾客满意度。对商品进行智能化的推荐和定制，提高销售和顾客忠诚度。

（3）零售销售智能化

智能客服：快速用户解决问题，提高客户满意度。通过人工智能和自然语言处理技术理解用户的问题，提供精准的答案。通过语义解析进行情感分析，以更好地了解客户的需求和反馈。

个性化推荐：通过分析消费者的购物历史和搜索行为，使用协同过滤技术向用户推荐与其兴趣相关的商品。通过机器学习和大数据分析，实现更加精准的推荐，从而提高销售效率和客户满意度。

无人售货：通过智能自助售货机、智能售货柜等自动化售货设备，实现自动下单、支付、出货等一系列自助服务，提高顾客体验和销售效率。

智能支付：通过移动支付、无人收银等技术，实现快速、便捷、安全的支付体验，提高消费者购物的便利性和体验感。

综上所述，零售销售智能化的应用涵盖了智能客服、个性化推荐、无人售货、智能支付等多个方面，可以提高零售企业的运营效率和顾客满意度，促进企业的可持续发展。

（4）零售营销智能化

通过分析大数据和运用人工智能技术，结合消费者需求和市场趋势，制定更有效的营销策略。零售营销智能化是通过人工智能、大数据分析等技术，对消费者的购买历史、偏好、行为等信息进行个性化分析和推荐，从而提高销售转化率和顾客满意度的一种营销方式。营销智能化使零售企业更准确地了解消费者需求和偏好，提供更具针对性的服务和产品，也能够降低企业的营销成本，提高企业的竞争力。对于消费者，智能化营销可以提供更加优质的消费体验和服务，满足个性化的需求，也能够避免接受无用或不感兴趣的营销信息。在数字化、智能化的背景下，零售营销智能化已成为零售业发展的重要趋势，为企业创造更高的商业价值和消费者带来更好的购物体验。

下面是一些零售企业的智能化数据分析和营销应用案例。

数据驱动营销：利用数据驱动营销，通过大数据分析来了解客户需求和行为，并制定相应的营销策略。将海量数据转化为可操作的信息，从而实现更精准的市场定位和产品定价。

数据分析和营销：利用大数据分析技术，对客户数据进行挖掘，以更好地了解消费者需求和购物习惯，从而制定更有效的营销策略。此外，通过智能算法和机器学习技术，对产品进行智能定价和库存控制，以优化营销效果。

智能营销：通过智能化的数据分析和营销手段，实现了更加精准的定向广告投放和个性化推荐。智能化营销根据用户的浏览历史和购买记录，向其推荐相关的商品和促销活动，通过人工智能技术进行情感分析，以更好地了解用户的需求和反馈。

搜索引擎营销（SEM）：通过购买关键词广告位，实现搜索引擎结果页面上的广告投放，吸引潜在客户访问网站，提高网站在搜索引擎中的排名，提高网站的曝光率和流量。

社交媒体营销：利用各种社交媒体平台，如微博、微信等，以互动方式与潜在客户进行沟通，提高品牌知名度和客户忠诚度，并以内容为核心，通过网站、博客、视频、图片等方式，提供有价值的信息，吸引客户的关注和兴趣，增强品牌影响力。

总之，零售业智能化应用案例是多方面、多角度的。不论是从顾客体验、库存管理、营销还是供应链等方面，智能化技术都有广泛的应用。随着技术的不断发展和普及，智能化已经成为零售业的主要趋势之一，未来将会有更多的企业采用智能化技术来提高自身的竞争力和市场份额。

4.7.2　医疗健康行业

1. 医疗健康行业业务概述

医疗健康行业是指以医疗服务和健康管理为核心，通过提供各种医疗和健康产品和服务来保障和提升人们的健康水平的行业。

在当今时代，医疗健康行业正面临巨大的挑战和机遇，如面临着医疗资源分配不均衡、医保制度改革、医疗科技迅速革新等问题，同时也蕴含着人工智能、大数据、区块链等科技革新为健康行业创造的巨大机遇空间，未来医疗健康行业将继续发挥重要的作用，创造更多的商业价值和社会价值。

2. 医疗健康行业的业务痛点分析

为了满足日益增长的医疗保健需求，医疗健康行业将会面临各种各样的问题：在医疗诊断方面，诊断精度不高、医生的专业水平参差不齐、医疗资源分配不均等。此外，医生和患者之间的沟通不畅，也会影响医疗诊断的准确性和及时性。在远程医疗方面，技术不成熟、医疗资源不足、医保政策不健全等。再者，由于缺乏面对面的交流，医生与患者之间的沟通和信任可能受到影响。在药物管理方面，药品价格高、质量不稳定、假冒伪劣药品监管、禁止困难等。同时，一些患者可能存在滥用药物的行为，这也会影响药物管理的效果。在健康管理方面，健康管理的数据采集和管理不完善、健康管理的理念和方法缺乏统一标准等。

3. 智能化应用解决医疗健康行业的业务痛点

大数据科学技术和人工智能算法模型的广泛应用，可以解决医疗健康行业面临的业务痛点和难题，提高医疗健康服务的质量和效率。医疗资源合理分配优化算法，帮助医院和医生更有效地利用医疗资源，提高医疗资源的利用效率，从而缓解医疗资源紧张的情况。智能化技术帮助提高医疗安全和质量，避免因为医疗差错或疏漏导致的不良后果。例如，利用人工智能技术可以辅助医生进行医疗诊断，提高诊断的准确性和效率。在远程医疗方面，通过利用远程医疗技术，可以减少患者因为就医而产生的交通费用和住宿费用等支出，帮助降低医疗成本，提高医疗效率，减少医疗费用。在提高患者体验方面，通过利用虚拟助手等智能化应用可以提高患者与医生之间的沟通效率和体验，提高患者的就医体验，改善医患关系。

总之，智能化应用在医疗健康领域有着广泛的应用前景和市场需求。同时，智能化应用也需要克服技术和政策等方面的挑战，确保医疗健康服务的安全和可靠性。

4. 医疗健康智能化应用案例分析

医疗健康智能化应用是指通过将信息技术、人工智能、物联网等技术与医疗、健康领域深度融合，实现医疗、健康服务智能化、数字化、网络化的过程。智能化应用极大地提高医疗健康服务效率和质量，也为人们的健康提供更加全面、个性化的服务，推动医疗健康领域的发展和进步。

常见的医疗健康智能化应用包括智能医疗数据分析、智能医疗诊断、智能远程医疗、智能药物管理、健康管理平台等。

（1）智能医疗数据分析

随着医疗技术的不断发展，医疗数据的产生量也在不断增加。智能化应用帮助医疗机构更好地管理这些数据，并进行数据分析，从而提高医疗效率和质量。例如，利用人工智能技术对医疗影像数据进行分析，帮助医生更快速、准确地诊断疾病。具体应用案例如下。

电子病历管理： 实现医疗数据的电子化，方便医生随时查询病人的病史、检查结果等医疗信息。

病情诊断： 使用人工智能技术对病人的临床数据、症状、体征等进行分析和处理进行数据量化，通过算法模型给出分析结果，帮助医生进行疾病诊断、判断病情和选择治疗方案。通过数据智能分析病情诊断，再运用机器学习、深度学习等算法对大量的病人数据建立模型，从而辅助医生实现精准诊断。

疾病预测和预防： 通过机器学习算法对患者的病史、用药记录、检查结果等分析，结合病历数据和病人生理指标，建立疾病预测模型，帮助医生更早地发现疾病风险。

（2）智能医疗诊断

智能医疗诊断是通过将人工智能等技术与医疗诊断深度融合，实现医疗诊断的智能化、数字化、自动化的过程。通过利用大数据、机器学习、深度学习等技术实现智能医疗诊断，提高诊断精度和效率，减少医疗误诊和漏诊的情况。主要应用如下。

病情自动化记录和管理： 利用智能化的记录和管理系统，实现对患者病情的自动化记录和管理，有效减少医疗工作人员的工作量，提高病历的准确性和完整性。

病情自动化诊断和判断： 通过人工智能算法和大数据分析，构建病情诊断模型，实现自动化分析患者病情，快速判断疾病类型和严重程度，为医生提供准确的诊断提供科学依据。

治疗方案制定： 通过使用深度学习算法，实现对 CT 透视、磁共振成像（MRI）等医学影像数据的分析和识别，构建基于机器学习的模型，给出治疗建议，辅助医生进行病情诊断和治疗方案制定。

治疗方案推荐： 基于对患者的病情诊断和预测结果，智能医疗诊断模块推荐最佳的治疗方案，并分析出方案的优势及风险，以帮助医生更好地制订治疗计划。

诊疗决策支持： 利用智能化诊断结果和医学知识库，为医生提供决策支持，帮助医生做出更准确、更科学的诊疗决策。

（3）智能远程医疗

远程医疗是利用现代通信技术进行医疗诊断和治疗的一种新型医疗模式。通过智能化应用，患者在家中或其他地方接受远程医疗服务，医生通过视频方式与患者进行交流。这种方式避免患者因为交通不便而无法得到及时治疗的情况，这也为医生提供更多的治疗选择。主要应用如下。

远程诊断： 利用视频通话、图像传输等技术，医生远程观察、检查患者的病情，进行初步诊断和治疗方案的制定。

远程会诊： 医生利用互联网平台，视频会议，向其他医生或专家咨询，进行多学科的合作诊疗，共同制定最佳的治疗方案。

远程监护： 通过监测设备、传感器等技术手段实时监测患者的生理参数和健康状况，医生远程掌握患者的病情，并及时进行干预和调整治疗方案。

远程健康管理： 利用智能穿戴设备、移动应用等技术，实现对患者的健康监管和管理，进行个性化健康干预和预防措施。同时，医生使用大数据技术对患者的健康状况进行分析和预测，为患者提供更为精准的医疗服务。

（4）智能药物管理

使用物联网、云计算等技术，将医疗设备、医护人员和药物信息进行互联互通，实现对药物管理过程的全面监测、数据分析和优化管理。通过识别和管理药物信息，减少患者用药错误和不良反应的发生。同时，帮助医护人员更好地管理药物库存、药品配送和药品回收等环节，提高药物管理的效率和质量，提高医疗机构的服务水平。主要应用如下。

电子处方管理：将传统纸质处方转化为电子形式，提高处方的准确性和便捷性。医生通过电子处方系统快速开具处方，避免传统处方易丢失、难以查询的问题。

处方合理性管理：通过使用语义解析和知识蒸馏，分析处方中的药品、剂量、用法等信息，评估处方的合理性，帮助医生和药师发现并纠正潜在的用药风险，确保患者用药的安全性和有效性。

药物配送管理：利用智能化技术和大数据分析，实现对药物的全程追踪管理，包括药品的储存、分拣、配送等环节。智能配送管理还能根据病人的用药情况，优化配送路线和时间，提高配送效率。

药品溯源管理：对药品进行全程追踪，包括药品生产、配送、销售等环节，确保药品的安全性和有效性，防止假冒伪劣药品流入市场。

用药提醒和监控：利用智能化技术和大数据分析，监控病人的用药情况，提醒病人按时、按量服药，及时发现用药不当等问题，减少不良反应的发生。

用药效果评估：根据病人的用药情况和病情变化，对用药效果进行评估和分析，为医生提供参考和决策支持。为病人提供个性化用药方案，提高用药效果。

（5）健康管理平台

健康管理平台是一种通过互联网等方式，帮助人们管理自己健康的平台。通过对用户健康数据的分析和挖掘，为医疗从业人员提供数据支持和决策参考，促进医疗健康行业的发展和升级。同时，医生可以通过健康管理平台为用户提供远程医疗服务。通过智能化应用，健康管理平台可以为用户提供健康评估、健康咨询、预防保健等服务。

健康管理：通过实时数据采集技术获取用户行为数据，包括对健康人群的体检、健康监测、生活习惯分析等功能，帮助人们更好地管理自己的健康。

健康咨询：通过积累医疗知识库和自然语言分析技术，提供专业的健康咨询服务，用户通过平台与医生进行在线咨询和交流，及时获得科学、准确的健康建议和治疗方案，提高健康管理的效果。

预防保健：提供针对性的预防保健服务，包括疾病预防、保健知识普及、健康饮食、运动保健等方面的指导和建议。有效地降低患病的风险，提高生活质量和健康水平。

医疗教育：提供医学知识、临床技能、疾病防治、健康养生等方面的培训和教育，提高医疗质量、促进健康服务水平和保障公众健康，提升用户健康知识和预防保健知识，增强自我保健能力。

医疗金融： 提供医疗保险、医疗贷款等金融服务，解决人们在医疗健康方面的经济压力。

4.7.3 物流行业

1. 物流行业业务概述

随着经济的快速发展，物流行业成为目前热门的行业之一，它为各行各业在生产、运输、存储、保管、销售等环节中提供精细的货物管理服务，促进了社会经济的快速发展。首先，仓储是物流行业的一个重要环节，它包括货物的存储、保管、管理、装卸、分类、配送等服务。这些服务保证货物能长时间保持在最佳状态，迅速快捷地交给用户。其次，运输是物流行业的核心业务，涉及道路运输、铁路运输、水路运输、空运等多种形式。这些运输方式分别服务于不同的物资种类与利益主体，包括商业企业、生产厂家、物流企业和公共机构。再次，物流信息服务是物流业的另一个重要环节，包括物流信息管理、物流数据分析、物流软件开发等。随着互联网时代的到来，以数据为核心的物流行业信息化方向得到了广泛关注，为物流行业提供了新的发展机遇。

总之，物流行业包括多种业务，其中运输、仓储和快递服务是核心业务，物流信息服务也逐渐崭露头角。随着社会经济的发展，物流行业具有广阔的发展空间和市场前景。

2. 物流行业的业务痛点分析

物流行业具有很旺盛的市场需求，也存在一些痛点问题。在运输效率方面，由于路况拥堵、交通管制、货物堆积等原因，运输过程中常常遭遇交通拥堵和物流滞后等问题，从而导致运输效率低。物流环节涉及多方参与，不同环节之间信息交互成本高，信息难以共享，使得企业面临资源利用和效率的困难。在仓储方面，仓储机构的租金、管理和维护成本高。货物管理难度大，在仓库中处理多种货物，如需要对货物进行分类、标识，管理难度更大。这也将导致库存管理不足，企业难以准确地掌握货物的库存信息和货物的状态。在分拣方面，分拣需要消耗大量的人力和资源，人力分拣成本高，分拣过程中需要面对不同种类的货物分拣，分拣速度不一，分拣效率低。

因此，物流的仓储、分拣和运输等角度来看，物流行业的业务痛点问题涉及成本高、效率低、管理困难及安全等方面，企业需要注重技术创新和信息化建设、加强安全管理和培训，以实现物流行业高速稳健发展。

3. 智能化应用解决物流行业业务痛点

随着物流行业的不断发展，智能化应用在物流行业中也逐渐得到了广泛应用。物流行业是指为了满足客户需求，将货物从生产地、采购地或者库存地，通过物流网络运输到销售地或消费者手中的过程。伴随着互联网、物联网、人工智能技术的发展和深度融合，物流智能化帮助企业提升物流效率、降低物流成本、优化资源配置、提升客户体验。物流智能化应用具有重要的意义。首先，智能化物流提高物流效率和降低成本，通过智能化系统对物流运输、仓储、配送等各个环节的优化，从而实现快速高效的物流服务。其次，智能化物流能够提升用户体验和满意度，为消费者提供更加便捷、精准、快速的物流服务。再次，智能化物流推动了物流产业的数字化、智能化和网络化升级，提高了物流企业的竞争力和市场地位，而促进了整个行业的可持续发展和升级。最后，智能化物流推动物流产业上下游企业之间的协同合作，形成良性互动和共赢局面。

4. 物流行业智能化应用案例分析

目前主要的应用方向包含智能仓储管理、智能分拣管理、智能运输管理。

（1）智能仓储管理

智能仓储管理系统可以通过 RFID、传感器等技术手段对货物进行实时监控，实现货物的准确定位和快速分拣。同时，利用人工智能等技术手段，对货物的存储、出库等过程进行智能化管理，提高仓储效率和准确性。

货位管理：对货物进行分类、标记和存储位置的管理，通过统筹优化技术对货位进行优化配置，使仓库空间利用率最大化。

入库管理：通过扫描、RFID、人工录入等方式对货物进行入库操作，实时更新库存信息，实现入库效率的提升，并通过自动化技术，实现物料入库的自动识别和自动上架。

出库管理：根据订单需求进行自动化拣货、配货、打包等操作，实时自动更新库存信息，提高出库效率，提供智能补货提醒。

库存管理：对库存的实时监控和管理，实时掌握仓库库存情况，包括货物数量、种类、存放位置等信息，科学合理地管理库存。通过智能化技术，可以实现自动盘点和自动计算库存成本。通过对库存的数据分析，可以及时调整物流运作的规划和流程，降低库存成本，提高物流效率。

盘点管理：智能周期性的盘点管理，对系统与实际库存进行对比，发现并纠正库存差异，确保库存信息的准确性。通过智能化技术，可以实现无人化盘点和快速盘点。

物流跟踪：实现对物流信息的实时跟踪和监控，包括货物的进出仓库、运输路线和交货状态等。通过智能化技术，可以实现物流信息的自动采集和分析。

堆垛机控制：对自动化仓库中的堆垛机进行控制和监控，包括堆垛机的调度、路线规划和故障处理等。通过智能化技术，可以实现堆垛机的自动控制和自适应调度。

告警管理：通过设定预警规则，对异常情况进行监测和报警，避免货物损失和生产安全事故的发生。

（2）智能分拣管理

智能分拣系统是指采用自动化、机器视觉等技术，实现对物流中的货物进行分拣、归类和装载等操作。大提高分拣的速度和准确性，减少人力成本和错误率，提高物流配送效率。智能分拣涉及主要技术如下。

视觉识别技术：通过计算机视觉技术，实现对货物的形状、颜色、条码等信息的自动识别和分类。

自动化设备：包括输送线、分拣机、拍照设备、扫描枪等自动化设备，用于对货物进行快速分拣和处理。

算法优化：通过机器学习和数据挖掘等算法，对分拣过程进行优化，提高分拣效率和准确率。

智能分拣系统的主要功能如下。

追踪管理：对于每个货物进行追踪管理，实现对货物的溯源和信息反馈。

数据管理：对于分拣过程中产生的数据进行存储、管理和分析，为后续业务决策提供数据支持。

异常处理：针对出现异常情况的货物，智能分拣系统能够进行自动处理或者提示操作员进行处理。

界面操作：通过友好的操作界面，实现对智能分拣系统的实时监控和操作。

智能分拣系统可以有效提高物流企业的分拣效率和准确率，降低人力成本和运营风险。同时，智能分拣系统也为物流企业提供了更好的服务和竞争优势。

（3）智能运输管理

物流企业通过智能运输管理系统对运输过程进行实时监控、路径规划、车辆调度等，实现运输过程的智能化管理。利用运输过程中的实时数据，可以对物流路径进行实时调整，降低运输成本和时间，提高服务质量。

电子运单管理：能运输管理系统可以实现电子化的运单管理，将传统的纸质运单转换为电子运单，通过扫描二维码、RFID 等技术进行快速识别和传输，避免了人工录入和传输的误差和延误，提高了运单处理的效率和准确性。

任务调度管理功能：智能运输管理系统可以根据货物种类、数量、运输距离、车辆状态等因素，智能地分配任务，优化运输路径，避免拥堵，提高车辆利用率和运输效率。同时，系统还可以监控车辆实时位置、运行状态，进行异常报警和预警，及时处理突发情况。

运力调度和路径优化：智能运输管理系统可以对车辆、驾驶人等资源进行全面管理和调度，包括车辆的实时位置、运行状态、燃油消耗、行驶里程等信息的监控和统计，驾驶人的资质、出勤情况、工作量等信息的管理和评估。这些数据可以帮助企业进行运营成本控制、资源配置优化，提高运输效益。

货物追踪和安全管理：智能运输管理系统可以实现对货物全程的实时追踪和监控，包括货物的装卸、运输、中转等环节的监管，确保货物安全到达目的地。同时，系统还可以进行车辆的安全评估和驾驶人的行为监管，提高运输安全性。

数据分析和应用功能：智能运输管理系统可以对运输过程中的各种数据进行收集、存储和分析，包括车辆、驾驶人、货物、路况等方面的数据。通过数据挖掘和分析，企业可以获取运输过程中的关键指标和异常情况，进行运营效益评估、决策分析和改进优化。

4.7.4　机械制造行业

1. 机械制造行业业务概述

机械制造行业是一个广泛的行业，包括了重型机械从设计、制造、销售到售后服务的整个生命周期。它涉及制造各种机械设备和工业产品。在机械制造业务中，主要包括产品设计和研发、生产计划和控制、制造和生产和装配调试。

2. 机械制造行业的业务痛点分析

传统机械制造业是我国制造业的重要组成部分，也是我国经济发展的重要支柱产业。随着科技进步和市场需求的变化，传统机械制造业面临着许多问题和挑战。例如，传统机械制造业的生产过程大多依赖于人工操作，生产效率低下，不能满足市场对高质量和高效率的需求；由于人为因素和生产工艺的不稳定性，产品质量不稳定；生产过程需要大量人工操作和设备运转，成本高，而且能源消耗量也较大等问题。随着全球化的加速和国际贸易的不断扩大，机械制造行业将面临更加激烈的竞争压力。在这种情况下，机械制造企业需要加强技术创新、产品创新和服务创新，不断提高产品质量和技术含量，提高企业的核心竞争力。

3. 智能化应用解决机械制造业务痛点

随着人工智能、大数据等新技术的不断发展和普及，机械制造企业可以通过数据的收集、分析和应用，积极应用信息化、数字化、智能化技术，不断提高产品质量和服务水平，进行转型升级和技术创新，提高生产效率和产品质量，增强市场竞争力。具体来说，传统机械制造业应该注重数字化和智能化转型，采用物联网、人工智能、云计算等技术，实现生产过程的自动化和智能化。将产品设计、制造、测试等环节数字化，实现生产过程的可视化和优化；利用传感器、自动化设备和控制系统等技术，实现生产线的自动化和智能化控制；利用人工智能技术，对生产过程进行智能化分析和优化；通过工业互联网技术，实现生产线设备的互联互通和数据共享。实现机械制造的智能化、高效化和数字化，为企业提供更具竞争力的生产方式和产品。

4. 机械制造业智能化应用案例分析

下面是一些机械制造业的智能化应用案例。

（1）智能化材料采购和加工管理

在产品设计和开发完成之后，需要进行材料的采购和加工。智能化材料采购和加工是机械制造智能化转型中的重要环节，通过数字化技术和智能化系统的应用，可以实现材料采购、库存管理、加工流程控制等方面的优化，提高制造效率和生产质量。

智能化材材料采购：智能化应用可以实现全面的供应链管理。采用智能化的供应链管理系统，可以实现材料需求和库存的实时监控、准确的采购计划和订单管理，以及供应商信息和物流配送的管理。采购系统可以通过智能化的数据分析和预测技术，根据历史采购数据和市场趋势预测未来需求，以实现更加精准的采购计划和库存控制，减少采购成本和库存浪费。同时，采用智能化系统，可以实现供应商信息的管理和评估，确保材料质量和交货期的稳定性。通过采用智能化的供应链管理系统，可以使采购过程更加高效、精准和可靠。

智能化材材料加工：智能化应用可以实现生产过程的自动化和智能化控制。采用智能化的加工系统，可以实现工艺流程控制自动化、实时数据采集和分析、设备维护管理等方面的优化，提高制造效率和生产质量。智能化加工系统可以通过实时监测和控制生产过程中的各个环节，实现零错误率、高效率的生产过程。同时，通过智能化的数据分析和预测技术，可以对生产过程中的关键指标进行实时监控和预警，及时发现和解决问题，保障生产线的稳定运行和生产效率的最大化。此外，智能化的设备维护管理系统可以实现设备的远程监测和维护，通过数据分析和预测，提前发现设备故障，避免设备停机和生产延误。

（2）智能化零部件的装配和检验管理

在材料加工完成之后，需要进行零部件的装配和检验。智能化装配和检验是传统机械制造业数字化转型的重要方向之一。通过智能化装配和检验，可以提高装配效率和质量，降低人力成本和缺陷率。

智能化装配：采用自动化装配线和机器人装配等技术，实现装配流程的自动化和智能化。通过装配工艺的数字化、信息化和智能化，可以大大提高装配效率和精度，同时减少人工操作中的错误和缺陷。

智能化检验：采用计算机视觉、机器视觉和智能传感器等技术，实现零部件装配质量的智能检验。通过将检验数据数字化，可以实现全程监控和质量追溯，减少不良品率和质量问题的发生。

智能化数据管理：通过数字化管理零部件装配的数据，建立智能化的数据管理系统，实现对零部件装配过程的实时监控和数据分析。通过对装配过程数据的分析，可以不断改进装配工艺，提高装配效率和质量。

智能化维护：通过数字化技术和物联网技术，实现对装配线和机器人的远程监控和维护。通过实时监控装配设备的运行状态，可以及时发现和排除故障，减少维护成本和停机时间。

（3）智能化整机装配和调试管理

在零部件的装配和检验完成之后，需要进行整机的装配和调试。在传统机械制造业中，整机装配和调试是一个非常重要的工序，涉及多个环节和多个技能。智能化整机装配和调试可以利用数字化和智能化技术提高生产效率和产品质量，并降低生产成本。

智能化整机装配：智能化整机装配的关键是提高生产效率和准确度。智能化技术可以通过提供更准确的工具和自动化装配设备，使整机装配更加高效和准确。例如，智能化装配机器人可以精确地将零部件组装在一起，并自动进行固定和连接。此外，智能化技术可以提供实时监控和反馈，帮助检测和纠正装配错误，从而减少重复工作和减少浪费。

智能化整机调试：智能化整机调试的关键是提高调试速度和精度。智能化技术可以提供高精度的测量工具和实时监控，帮助工程师快速定位和纠正问题。例如，智能化传感器可以检测整机的运行状态，并将数据实时传输到控制中心进行分析和处理。此外，智能化技术还可以提供虚拟调试环境，帮助工程师在整机实际装配前进行虚拟调试，从而减少实际调试的时间和成本。

（4）智能化生产计划和控制管理

机械制造行业的生产计划和控制是整个生产过程的重要环节。智能化生产计划和控制是将数字化技术应用于制造业生产过程中，实现生产过程的自动化、智能化、高效化和可追溯化的一种管理模式。智能化生产计划和控制可以优化生产计划、提高生产效率、降低生产成本、保证产品质量和提升企业竞争力。

智能化生产调度：传统生产调度常采用手工或半自动方式，效率低下，容易出现调度冲突。而智能化生产调度系统可以通过数据分析和算法优化，利用计算机技术和人工智能算法，实现生产资源的最优配置和生产计划的动态调整，提高生产效率和产能利用率。该系统能够通过实时监测生产过程中的设备、人员和原材料等信息，对生产过程进行全面监控，并实时调整生产计划和生产任务，从而实现生产过程的优化和高效化。例如，系统可以根据销售订单和生产能力等因素，生成生产计划，并对生产任务进行排程；系统可以对生产线的设备、人力资源进行调度，以确保资源的最优利用；当某个生产设备出现故障时，智能化生产调度系统会自动识别并通知相关人员进行维修，同时调整生产计划和生产任务，确保生产过程不受影响。

数字化质量控制：传统质量控制主要依靠人工检查和手工记录，容易出现漏检和误检。而数字化质量控制系统可以通过自动化检测和数据分析，实现实时监测和反馈产品质量情况，提高产品的一致性和可靠性，将质量控制的过程自动化，从而减少人为的误差，提高质量控制的效率，并且可以通过人工智能技术实现生产过程中的质量控制，人工智能可以通过学习和预测来帮助生产过程中的质量控制。利用数据挖掘，可以对历史数据进行分析，发现生产过程中的质量问题，并提出相应的改进措施。例如，人工智能可以通过学习历史数据来预测生产过程中的质量问题，从而提前采取相应的措施来避免质量问题的发生。

第 5 章
智能化应用的项目化实施

与传统的软件开发项目实施不同，智能化应用的实施更强调数据驱动、模型迭代、多技术栈支持及跨团队协同。本章将详细介绍智能化应用的项目化实施方法，内容涵盖了智能化应用的前期准备、可行性分析、工程化实施团队组建、智能化应用开发流程及智能化应用的集成。其中，智能化应用的前期准备和可行性分析是智能化应用实施过程中的重要一环，能够帮助企业确定智能化应用的实施方案及经济效益。工程化实施团队组建则是智能化应用顺利实施的重要保障。在智能化应用的开发流程和集成方面，本章将逐一介绍具体的实施方法，如需求分析和定义、数据采集和预处理、算法技术方案设计等环节。最后，在智能化应用的集成方面，本章将涵盖架构设计与实现、业务应用开发与集成、前后端应用设计与集成等知识点。

这些内容将帮助企业在智能化应用实施过程中避免一些常见的错误，并使企业能够更好地实现数字化转型。

5.1 智能化应用的前期准备

要实现智能化应用，通常需要明确应用场景和目标，即明确需要解决的问题和实现的目标，以及进行数据收集和整理。这些数据可以来自多个来源，包括传感器、日志、数据库等。

5.1.1 智能应用场景识别

准备工作的第一步为识别应用场景，即确定在哪些领域、哪些业务场景下可以应用智能化技术来提高效率、降低成本、提升用户体验等。一般来说，应用场景可以从以下几个方面进行分析。

1. 业务流程分析

对企业或组织内部的各种业务流程进行全面的分析和评估，确定优化业务流程的方案，以提高企业或组织的运营效率和竞争力。该分析包括对业务流程的各个环节、流程中所涉及的各种资源和实体、各种规则和制度及各种影响因素等进行系统的收集、整理和分析，进而提出改善业务流程的建议。

业务流程分析是企业或组织进行流程再造、信息化、优化管理等工作的重要前提和基础。通过业务流程分析，企业或组织可以识别和定位各种问题和瓶颈，确定优化业务流程的关键环节和方向，制定和实施有效的优化方案。

2. 竞争对手分析

对竞争对手的业务进行分析，找出其中存在的优势和劣势，确定可以应用智能化技术来弥补的劣势或者加强的优势。竞争对手分析通常包括以下步骤。

1）确定竞争对手：首先需要确定所有的竞争对手，这些竞争对手可能是直接的或间接的，也可能是现有的或潜在的。

2）收集竞争情报：收集与竞争对手有关的所有信息，包括市场份额、销售额、产品特性、价格、品牌形象、市场定位和推广策略等。

3）分析竞争对手：分析竞争对手的优劣势，并与自己的产品、价格、品牌形象等进行比较。了解竞争对手的目标市场、营销策略和销售方式，确定竞争对手的战略和定位。

4）制定应对策略：根据竞争对手的优劣势和市场情况制定适当的应对策略，这些策略可能包括改进产品、优化价格、加强推广和改进销售方式等。

通过业务流程分析和竞争对手分析，就可以确定智能化应用的方向和目标，从而进行下一步的准备工作。

案例 5-1

在 2016 年我们获得了国内某化工行业龙头企业的项目。在某项目启动初期，我们对该项目进行了调研。经过初步调研，发现客户对智能化的场景应用不太了解，但是能够准确地描述出当前业务中的困难。

根据客户的描述，目前该企业积累了大量的实验室配方试验数据，相同的成分和比例在反应罐中时长不同、不同成分和比例相同在反应罐中时长相同等情况下目标产物的转化率差和性能异性很大，温度也对试验反应结果有影响，甚至产生副反应，此外试验的原材料成本也相当昂贵，试错成本高。但是客户缺乏把需求转化成智能应用场景的经验。

我们首先对该客户的业务流程进行梳理和分析，找到该实验室的瓶颈问题，给出解决方案，减少试验次数，提升试验效果，提高业务流程效率。我们分析了在生产流程上如何进行自动化控制，实现对班次调配的智能化管理；原料管理方面，怎么通过智能化应用，实现实时监控和预测原料情况；安全生产上，如何引入智能化监控系统，实现对生产的各个环节的安全状况及时检测；产品质量检测上，如何采用智能品质检测技术，实现对制品的关键参数的计量、校准和检测，延长制品的保质期和提高可靠性。

通过对竞争对手方面分析，我们发现同行对标的某化工企业目前也停留在实验室化验阶段。如果项目成功实施，将会大大节约该化工企业的配方投入。我们对同行智能应用场景、投入的投资规模、创新力度做了分析；从产成品的价格和成本方面对比，分析产成品的价格优势或不足。

基于上述事项我们结合业务场景调研和分析识别出智能应用场景，识别出了通过 AI 智能算法模拟构建化学配方反应模型，在满足可解释性条件下，进行动态调整配方比例或反应时长等因素的智能算法应用场景。

5.1.2 智能应用的业务价值分析

在进行智能化应用建设之前，业务价值分析非常重要的一步。这可以帮助企业在投入资金和资源之前确定智能化应用建设的商业价值，并评估该项目是否具有可行性和投资回报率。以下是具体的业务价值评估步骤。

1）明确目标和需求：首先需要明确目标和需求，确定智能化应用建设的具体目的和实现的价值。

2）制定指标体系：制定一套指标体系，包括经济指标、效率指标、质量指标、安全指标等，用于评估智能化应用建设的商业价值。

3）数据采集和分析：收集相关的数据，对数据进行分析，以便更好地理解当前的业务情况，包括现有的业务流程、现有的资源配置、现有的生产效率等。

4）制定方案：根据目标和需求，制定智能化应用的实施方案，并对方案进行初步预算，确定实施的成本和周期。

5）评估商业价值：根据指标体系和数据分析，评估智能化应用建设的商业价值，并对方案进行优化和调整。

需要注意的是，在进行业务价值评估时，需要充分考虑各种因素，包括市场竞争、技术趋势、法律法规等，以确保评估结果的准确性和可靠性。同时，在实施阶段也需要对评估结果进行跟踪和监控，以便及时进行调整和优化。

案例 5-2

以案例 5-1 中提到的国内某化工行业龙头企业为例，在与该企业的实验室相关方沟通后，我们把梳理方案与其进行了同步，从智能应用方案的可行性及投入资产的产出比等方面确定该智能化应用建设的商业价值。

首先，确定智能算法模拟构建化学配方反应模型的目标，以解决对实验室配方的大量试验难题。其次，从该智能应用的场景的实际情况出发，制定了经济方面考核指标，如节约实验次数、节约资金成本占比等，也考虑了模型构建时的模型准确率及泛化指标，还有在行业价值上的效率指标、质量指标、安全指标的指标体系，以衡量该智能应用建设的商业价值。接着，我们从实验室获取了历史数年的配方量化数据，包括原材料规格、比例、产品的性能比等，通过概念验证（POC）快速分析数据的质量和完整性，为后续方案和项目落地提供支撑。再次，基于上述的分析结果，我们有针对性地制定了该化学配方反应模型方案，确保该项目保质保量的落地。最后，我们从项目落地后产生的经济价值角度预估了智能化应用给企业带来的经济效益。

5.2　智能化应用的可行性分析

智能化应用场景的选取涉及多个方面的因素，需要综合考虑业务价值、技术可行性、数据可用性和质量、安全和隐私、用户需求和参与度等多个方面的因素。

第一，选取的智能化应用场景应当能够为企业带来实际的业务价值和效益。这些因素包括但不限于提升生产效率、降低成本、优化产品品质、提升服务水平、拓展新的业务增长点等。这些因素都需要考虑到企业的战略目标和市场需求，确保智能化应用能够为企业创造真正的商业价值。例如，在石油石化行业中，我们曾经在油气管道设备上应用智能化监测和预警系统，通过对管道设备的实时监测和数据分析，提高了设备运行的可靠性和稳定性，降低了设备维护成本，大大提升了企业的生产效率和盈利能力。

第二，选取的智能化应用场景需要在技术上具备可行性。智能化应用的技术基础包括大数据、人工智能、物联网等多种技术手段，需要结合企业的实际情况和需求，选择适合的技术方案。例如，在烟草行业，我们采用智能产线数字孪生、制丝生产线全线水分智能控制、智能设备和单机智能控制系统等一系列智能应用，通过技术手段实现了生产过程的智能化和自动化控制，提高了生产效率和产品质量。

第三，选取的智能化应用场景需要有足够的数据可用，并且需要保证数据质量。智能化应用需要依赖数据进行分析和决策，因此需要有完整、准确、实时的数据支撑。例如，在政府政务领域，我们曾经采用城市治理大数据平台，通过对城市各类数据进行采集、整合和分析，为城市治理提供了决策支持和智能化服务。

第四，在选取智能化应用场景时也需要考虑企业内部的技术和人员资源，以及管理体系的成熟度。一方面，选择与企业现有技术和人员能力相符合的智能化应用场景可以有效提升应用成功率，也可以避免过于复杂的技术难题和人员培训成本过高的问题。另一方面，考虑到管理体系的成熟度，要结合企业的现有管理体系和文化，综合考虑实施该智能化应用所需要的管理和组织变革，确保智能化应用顺利实施。

第五，智能化应用场景的成功与用户的使用和参与密切相关。因此，在选取应用场景时，需要考虑是否能够真正得到应用。具体来说，智能化应用的设计和实施需要充分考虑用户的使用习惯和需求，确保应用具有易用性、可操作性和实用性。这不仅包括应用的界面设计和交互设计，还包括应用的数据可视化和信息展示等方面。只有真正满足用户的需求，才能提高用户参与度和应用的成功率。为了保证智能化应用能够真正被用户所接受和使用，需要在实施过程中充分考虑用户的参与和反馈。例如，在设计阶段就需要与用户密切沟通，了解他们的需求和问题，及时进行调整和改进。在实施阶段，需要提供充分的培训和支持，确保用户能够熟练地操作应用，同时也需要积极收集用户的反馈和建议，及时调整和改进应用，不断提高用户的参与度和应用的成功率。

5.2.1 ROI 预估

ROI（Return on Investment）是投资回报率的缩写，用来衡量投资所带来的经济效益。在智能化应用的可行性分析中，ROI 预估是一项重要的工作，它能够帮助企业决策者判断是否值得投资某一智能化应用，并且提供了一种衡量投资回报的方法。本节将对智能化应用的可行性分析中的 ROI 预估进行介绍，从 ROI 预估的概念、方法、注意事项等方面进行分析和讲解，帮助企业更好地进行智能化应用的可行性分析和投资决策。

1. ROI 预估的概念

ROI 是指投资带来的收益与投资成本的比率，通常用百分比来表示。ROI 预估是指企业在进行智能化应用投资决策前，对投资项目的预期收益和成本进行估算和预测，从而评估投资项目的可行性和投资回报率。

2. ROI 预估的内容

ROI 预估一般涉及以下几个方面。

成本预估：成本预估是计算投资的必要成本，包括硬件成本、软件成本、人力成本、维护成本等。通过对成本预估的详细分析，企业可以清楚地了解到这一智能化应用的投资费用。

效益预估：效益预估是指投资能够带来的经济效益，如提高生产效率、降低人力成本、提高客户满意度等。通过对效益预估的详细分析，企业可以了解到这一智能化应用所带来的经济效益，并且可以根据效益的大小来决定这一应用是否值得投资。

风险评估：风险评估是指在预估 ROI 的过程中考虑到可能发生的风险，并采取相应的措施来降低风险。智能化应用的风险包括技术风险、市场风险、法律风险等。通过风险评估，企业可以清楚地了解到风险的大小，并采取相应的措施来降低风险。

回报期预估：回报期是指项目投产后获得的收益总额达到该项目投入的投资总额所需要的时间。回报期的长短直接影响到企业的投资决策。通过对回报期的预估，企业可以了解到投资的回报时间，以便于做出更加准确的决策。

（1）ROI 预估的方法

ROI 预估的方法通常包括以下几个方面。

确定投资项目的收益和成本：对于智能化应用项目，收益通常包括以下几个方面：提高工作效率和生产效率、降低成本和减少人力资源的使用等。成本通常包括以下几个方面：硬件和软件的采购成本、人力资源的成本、运营和维护成本等。

计算 ROI 的公式：ROI 的公式通常为：ROI=（收益−成本）/成本。其中，收益和成本通常为净现值。

确定 ROI 的期限：ROI 的期限通常为 3~5 年，这个期限可以根据企业的实际情况进行调整。

确定 ROI 的折现率：ROI 的折现率是一个需要外部指定的变量，通常为 8%～12%。

进行敏感性分析：敏感性分析是指对 ROI 进行的一种分析，即对收益和成本的变化进行分析，从而确定 ROI 的变化情况。通常，敏感性分析可以进行以下几个方面的分析：收益的变化、成本的变化、期限的变化、折现率的变化等。

（2）ROI 预估的注意事项

准确性：ROI 预估的准确性是保证决策的关键，需要根据实际情况进行分析，不能简单地估算，尤其是在成本预估方面，需要考虑到各个方面的细节，以便于获得更准确的数据。

数据来源：ROI 预估需要使用到各种数据，如投资成本、预期收益、现金流等。这些数据的来源可以包括企业内部的财务系统、市场调研报告、供应商和客户数据等。数据的质量和准确性直接影响到预估结果的可信度。因此，在进行 ROI 预估前，需要仔细选择和审查数据来源，确保数据的可靠性和完整性。

指标选择：ROI 预估需要选择合适的指标来衡量投资的收益和成本，常见的指标包括净现值（Net Present Value，NPV）、内部收益率（Internal Rate of Return，IRR）、ROI 等。在选择指标时，需要考虑企业的实际情况和投资目的，确定最合适的指标。例如，如果企业希望快速回收投资成本，可以选择 ROI 指标；如果企业关注投资长期价值，可以选择 NPV 指标。

计算方法：在确定了指标后，需要根据企业的具体情况选择合适的计算方法。不同的指标有不同的计算方法，例如 ROI 的计算方法是投资带来的净收益与投资成本的比率。在计算过程中，需要考虑投资的时间价值、现金流量等因素，确保计算结果的准确性和可靠性。

误差控制：在 ROI 预估过程中，误差控制也是一个重要的问题。误差可能来自于数据来源的不确定性、指标的选择和计算方法的不确定性等多方面因素。为了控制误差，需要尽可能准确的选择数据来源，合理选择指标，采用合适的计算方法，并进行灵活的敏感性分析和模拟预测，来考察结果的稳健性。

综上所述，ROI 预估是企业进行智能化应用投资决策的重要工作，它能够帮助企业更好地评估和预估智能化应用的投资回报率，从而更好地决策和规划企业的智能化应用项目。企业应该根据自身的实际情况，制定合理的 ROI 预估方法，从而更好地进行智能化应用的可行性分析和投资决策。

案例 5-3

2018 年，我们曾经为某石化企业开发了一个针对油气管道设备的智能化监测和预警系统，通过对管道设备的实时监测和数据分析，提高了设备运行的可靠性和稳定性。在项目可行性研究阶段，我们引入了 ROI 预估，将项目的成本和效益纳入考虑范畴。对于使用的评估数据，我们根据以往的项目案例，找出投资的规模、项目实施周期、项目效益等均相近的项目进行类比评估。

成本预估方面该系统投资总成本为 500 万元，其中包括硬件、软件、人力等方面的成本。硬件和软件部分分别占总投资的 30% 和 50%，剩余 20% 用于人员培训和安装。在效益预估方面，部署该系统后，该化工企业预计可以降低设备维护成本 10%，并提高管道设备的运行可靠性和稳定性，从而平均每年节省 800 万元成本。同时，该系统还能够提高企业生产效率 10%，平均每年增加销售额 500 万元。

同时，我们进行了风险方面评估，在部署该系统的过程中，可能会面临技术实现方案不确定性、设备监测数据质量和可靠性的问题、数据可能泄露等风险，我们付出了相应的努力来规避这些风险。最后，评估回报期，通过上述成本和效益预估的分析，可以计算出该系统的回报期在 2~3 年，这比较符合该行业的平均标准，因此该方案是可行的。

5.2.2　数据可用性和可信度评估

在智能化应用建设中，数据的可用性和可信度是非常重要的因素。只有具有可用性和可信度的数据，才能支持智能化应用的精准运行和决策。

数据可用性是指数据能够被有效地使用的程度，包括数据的完整性、准确性、可靠性、可访问性、可用性等方面。数据可用性评估的目的是确保数据能够被有效地使用，不会对智能化应用的结果产生不良影响。

数据可信度是指数据的真实性、可靠性、完整性和准确性等方面，评估数据可信度的目的是为了确保数据的可信度，不会对智能化应用的结果产生不良影响。

对于数据的可用性和有效性，需要从以下几个方面进行评估。

数据是否具有代表性：数据是否能够代表业务的真实情况，并且能够反映工艺的特点和变化。

数据的准确性和一致性：数据是否准确无误，是否存在重复或者冲突的数据，是否存在数据错误或者数据丢失等问题。

数据的时效性：数据是否能够及时采集和更新，以便及时做出决策。

数据的完整性：数据是否完整，是否涵盖了所有需要的数据信息，是否存在缺失数据等问题。

数据的可操作性：数据是否能够直接应用于业务系统和智能化应用程序中，是否需要进一步的处理和加工。

为了评估数据的可用性和有效性，需要进行以下工作。

数据质量评估：通过数据质量评估工具，对数据进行质量评估，评估数据的准确性、完整性、一致性等。

数据源评估：评估数据源的可靠性、可用性和安全性等。

数据采集评估：评估数据采集的方式、采集的频率、采集的准确性等。

需要注意的是，在进行数据的评估时，需要充分考虑业务和工艺特点，采用多种方法进行评估，以确保数据的可用性和有效性。同时，需要建立数据的质量控制机制，及时监测和处理数据质量问题，确保数据的可靠性和有效性。

案例 5-4

2021 年，我们为某化纤企业实施了一个工艺质量预测项目，该项目是通过对聚酯工艺中关注的酯化反应酸值、甘醇含量和缩聚羟基的含量进行实时预测。项目包含的数据来源比较复杂，数据分布在多个系统，并以多种方式存在。有的存在于实时采集的分散控制系统（DCS）中，有的存在于企业资源计划（EPR）系统中，甚至有些数据还是以纸面形式存在。因此，对项目数据的采集、获取、加工处理难度很大。

我们在项目实施中，需要对多个数据源的多协议、多存在方式的数据进行统一分析，核对数据是否真实、可用，是否反映出工艺生产的真实过程，也需要对项目中数据可信度进行评估。我们从以下几个角度对数据进行评估。

数据的代表性：因为我们获取到的数据是通过 DCS 系统实时采集的 ms/s 级数据，按照大数据平台管理标准对数据进行采集归档，例如采集了前端来料的组分和工艺工况中重要的温度、压力、配料负荷、配料物质的量的比、催化剂浓度等数据，这些都是对工艺过程有直接影响的点位，可以直接量化化纤反应过程。因此采集的数据可以代表业务的真实情况。

数据的准确性和一致性：我们分别随机抽取了 DCS 和大数据平台上的几个时间段的数据，对数据类型、数据范围、数据是否重复采集等均进行了验证：少数几条因网络异常未正常采集，其他数据均正常。然后，我们有针对性地将采集异常的数据做了详细的统计，发现数据采集异常的情况只会偶尔出现，总记录数 20 多条，可以忽略不计。由于 DCS 系统容量的问题，会定期按照更高维度的统计方式对数据进行聚合归档，因此我们特意将 DCS 系统中的数据和大数据平台的数据按照算法方案要求的粒度进行核对，发现两个源头的数据一致。

数据的时效性：按照设计方案，我们将数据采集频率设置为 3s/次，并将这些数据进行归档。这样，在进行模型构建时，可以从大数据平台获取近三年的历史生产数据，并且与前端实时获取的 DCS 数据保持同一频率。在部署应用时，可从 DCS 实时采集数据，并实时将数据输入模型中进行预测。在生产过程中，DCS 系统可以实时获取点位数据，从而保证模型输入的数据具有实时性。

数据的完整性：我们获取了从原料组分和配比、工艺生产全过程点位数据、经行业多年积累的中间公式及数据和聚酯化纤工艺机理特征数据。这些数据源全方位覆盖了聚酯化纤反应过程的数据。

数据可操作性：分析数据时，通过与工艺工程的调研我们获取了聚酯反应的中间公式，可以直接将采集到的点位数据和行业的产量数据直接代入公式，得到相关数据。

因此，在该项目中，我们获取的数据在数据源、数据质量上均有保证，为项目的后续实施提供坚实的基础。

5.2.3　智能化技术可行性和可扩展性评估

智能化技术可行性和可扩展性评估是指对一种智能化技术应用开发的潜在影响进行评估，包括能否在实践中贯彻，以及在不同规模和复杂度的情况下是否能够扩展实施。

1. 智能化技术可行性评估

在选定应用场景后，需要对相关技术进行评估，确保所选用的技术能够满足应用场景的要求。具体的评估方法可以包括技术文献调研、技术试验和试验数据分析、模型验证和性能评估等。评估结果将直接影响应用方案的制定和实施，因此需要尽可能全面和准确。

我们可以先通过实验室小规模验证来确定算法和模型的可行性，再通过实际生产环境进行大规模测试和验证。例如，在制造业中，可以先在小范围的车间或生产线上进行试验和验证，以评估算法和模型的可行性。举个例子，我们曾经在某汽车零部件生产线上实施人工智能质量检测的项目。在项目开始之前，我们先在实验室中对质量检测算法进行了多次试验和调试，确认算法的可行性之后，我们在一条生产线上进行了试点。通过对试点数据的分析，我们证明了算法的有效性和可行性，并在之后逐步将其推广到了其他生产线上。

2. 模型可用性评估

对于应用模型的评估，需要从多个角度考虑，包括模型的准确性、鲁棒性、泛化能力、数据处理能力、实时性等方面。评估方法可以包括对比试验、误差分析、混淆矩阵分析、特征选择等。

我们可以针对特定业务场景进行数据的采集、整理和预处理，以及对不同的算法和模型进行多轮实验和验证，最终确定最合适的模型。例如，在某银行的客户信用评估项目中，我们先通过大量的数据采集和预处理工作，确定了信用评估所需的特征和数据。之后，我们对多种不同的机器学习算法进行试验和验证，并最终确定了最适合该银行业务场景的模型。在实际应用中，该模型表现出了很好的性能，并成功应用于信用评估工作中。

3. 技术可扩展性评估

随着应用场景的变化和数据量的增长，智能化应用需要不断优化和升级，因此需要考虑它的可扩展性。具体来说，可扩展性需要考虑的方面包括：数据规模的扩展、算法和模型的可拓展性、可维护性和可管理性，以及与其他系统集成的能力等。

我们需要考虑如何使模型能够应对环境变化和业务需求的变化，并且能够快速调整和迭代。例如，在某石化企业的设备预警系统中，我们采用了基于深度学习的故障诊断和预测算法。为了使该系统具备较强的可扩展性，我们设计了自适应的模型架构，并对模型进行了定期更新和维护。这些措施保证了模型的可靠性和稳定性，并且使其能够适应环境变化和业务需求的变化。

可行性评估主要是评估该技术是否能够在预定情况下稳定运行，而可扩展性评估则主要评估技术是否能够满足未来的发展需求。智能化技术应用的开发和实施需要权衡许多因素，包括技术可行性、经济可行性、用户可操作性、适用性、可集成性和可扩展性，以确保智能化技术能够实现其目标。

案例 5-5

2020 年，我们承接了国内某新能源企业售后备件需求预测的项目，该企业之前采用传统的预测方式进行备件管理，但预测结果不准确，对后续的计划管理和库存管理都存在很大影响。因此该企业需要我们规划出合理的智能应用解决方案，提升备件的预测准确率，构建合理的生产计划，合理安排库存及补货。

在该项目可行性分析的初期，我们对该企业的现有情况展开了详尽的调研。从智能化技术应用可行性评估、模型可用性评估及技术可扩张性三个角度出发，我们评估了该项目的可行性，并对其进行了深入研究。

首先在智能化技术可行性评估方面，我们注意到客户需要精准地预测未来一定时期的备件需求量，以制订后续的生产计划。针对此需求，我们分析了传统的预测方式，并发现原有方式将所有品类混在一起，而备件具有的固有特性、销售周期性及流通性等特点，可能导致此种方法的预测结果偏差较大。因此，我们将备件按照流通性和类别进行了分别建模考察，并随机抽取了部分备件型号用于 POC 快速验证。经验证发现，预测结果和跨期验证的准确度均高达 90%。这表明，从技术的角度而言，我们的方案是可行的。

在模型可用性方评估方面，我们根据备件的特点和数据分布将其划分为中高速流通平稳件、低速流通平稳件、非平稳常规件、缺乏数据的全新件和次新件等不同类别。我们从模型的鲁棒性、泛化性和实用性等方面出发，分别采用不同的算法模型进行处理。例如，对于中高速流通平稳件，我们基于维修记录和客档数据构建了机器学习模型和生命周期模型，以解决中高速流通平稳件的"锯齿"问题。对于缺乏数据的全新件和次新件，我们根据常规件的相似特征构建了相似性准则模型和硬件生命周期模型，以克服这些备件缺乏历史经验、无周期特征等问题，避免"无可用数据"的不利情况。通过多种模型的融合和多轮迭代，我们提高了预测的准确性。

在技术可扩展性评估方面，我们考虑到随着后续备件的种类增加和数据量提升情况，预估了每年的增长情况，根据预估结果我们在模型中对该因素进行了考虑；算法模型的扩展方面，新算法的应用在软件版本上兼容；我们对前期的数据接入标准及后端的输出格式都做了严格规定，有利于后续的维护和管理；在模型设计阶段，我们就将考虑模型应用的模块化，尽可能避免与其他系统集成的问题，提升应用性。

总之，智能化技术应用的可行性、模型可用性和可扩张性能支撑该项目健康、稳定实施。

5.2.4　企业内部的技术和人员资源评估

企业内部的技术和人员资源评估是智能化应用之前非常重要的一步，这是因为企业要引入智能化应用，并邀请外部的供应商或者专业公司来为企业提供解决方案，要面对采购、设计、开发、测试等一系列的工作环节，均需要企业内部的技术和人员资源的协同和参与。

在评估企业内部的技术资源时，需要考虑以下因素。

技术专业能力：评估员工的专业技能、技术水平、学习能力等，确定员工是否有足够的能力参与项目。针对智能化项目，需要评估技术人员是否具备相关领域的专业知识和技能，如机器学习、深度学习、统计学、数学建模等方面。同时，需要考察技术人员的实际项目经验，包括算法实现、调参、优化等方面，以评估其在项目中的能力和经验水平。

经验和项目经历：评估员工在类似项目中的经验和成果，以及在公司内部的业务和运营方面的经验。

资源分配和项目负载：评估企业内部的资源分配和员工负载情况，确定是否有足够的人员和时间参与项目。

同时，还需要考虑培养内部的技术人员和专业团队，以提高企业的技术水平和竞争力。例如，可以组织内部的培训、研讨会等活动，让员工学习新技术、新方法，并通过实践项目来提高技术能力和经验。此外，企业也可以考虑引进一些外部专家或顾问，来提供技术支持和指导。

总之，智能化应用是一项非常有前景的新型技术，几乎涉及了企业现有的所有生产和服务领域。对于企业而言，除了引入新的技术和服务之外，更需要考虑如何协调内部的技术和人员资源，以最大限度地提升智能化应用的实施效果。因此，企业需要在技术和人员资源评估的基础上，制订科学可行的技术计划，并严格执行评估中的工作要求，以实现整个智能应用的高效实现和应用价值创造。

案例 5-6

2020 年，某化工行业的智能化项目的立项初期，该项目团队积极配合项目的推进，为确保项目的顺利进行，根据项目的需要，成立了来自不同的部门的各类专业人员组成的项目组。项目组包含精通化工工艺的高级技术人员，具有多年项目实战经验的项目经理，在生产第一线的熟练的操作人员，专业模型运维人员等。这些人员的配备为该企业的智能化应用顺利实施提供了有力保障。

项目组的高级技术人员对工艺反应过程了如指掌，精通化工反应的详细流程，了解设备的性能和特征，拥有深厚的理论知识和实践经验；项目经理有多年丰富的实战经验，主导过多个类似的复杂项目，具备深入的行业洞察力和解决问题的能力；操作人员能精准的控制工艺参数，控制原料与产品的质量，确保产品质量合格；专业的运维人员，具有一定算法理解力，可以对算法做简单的部署、维护、迁移等工作。

在项目组成立后，为了保证项目进程的稳定和高效，项目团队需要执行各项管理工作以满足项目要求。例如，需对项目成本进行控制、项目规划和进度跟进、质量管理和风险管理等工作。为了确保干系人都能参与到项目中，我们通过固定周期的例会形式，定期向各干系人发布项目的进展情况，并邀请他们就项目的相关问题提出意见和建议，同时，也为各干系人提供项目相关的培训和研讨会等学习机会，提高他们的专业水平。

为提升企业的整体竞争力，我们整合了公司内部的技术人员和专业人士共同参与到项目的各个环节中，通过知识的共享和交流，增强项目的创新性和可持续性。在项目开发过程中，我们积极地和公司内部的技术人员和专业人士沟通，并将他们的意见纳入项目的开发计划。这样能够更好地解决各种技术问题和难题，在研发过程中取得更好的成果。除此之外，我们还借鉴了其他行业领域的优秀做法，结合公司的实际情况，形成自己独特的工作流程，以实现高质量、高效率、低成本的项目开发工作。

5.3　工程化实施团队组建

　　企业智能化应用的工程化实施是一项复杂的任务，需要组建一支专业的团队来完成。该团队应该由不同领域的专业人员组成，包括数据分析师、数据工程师、软件开发工程师、产品经理等。这些人员应该具备扎实的专业知识和丰富的实践经验，能够协同工作，快速解决问题，并且能够持续地学习和适应新技术的发展。此外，团队成员之间的协作也非常重要，需要建立清晰的沟通渠道和工作流程，保证团队的工作高效、稳定地进行。

5.3.1　确定团队目标与考核体系

　　企业智能化应用是将传统生产管理方式转向数字化、智能化的关键之举，然而，它的成功实施需要一个具有明确目标、合理考核体系的团队。这是实施团队高效协作和保证工程质量的关键，本小节将围绕这一主题进行详细介绍。

1. 目标的确定

　　目标是每个项目都必须追求的结果。对于企业智能化应用的工程化实施来说，确定好目标与团队组织架构关系密切，决定团队是否能够排除杂念，全力追求目标的完成。具体来说，团队应该根据实际情况和项目需求，目标应该是具体的、可衡量的、明确的、有挑战性的。在制定企业智能化应用的目标时应该具备以下几个方面。

　　目标应该是具体的：一个明确的目标必须是具体的，并能精确体现出要达成的成果。团队应该针对具体的项目，制定切合实际、有针对性的目标，避免目标抽象、模糊等。

　　目标应该是可衡量的：企业智能化应用的目标是可以量化的，不能够笼统地说"提高生产效率"等。因此，确保团队成员和管理层可以根据应达成的目标进行有效的考核和评估。团队需要通过分析数据和结果，将目标量化，并制定能够明确反映成果的 KPI 考核指标等来进行评估。

　　目标应该是明确的：在确定目标时，应该梳理好项目的整体目的，明确项目的各个细节，细致地分解整个项目，确保目标的全部内容都被清晰明了地梳理出来，避免出现遗漏等问题，做到全方位覆盖。

2. 考核的实施

　　目标的设定只是项目的开端，完成各项目标所需的付出和努力才是项目成功的关键。整个付出和努力的成果都应该通过有效的考核方式进行量化，进而打造出一个高效稳定的实施团队。具体的考核措施应包括如下几个方面。

　　考核指标的设定：制定指标是任何考核体系的重点，指标的设定不仅要与目标的达成相对应，还应该针对工程化实施流程的每个阶段、每个环节设定具体操作和具体考核指标，建立细致、可行的考核制度。

考核模式的选择：对于企业智能化应用的工程化实施，考核模式的选择决定了考核方式的先后顺序和权重，以及考核结果的反馈机制。应该选择一种能够全面公正的考核模式，并在考核的每个环节中以客观、公正的标准作为评估依据，将考核结果反馈给团队成员。

绩效奖励机制的设计：企业智能化应用的工程化实施中，绩效奖励机制设计方案是激励员工、保障考核效果的重要手段。具体来说，绩效奖励机制应该鼓励团队成员之间的协作与竞争，使员工的智慧和劳动得到物质和精神上的奖励。

考核和评价的周期：考核和评价应该是一个有规划的过程，选择合理的考核和评价周期能够使考核与身份激励相结合，促进团队成员的积极性。应该将周期设置在企业日常运作中的重要节点处，以确保公司能够获得预期的效益。

作为企业的重要转型升级手段，企业智能化应用的工程化实施目标与考核体系非常重要。团队目标要明确、可衡量和有挑战性；考核方案应该配合实际，考核指标的设定应该具备针对性、实效性、控制性；绩效奖励机制应该建立在考核结果明确的基础上，应该鼓励团队成员之间的协作和竞争；考核和评价应该是有规划、有针对性的过程。企业智能化应用的成功实施有赖于一个稳定高效的实施团队，而制定好目标与考核体系是一个帮助团队成员在实施过程中做出正确的决策从而实现期望的目标的有效方法。

案例 5-7

2020 年，我们实施的一个化工企业的智能化应用项目，该企业希望通过此项目实现数字化和智能化升级，通过对全生产过程的实时监控和优化，提高生产效率并降低生产成本。为此，我方和该化工企业组织了一支由 IT 专业技术人员和化工专业技术人员组成的团队，通过调研分析和实地探访，最终确定了以下项目目标。

1）数字化、智能化监控所有生产环节，实现数据实时采集和分析，并通过数据建模和算法优化，提升工艺流程效率和生产质量，降低生产成本。

2）建立完善的生产数据管理系统，对指标、报表数据等进行实时监测和分析，以便于管理层及时获取相关数据，做出决策和调整，实现生产过程的全面可视化和数字化管理。

3）提高生产环境安全性，实现生产环境自动监控，及时发现并排除潜在的安全隐患，从而保障员工生产安全和企业经济效益的双重目标。

在确定了目标之后，我们团队开始制定考核体系。为了让考核体系更加有效、公正、具有可操作性，团队根据目标的具体内容和实际情况，设置了如下考核指标：

1）数字化、智能化监控技术应用率，达到 90% 以上。

2）生产效率提高率达到 20% 以上。

3）生产成本降低率达到 15% 以上。

4）生产安全事故率降低率达到 20% 以上。

我们团队还将审核考核结果、奖惩制度等内容存入管理系统中，在每个考核周期结束后，通过系统生成考核报告，为管理层提供决策参考。

在项目实施过程中，高效的团队协作和明确的目标考核体系为该企业带来了巨大价值：通过数字化、智能化应用，该企业的生产效率提高了 20% 以上，成本降低了 15% 以上，并且在快速响应生产安全事件方面表现出色，取得了良好的成果。

5.3.2 确定团队人员角色及分工

当需要将企业的智能化技术和应用系统以工程化的方式实施和应用时，会涉及多个方面，其中一个重要的方面是确定团队人员角色及分工。这是工程化实施中的一个核心问题，因为一个良好的团队应该由不同的人员角色组成，并且需要通过合理的分工来确保项目的成功实施。

1. 人员角色

企业智能化应用的团队需要由不同的人员角色组成，以下是一些基本人员角色的描述。

项目经理：负责整个项目的规划和实施，协调各个部门的工作，确保项目进度和质量，同时保证整个项目的成本和资源利用得到最佳的平衡。

业务分析员：负责深入了解业务需求，为项目提供合适的技术解决方案。同时，业务分析员还需要跟踪业务的变化，并及时调整技术应用方案。

数据分析师：负责整理和分析企业的数据，为项目提供数据支持。数据分析师需要了解数据的质量和可靠性，同时需要掌握一定的数据挖掘技能。

技术架构师：负责整个项目的技术架构规划，为项目提供技术支持，保证项目的技术实现方案与企业现有的 IT 基础架构和技术标准兼容。

开发人员：负责项目的具体开发和测试工作，需要掌握相关的编程语言和开发工具，熟练掌握软件开发及测试的规范和流程。

实施人员：负责将项目开发好的智能化应用实施到企业系统中，需要掌握相关的实施技能和工具，并能够应对实施过程中可能出现的问题。

运维人员：负责项目完成后的系统维护工作，包括系统的日常维护、数据备份、数据安全管理等工作。运维人员需要掌握相关的技术知识和工具，能够及时发现并解决系统问题。

以上人员角色在整个工程化实施过程中都非常重要，需要通过合理的分工来发挥各自的作用。

2. 分工

在确定团队的人员角色后，就需要对团队的人员进行分工。合理的分工不仅可以分担团队工作压力，提高工作效率，还可以避免团队工作冲突，确保项目的成功实施。

项目经理：负责整个项目的规划和实施，需要在团队中充分发挥协调和管理团队成员的作用。项目经理需要根据工作情况，合理地安排团队成员的工作，保证项目整体工作的有序进行。

业务分析员：需要与业务部门进行充分的沟通，获取业务需求，并为项目提供合适的业务解决方案。同时，业务分析员还需要与数据分析师、技术架构师和开发人员等协作，确保项目的成功实施。

数据分析师： 负责整理和分析企业的数据，从中获取有价值的信息，并为项目提供数据支持。数据分析师需要与业务分析员、技术架构师和开发人员合作，确保数据的质量和可靠性，确保数据能够为整个项目提供有效的支持。

技术架构师： 需要与业务分析员和开发人员紧密合作，根据业务需求和数据分析结果，制定技术解决方案和技术实施计划。技术架构师需要在团队成员中占据一个核心地位，能够为整个团队提供方向性的技术支持。

开发人员： 负责根据技术架构师的技术方案和计划，按时按质完成相应的开发任务。开发人员需要同时与业务分析员、数据分析师和技术架构师等协作，确保项目的成功实施。

实施人员： 负责将项目开发好的智能化应用实施到企业系统中。实施人员需要与开发人员紧密合作，还需要针对企业的具体情况进行合理的调整和部署。

运维人员： 负责项目完成后的系统维护工作。运维人员需要与团队中其他人员充分沟通，了解项目的具体情况，对系统的日常维护和数据安全管理等工作进行有效的管理。

确定团队人员角色及分工是企业智能化应用的工程化实施中的一个核心问题，能否合理地确定团队人员角色并进行有效的分工，直接关系到整个项目的成功实施。在企业智能化应用的工程化实施中，团队成员需要充分发挥各自的作用，通过紧密的组织和沟通合作，组织成一个高效、有序、协同的团队，保证项目的过程和结果都能够达到企业的期望值。

5.3.3 确定团队组织形式：跨组织、委外、合作

企业智能化应用的工程化实施需要构建一个具有高效协同能力的实施团队，团队的组织形式直接影响着项目实施的质量和效率。一般来说，企业智能化应用的工程化实施可以采用跨组织、委外和合作等多种组织形式，以满足不同的实施需求。

1. 跨组织形式

跨组织形式是指企业内部的不同部门和岗位合作，形成一支临时的跨部门团队，由该团队负责项目实施。跨组织形式的优势在于能够充分利用企业内部各岗位的专业技能及资源，缩短沟通和协调的时间，从而提高项目的实施效率和成果质量。此外，跨组织形式的优势还包括以下几点。

资源协调能力强： 企业内部各部门的工作紧密联系，信息共享更加顺畅，能够快速协调对项目实施的资源需求，降低团队建设成本。

技术水平较高： 跨组织的团队成员涵盖多个部门，技术水平和专业技能比较全面，能够更好地保证项目的全面、专业和高质量。

风险可控： 团队成员对企业文化和管理模式比较了解，对企业的核心业务也比较熟悉，从而有利于项目的风险控制。

但是，跨组织方式也存在一些问题，具体如下。

资源调配不灵活：跨组织团队拥有多个部门的人员，在调用人员时，需要协调另外部门的工作，时间成本较高。

团队协调成本：由于团队成员涉及多个部门，因此协调成本较高，对项目进度影响显著。

项目目标不明确：由于跨组织的项目往往涉及的部门比较多，因此项目目标往往不够清晰明确，需要更多的沟通和协调。

2. 委外形式

委外形式是指企业将项目的某些环节或者整个项目外包给外部专业机构或公司来实施。委外的优势在于能够利用委托方的专业技能、经验和资源，较快、较低成本地实现项目目标。此外，委外的优势还包括以下几点。

资源减压：将项目委外给外部专业机构或公司，能够减轻企业内部部门的压力，不会干扰企业内部正常运作。

专业技能齐备：外包公司或机构相应的技能比较齐备，能够更好地保证项目的专业性和高质量。

提高效率：外包机构专业经验比较丰富，能够提高项目实施到效率。

但是，委外方式也存在一些问题，具体如下。

风险控制难度大：外包公司对企业内部业务模式和风险控制的知识相对较少，因此可能会存在一定的风险。

成本控制难度大：外包公司根据项目做出的定价通常相对较高，同时企业与外包公司之间存在层层利润关系，导致成本费用难以控制。

信息交流局限：由于外包团队在项目实施期间没有与企业内部员工充分交流，可能存在一些误解或问题需要时间调整。

3. 合作形式

合作形式是指企业内部不同部门及外部机构或公司之间，按照合作协议，在某项业务项目实施和运营中形成一支实施团队。合作的优势在于不仅可以充分利用内外部各自的优势，还能够加强合作伙伴之间的沟通和协作。同时，合作的优势还包括以下几点。

提高项目柔性：合作团队由内外部人员组成，更能够快速响应市场变化，降低项目的风险。

成本效益：内部员工可以负责企业内部业务，外部机构可以提供包括技术、人员、场地等方面的资源，共同实现项目目标，达到降低成本的效果。

人员选择范围更广：合作团队可以通过内部员工和外部机构的人员提供更多的人员选择，能够更充分地体现人员的优势和潜力。

但是，合作方式也存在一些问题，具体如下。

团队管理难度大：由于合作团队由内外部人员组成，管理难度较大，特别是在人员的考勤、福利等方面可能存在不同政策标准，因此需要额外的管理工作。

团队间沟通成本大：合作团队之间存在不同的文化、工作方式和技术标准等方面的差异，因此需要花费更多的时间和成本用于团队间的沟通和协调。

风险控制难度大：合作团队之间来自不同的机构或公司，在风险控制方面可能难以取得共识。

综上所述，企业智能化应用工程化实施各类团队组织形式具有不同的优势和适用范围。在选择团队组织形式时，企业需要根据实际需求和资源情况进行综合考虑。如果企业内部资源比较丰富，并且希望更深入地参与项目，跨组织形式可能是一个不错的选择；如果企业需要依靠外部资源来实现项目目标，委外形式可能更为合适。而在企业与外部机构之间达成共识，提升项目活动流程效率的目标下，合作形式也是一个很好的选择。同时，无论使用哪种团队组织形式，企业都需要着重注意团队管理、风险控制、信息交流等方面的问题，以确保项目的顺利实施。

案例 5-8

2019 年年初，我们承接了本公司的一项智能化转型项目。由于项目中涉及十余个部门的协作，我们采用跨组织的形式，协调各个部门的技术和管理人员共同完成项目的孵化、开发和实施。这种形式成功地激发了各部门的创新潜力，快速、高效地启动了智能化项目。

在实施过程中，我们在技术研发和人员培训上下功夫，确保项目落地后的效果和稳定性。同时，根据项目的特点和需求，我们不断完善和优化方案。项目中包含了工厂生产的 ERP 系统、MES 系统、原材料采购系统、质量管理等系统的多个模块，由于电子零器件众多，生产工艺特别复杂，过程特别烦琐，需要涉及的各部门的技术和管理人员共同协作完成。于是我们就在内部组建了一个跨部门的团队，由 IT、生产管理、质量管理、设备维护、研发等部门的工程师、技术人员和管理人员组成，共同完成项目的沟通和落地。

在跨团队协作过程中，我们也遇到了组织架构调整、信息交流与管理和风险控制与管理方面的问题。我们通过建立团队核心工作岗位并明确责任和权利，保持定期开会、常规沟通、信息共享等，确保跨部门的协作信息流畅，建立统一的风险评估和控制机制，加强团队成员之间的风险沟通和协作，及时发现和解决问题。

同时，由于我们的跨组织协同团队中缺少对数据湖和数据中台有实际落地经验的成员，我们选择与外部公司协作，由具备相关项目实施经验的外部公司与我们进行紧密合作，共同完成数据湖和数据中台的规划、设计和开发。在该项目中，委外团队作为开发合作和技术支持团队，与我们组建企业内部的智能化团队，共同推进该项目。委外团队主要负责项目的需求分析、业务流程的优化和内部员工的培训，我们团队则提供软件开发环境和业务背景和流程支持。两个团队共同参与项目，并分别承担不同的任务，并基于合作协议进行规范化管理。

在这个项目中，我们利用了我们的技术和技能资源，同时在项目推进的过程中使员工获得了技能和经验的提升，实现了内外部的优势互补，在项目范围上也增加了项目实现的柔性。在整个项目实施过程中，我们与外部公司之间存在沟通和协调成本，需要双方的不断努力来保证信息的交流和沟通，还需要使用规范化的管理手段来确保项目能够按计划顺利完成、风险得到控制。

5.3.4　确定团队沟通机制

确定团队沟通机制是企业智能化应用工程化实施中不可或缺的一环，良好的沟通机制可以促进团队成员之间的交流和协作，从而提高工作效率和质量，确保项目顺利进行。

1. 团队沟通机制的重要性

在企业智能化应用的工程化实施中，存在不同的角色，如需求分析师、系统开发工程师、测试工程师和系统管理员等。这些角色只有相互协作，形成一个紧密的团队，才能完成项目的高质量交付。

作为团队协作的重要一环，团队沟通机制的建立与优化直接关系到整个工程化实施的质量和效率。如果团队沟通机制不清晰、不完善，就会导致团队协作的障碍和效率低下，甚至导致项目延误。

2. 团队沟通机制的实施策略

好的团队沟通机制除了要有好的规章制度和流程外，还需要技术和人员的支撑。只有企业实行"三同步"（即制度、技术和人员三个方面同步）才能最大限度地优化团队沟通机制、提高工程化实施的效率和质量。具体实施策略如下。

（1）技术支持

企业对于技术支持越来越重视，特别是身处于智能化时代。需要在整个团队沟通机制中引入支持技术。从人工到人工+技术，除了减轻沟通的负担，还能通过开展智能化成功推广人工智能、云计算等新技术。

（2）人员培训

把优秀的人才集中在一起，不一定能形成更好、更高效的团队。因此，在团队沟通机制中进行人员的开发与培训非常重要，应为员工提供兼顾官方学习和白领自我提高、扩充技术渠道和平台等多种培养和学习途径。

（3）绿色办公

传统的团队沟通机制习惯于使用纸质报告、传真等方式，不但时效性差、容易造成文件遗失等状况，而且环保意识不强。拥有了绿色思路的团队沟通机制，推行办公虚拟化，加强电子办公等行业绿色思维的应用，从而达到多种环保、节约成本、安全等多个方面的优势体现。

通过技术支持、人员培训、绿色办公的手段，可以更好地实现团队沟通机制，从而优化工程化实施模式。

团队沟通机制对于工程化实施过程的规范化、效率性和成功率具有重要作用。在优化整个团队沟通机制的过程中，建议企业从角色和职责的明确、规章制度的制定和实施、及时反馈和补救意见的提供、沟通效率的提升等切入点进一步加强团队合作，提高工程化实施的质量和效率，推进企业实现智能化和数字化。

案例 5-9

2017 年在为某企业实施智能化应用项目时，我们把生产过程中的数据采集、监控、分析等工作进行了数字化处理。在此过程中，团队沟通机制的建立显得尤为重要。该企业引入了新技术支持团队沟通，例如使用即时通信工具、云盘进行文件共享和在线会议等方式。此外，企业还通过定期的沟通会议和技术培训等措施加强了团队成员之间的合作和交流，对团队的沟通和协作进行了规范和优化。最终，该企业成功地完成了智能化升级项目，提高了生产效率和质量，也增强了企业的竞争力。

5.4 智能化应用的开发流程

智能化应用的开发实施流程大致分为以下几个步骤：需求调研与分析、方案设计、系统开发、测试验收、上线运营、优化升级等。需求调研与分析阶段主要是通过与业务部门沟通，确定智能化应用的具体需求和解决的问题；方案设计阶段则需要根据需求设计出可行的技术方案，包括数据来源、算法模型、技术架构等；系统开发阶段需要将方案转化为可执行的代码，并进行系统集成；测试验收阶段需要对系统进行各种测试，确保系统稳定性和准确性；上线运营阶段则需要进行系统上线和后续的运营和维护工作；优化升级阶段需要持续优化和升级系统，提高系统性能和适应新的业务需求。

5.4.1 需求分析和定义

智能化应用实施流程中的需求分析和定义是非常关键的一步，这一步的准确性和彻底性决定了后面研发和上线过程的顺利程度和成功度。本节将从需求分析和需求定义两方面入手进行详细说明。

需求分析和定义是对需求进行概括性描述、分类、实现目标和开发计划的过程。具体包括以下几个方面。

详细、精确地进行定义：在进行需求分析和定义时，需得到用户、客户和研发人员共同的确认，明确每一个需求的定义和每一个功能的作用。

分类和优化需求：需要将需求进行分类和优化，把相同类别的需求进行合并和统一，同时淘汰那些不必要的或者不能实施的需求。

确定功能的优先级：需求分析和定义须确定哪些功能是重要的、必需的或必须优先实现的，以此做出开发计划和资源配备计划。

制订开发计划：基于需求分析和定义，明确系统开发的时间表、开发流程、交付产品形式、人员构成、所需资金等，以此进行开发。需求分析和需求定义分别是智能化应用的两个关键环节，它们为智能化应用的成功开发奠定了良好的基础。

确定用户体验：在需求分析和定义中，针对用户需求可详细说明产品的交互形式、界面样式、颜色、字号及其他用户界面元素等，以确保产品的美观和易用性。

明确需求变更和动态更新：需求分析和定义需要明确需求在实现过程中可能存在的变化和动态更新，以便在开发过程中根据需求的变化及时进行调整。

在需求分析和定义中，需要对用户需求进行全面的研究，同时要考虑市场环境和技术可行性，确保需求的精确性和完整性，以便为整个智能化应用的实施打下成功的基础。

案例 5-10

2021 年，我们实施了一个新能源电池的数字化生产信息化平台项目，主要目的是提升该企业的生产过程信息化水平，结合企业生产现状，打造高质量、高标准、高安全性的生产信息化平台。

首先，根据业务梳理，我们对项目的任务进行拆解、分析和定义，并定义了项目的目标：为支撑该企业业务快速发展的需要，基于核心基础数据平台，构建一套算法模型，用于生产工艺参数调优及反控和产品质量管控；响应该企业对生产过程可视化、智能化的要求，搭建以运营指挥平台为基础，快速支撑企业对于生产数据分析、生产看板及报表的业务要求；为支撑上述功能的运行，采购、安装并部署若干台用于资源管理、计算、存储、分析展现及边缘采集的服务器；为支持可视化展现及生产看板的工业大屏显示，采购、安装并部署若干个工业显示大屏及其配套管理软件；为加快采样流程再造，搭建自动取样和自动包装设备，控制系统和样品包装和喷码系统，并完成安装调试，搭建以大数据、物联网技术为核心的基础数据平台，实现数据的汇聚和沉淀。

根据项目定义的功能模块，做出开发计划和资源配备计划，确保重点核心业务得到优先考虑和处理。分类进行综合考虑其优先级，我们做到对重点核心业务的优先考虑和处理，对次要的需要进行二级或三级处理，对于锦上添花的功能，我们在保证前两级的基础上，满足客户需求。

其次，在明确项目的目标和功能模块之后，我们制订详细的实施周期计划，包括交付周期、重要的里程碑节点、上线预计时间等，以此为开发和上线提供时间表和时间节点。

我们对后续开发和上线过程有一个详细的规划和预期，有利于后续工作的高效开展，也有利于最终实现项目的高质量、高效率、低成本。

5.4.2 数据采集和预处理

数据采集和预处理是数据科学中至关重要的一步，也是数据分析和挖掘的必要前提。在大数据时代，数据变得越来越多、复杂和多样，因此，在进行数据分析之前，需要对大量的数据进行采集和处理，以便将其转化为有用的信息。数据采集和预处理的目的在于从多种来源中获取数据、将数据进行清洗并使之规范，剔除无用的噪声和重复数据，以便更好地支持数据分析和挖掘的操作。

1. 数据采集

数据采集是收集原始数据的过程。数据可以来自各种来源，例如社交媒体、Web 服务器、传感器、日志文件、数据库等。

在数据采集方面，需要考虑以下几个方面。

数据源的选择：根据应用场景和需求，选择合适的数据源，例如现场设备、传感器、PLC 等，以保证数据的全面性和准确性。

数据采集方式的选择：根据数据源的不同，采用合适的数据采集方式，例如 OPC 数据通信协议、Modbus 协议、控制器局域网总线（CAN）等，以确保数据的及时性和稳定性。

数据采集频率的控制：根据应用场景和数据源的特点，确定数据采集的频率，以充分反映实时生产过程的变化，同时避免数据采集的过程对设备和系统的影响。

2. 数据预处理

数据预处理是对原始数据进行处理和转换的过程，以便它们能够用于数据分析、挖掘和建模。

在数据预处理方面，需要考虑以下几个方面。

数据清洗：清洗掉无效数据、重复数据、异常数据、缺失数据等，以保证数据的准确性和可靠性。

数据过滤：对采集到的数据进行过滤和筛选，去除噪声和无关数据，以提高数据的质量和可用性。

数据对齐：对来自不同数据源的数据进行时间对齐和空间对齐，以确保数据的一致性和连续性。

数据转换：将不同数据源的数据进行格式转换和单位统一，以便于后续的模型训练和应用。

以上是智能化应用实施中数据采集和预处理的基本步骤和注意事项，实际应用中还需要根据具体场景进行调整和优化。

案例 5-11

2018 年，一家制造业公司客户找到我们，希望帮助他们实现对生产线的智能化监测和预测，以便及时发现生产线的异常情况并采取措施。我们为该客户提供了一套智能化应用方案，其中包括数据采集和预处理部分。

在数据采集方面，我们首先需要确定需要采集哪些数据。在这个项目中，我们需要采集的数据包括温度、湿度、振动、气体浓度等多种指标。由于该生产线已经存在一些传感器和设备，我们可以直接使用这些设备来采集数据。但是，在实际操作中，我们发现这些设备采集的数据存在一些问题，具体如下：

1）数据精度不够高。由于设备的精度限制，采集的数据可能存在一定的误差，影响了后续的分析和预测。

2）数据缺失和异常值。由于设备的维护不够及时，或者设备出现了故障，导致一些数据没有被采集，或者采集到的数据存在异常值，需要进行处理。

在这个项目中，我们针对数据精度不够、缺失值和异常值等问题，采取了以下处理方式。

① **数据清洗**：删除重复记录、存在大量缺失值的记录、不合理数据值等。

② **数据填补**：对于某些缺失值，我们采用均值填补、中位数填补、插值法等方法进行填补。

③ **异常值处理**：通过对数据的分析，我们筛选出明显异常的数据，并进行了一些特殊处理，如删除、替换为正常值、用均值填充等。

其中，我们针对不同的数据类型和业务场景，采用了不同的数据预处理方法。例如，在一些离散型数据的处理中，我们采用了 One-hot 编码和 Label-encoding 等方法；在一些连续型数据的处理中，我们采用了归一化和标准化等方法。

同时，针对特殊的数据类型，如温度、湿度、压力、振动等数据，通常需要进行不同的预处理方法以提高数据的质量和可用性。

例如，对于温度和湿度数据，常常会出现采集设备失灵或传输故障等情况，导致数据出现缺失值或异常值。为了解决这个问题，我们采用插值方法，将缺失的数据用相邻的数据估算出来。另外，对于异常值，可以通过移动平均或中位数方法将其平滑掉，或者通过设定阈值将其删除或标记。

对于压力和振动等数据，由于其具有高频噪声和随机性，因此需要进行去噪和降维处理。去噪可以通过滤波方法，如中值滤波、高斯滤波等方法进行。降维则可以通过主成分分析（PCA）等方法进行，将数据转化为更少的维度，从而提高数据的可视化和分析效率。

通过运用这些数据处理方法，我们成功地解决了数据缺失、数据精度不够和异常值等问题，提高了数据的质量和可靠性，为后续的建模和分析提供了良好的数据基础。

5.4.3　算法技术方案设计

算法技术方案设计是在需求分析和数据预处理的基础上，针对具体问题提出有效的算法解决方案，并通过实验验证其有效性。在这个过程中，算法工程师需要考虑多个方面的问题，包括数据处理、模型选择、算法调优等，使得应用具有自主学习和解决问题能力，能够不断优化自身，提高效率和准确度。

1. 什么是算法技术方案设计

算法是一系列清晰而精确的步骤，用于计算机解决特定问题的方法。算法技术方案设计就是针对具体问题，通过分析、比较不同算法及其效率，选择最佳的算法方案，并对其进行优化和实现，最终解决问题。算法技术方案设计的重要性在于，一个优秀的算法能够有效提高智能化应用的性能和效率，从而更好地满足用户的需求，提供更好的服务。

2. 算法技术方案设计的流程

算法技术方案设计是一个较为复杂的过程，需要经过多个步骤，以下是算法技术方案设计的流程。

1）数据处理：根据数据的特点，对缺失值、异常值进行处理。如果数据集较大，可以考虑分批次处理，以提高效率。

2）特征工程：根据业务场景和数据特点，进行特征选择和特征处理。常用的特征选择方法包括相关系数、卡方检验、互信息等，常用的特征处理方法包括归一化、标准化、离散化等。

3）模型选择和构建：根据前面的特征工程和数据预处理，选择合适的算法模型进行构建。常用的算法模型包括线性回归、逻辑回归、决策树、随机森林、支持向量机、神经网络等。

4）模型优化：通过参数调整、交叉验证等方法对模型进行优化，提高模型的预测准确率和泛化能力。常用的模型优化方法包括网格搜索、随机搜索、贝叶斯优化等。

下面以一个实际案例为例，说明在算法技术方案设计中的具体步骤和方法。

案例 5-12

2017 年，笔者主持了一个能源行业的智能化应用项目，该项目的目标是优化能源生产线的效率，减少能源消耗和浪费。在这个项目中，算法技术方案的设计和实现起到了至关重要的作用。

首先，我们的数据科学家团队进行了大量的数据采集和预处理工作，从各种传感器中获取了大量的温度、压力、振动等数据，并进行了清洗、去重、填补缺失值等预处理工作。

接着，我们的数据科学家团队设计了一套完整的算法技术方案，该方案包括数据处理、特征工程、模型选择和构建、模型优化等部分。在数据处理方面，我们采用了多种方法，如异常值处理、离群值检测、数据平滑等，以确保数据的准确性和可靠性。在特征工程方面，我们使用了特征选择和降维技术，以减少数据维度和提高模型的泛化能力。在模型选择和构建方面，我们比较了多种模型算法，包括决策树、随机森林、神经网络等，最终选择了基于深度学习的神经网络模型，并使用了 Keras 和 Tensorflow 等框架进行实现。在模型优化方面，我们使用了交叉验证、网格搜索等技术，以提高模型的精度和稳定性。

我们的算法技术方案通过小范围数据试验，并在项目实施过程中逐步优化。在模型出现问题时，我们能够快速响应并进行敏捷的处理，这极大地缩短了项目实施的时间。最终，我们成功地实现了优化能源生产线的目标，减少了能源的消耗和浪费。整个项目的开发周期只有同类项目的一半，这主要得益于我们成熟的算法技术方案和敏捷的处理能力。

5.4.4 算法和模型开发

这个阶段涉及应用程序的核心功能和性能，决定着应用能否真正实现智能化的目标。对于开发人员而言，需要使用先进的计算机技术和数学知识，设计、开发和实现适合特定领域的算法和模型，以解决实际应用问题并取得最佳的性能和效果。本节将从重要性、流程、技术和实例等方面介绍智能化应用实施流程中的算法和模型开发环节。

算法和模型开发一般包括以下几个环节。

首先是数据集的划分，一般将数据集划分为训练集、验证集和测试集三个部分。训练集用于训练模型，验证集用于选择最佳的模型参数和防止过拟合，测试集用于评估模型的泛化能力。

接着是进行特征工程，特征工程是非常重要的一步。它不仅能够提高模型的准确性，还能够降低模型训练的时间和成本。特征工程包括特征选择、特征变换和特征生成。其中，特征选择是选择最有用的特征，特征变换是将原始数据进行转换，例如将文本转换为数值型特征，特征生成是从原始数据中生成新的特征，例如通过时间序列数据生成滞后特征。

接下来是模型选择和构建，选择适合业务场景的模型，并根据特定的参数和超参数构建模型。常用的模型包括决策树、支持向量机、神经网络等。

最后是模型的优化，对模型进行调参、集成等操作，使得模型在验证集和测试集上的表现更好。

在算法和模型开发过程中，需要注意以下几点：

确保数据的质量和完整性，避免出现噪声和缺失值。

合理选择算法和模型，并根据业务场景进行适当调整。

注意模型的泛化能力，避免出现过拟合和欠拟合现象。

遵循代码规范和文档规范，方便后期维护和更新。

案例 5-13

2022 年年初，我们与某卷烟厂合作了一个科研项目，目的是实现卷烟企业制丝线的烘丝机出口水分智能预测与智能控制。其中的难点在于制丝线烘丝机的温度、湿度、流量等参数都在变化，而且数据存在着周期性和趋势性变化，需要通过特征构建、模型选择和模型优化等技术手段来解决。

首先，在特征构建方面，我们采用了时序特征和统计特征相结合的方式。其中，时序特征包括前一小时的水分和温度等指标数据，统计特征包括平均值、方差等。通过这样的方式，能够更好地反映出数据的特点。

其次，在模型选择方面，我们选择了时间序列模型——ARIMA 模型，并针对 ARIMA 模型的复杂度和精度问题，引入了机器学习模型——LSTM 模型进行模型优化。在模型训练过程中，我们使用了 K-fold 交叉验证方法来避免模型的过拟合。

最后，在模型优化方面，我们采用了多种技术手段，包括参数调优、超参数优化和模型融合等。具体来说，我们通过网格搜索和贝叶斯优化来寻找最优参数，同时利用集成学习中的投票方法对多个模型进行融合，提高模型的精度和稳定性。

在项目执行过程中，最大的难点在于制丝线烘丝机的温度、湿度、流量等参数变化快，对模型的预测精度有很大影响，而且部分数据存在缺失值。为了解决这些问题，我们采用了灵活的数据预处理和特征选择方法，同时针对 ARIMA 模型的局限性，引入了 LSTM 模型进行模型优化。经过多次迭代和优化，最终成功地实现了制丝线烘丝机出口水分智能预测和智能控制，为烟草行业提供了可靠的生产保障。

5.4.5 智能化应用集成

智能化应用集成是将不同模块和算法模型集成在一起，以实现系统的智能化决策和控制。在集成过程中，需要考虑到不同模块和算法模型之间的互操作性和协同作用，以便实现更好的系统性能和效果。

集成可以通过不同的方式实现，例如基于应用程序接口（API）的集成，基于中间件的集成，以及使用容器技术等。无论采用哪种方式，集成的成功与否都取决于各个系统之间的数据交换和通信是否顺畅、协议是否一致等多个因素。

在集成过程中，需要注意以下几个方面。

需要定义清楚集成的目标和需求。这包括确定集成所需的数据、功能和流程，并明确各个系统之间的接口和协议。

需要对不同系统之间的数据进行格式转换和映射。这可能需要对不同的数据结构进行调整，使其能够在不同的系统之间正确地交换和处理。

需要确保各个系统之间的安全性和可靠性。这涉及数据的保密性和完整性，以及各个系统的稳定性和可靠性。

需要进行充分的测试和验证，以确保集成后的系统能够正常工作，并符合预期的性能和效果。

在实践中，智能化应用集成通常是非常复杂和具有挑战性的。例如，如果不同的系统使用的是不同的编程语言或技术，就需要进行额外的工作来实现互操作性。此外，不同的系统可能具有不同的数据格式和数据量，需要对数据进行预处理和优化，以确保能够高效地进行交换和处理。在实践中，需要有经验丰富的开发人员和工程师来解决这些问题，并确保集成的顺利实现。

案例 5-14

在 2017 年年底时，笔者主持过一个工业自动化项目，旨在实现设备数据的实时监测和预测维护。该项目包括多个工业设备，每个设备都有自己的监测传感器，每秒产生大量数据。我们的目标是将这些数据进行采集、处理和存储，并使用机器学习算法来预测设备的故障和进行维护。

在项目实施过程中，我们面临着多个数据源、多个数据格式和多个处理要求的问题。为了解决这些问题，我们采用了以下的智能化应用集成步骤。

① **数据采集和清洗**：我们使用不同的传感器采集多种类型的数据，包括振动、温度、电流、电压等；使用一些开源的工具和自己开发的代码来进行数据采集和清洗；将不同的数据源和格式转换成一个通用的数据格式，以便后续处理。

② **特征工程**：我们使用了一些特征工程技术来处理原始数据，并提取用于模型训练的有用信息。例如，我们对振动数据进行了傅里叶变换，以提取频域特征；使用统计技术来计

算各种统计量，例如均值、方差和标准差等。

③ **算法和模型选择**：我们使用了多种机器学习算法来进行设备预测和维护；评估了不同的算法和模型，并选择了最适合的数据集和问题的算法；我们使用了神经网络、决策树和支持向量机等算法。

④ **模型优化和调整**：我们对模型进行了优化和调整，以提高其性能和准确性；使用了交叉验证技术来选择最佳的模型参数；使用了集成学习技术来结合多个模型，以提高预测精度。

⑤ **系统集成**：我们将所有的组件进行集成，并将它们部署到工业自动化系统中；使用了一些开源的框架和工具来进行系统集成，并进行了一些测试和调试，以确保系统的可靠性和稳定性。在进行系统集成之前，需要明确集成的目标和需求，以确保集成后系统能够顺利运行并达到预期效果。在该项目中，我们的目标是将实验室中收集的数据自动地发送到生产控制系统中，以便工程师可以实时监控生产过程中的关键参数。我们还需要定义数据格式和协议，以确保数据可以正确地传输和解析。

在数据集成过程中，需要对不同系统之间的数据进行格式转换和映射，以确保数据能够在各个系统之间流通。在项目中，实验室系统、监控系统、生产计划系统和数据分析系统中的数据格式不同，因此需要对数据进行转换和映射，以保证各个系统能够正常使用数据。我们使用了一个中间件，将实验室系统的数据格式转换为生产控制系统所需的格式。此外，我们还实现了一个映射表，将实验室系统的数据映射到生产控制系统中的相应参数。

在进行系统集成的过程中，需要确保各个系统之间的安全性和可靠性。这可以通过建立数据交换的安全措施和监控机制来实现。在项目中，我们使用了数据加密和身份验证技术，以确保传输的数据不会被篡改或者被未授权的人员访问。我们还进行了严格的测试和验证，以确保系统之间的通信和数据传输是可靠的，以便及时发现和解决任何潜在的问题。

综上所述，智能化应用的集成需要在系统目标和需求、数据格式转换和映射，以及系统安全性和可靠性等方面进行规划和实施。只有这样，才能确保集成后的系统能够正常运行，达到预期效果。

5.4.6　应用部署和测试

在智能化应用实施流程中，应用部署和测试是非常关键的环节，它们直接影响到应用的稳定性和可靠性。本节将介绍应用部署和测试的具体步骤和注意事项。

1. 应用部署

应用部署是指将开发好的应用程序部署到相应的服务器或云环境中，以实现应用的上线和运行。在应用部署过程中，需要注意以下几点。

环境准备：在进行应用部署之前，需要准备好相应的运行环境，包括服务器或云环境的CPU、内存、存储等硬件设备，并安装好相关的操作系统、数据库等软件。

代码测试：在应用部署之前，需要对应用的代码进行全面和深入的测试，确保应用的稳定性和可靠性，并根据测试结果对应用代码进行优化和改进。

服务器配置：根据应用的要求和用户场景，配置服务器的相应参数和设置，以确保应用能够正常运行，并能够满足用户的需求。

应用部署：将应用程序和相关组件部署到服务器或云环境中，并进行相应的配置和设置，以保证应用能够正确启动和运行。

监测和维护：在应用部署之后，需要实时监测应用的运行状态和性能指标，并定期进行应用维护和优化，以保证应用的稳定性和可靠性。

2. 应用测试

应用测试是指对应用进行功能测试、性能测试和安全测试等，以发现应用的潜在问题，保证应用的稳定性和可靠性。应用测试中需要注意以下几点。

测试需求分析：在进行测试之前，需确定测试的目标和范围，明确测试的方法和流程，以保证测试的准确性和全面性。

测试用例设计：根据测试需求和测试目标，设计相应的测试用例和测试场景，以覆盖所有的应用功能和需求。

测试工具选择：在测试过程中，选择合适的测试工具和测试框架，以提高测试效率和准确率。

测试数据准备：在测试过程中，准备充分的测试数据，以测试应用的各个功能和场景，以发现应用的潜在问题。

测试结果分析：在测试结束后，对测试结果进行分析和评审，给出相应的优化和改进建议，以提高应用的性能和稳定性。

应用部署和测试是智能化应用实施流程中不可或缺的环节，它们能够保证应用的稳定性和可靠性，提高应用的效率和价值。企业需要充分重视和准备应用部署和测试工作，遵循规范和标准，以保证应用的正常部署和运营，并为应用的优化和改进提供参考。

案例 5-15

2022 年，我们为一家卷烟企业开发了一套制丝线烘丝机出口水分智能预测与智能控制系统。系统通过传感器采集制丝线的湿度数据，并进行数据预处理和特征工程后，利用机器学习算法构建了预测模型，实现控制器根据预测值对制丝线出口水分的智能控制。

在实施流程中，我们先规划了应用部署和测试计划两个方面的详细执行计划。

在应用部署方面，进行如下工作：①进行环境准备，严格按照开发时的软件、硬件要求，避免因底层环境版本的不一致带来的版本问题；②进行代码测试，由测试小组按照标准的测试流程先后进行单元测试，编写覆盖全流程的测试用例，确保在每个测试环境均达上线要求；③进行服务器配置，按照规划采购的要求，使用合理的服务器（或集群）配置；④将应用部署到服务器，通过前期的配置和相关参数的设定做到"一键部署"，遇到版本更新和迭代也能做到极短时间内给予响应；⑤在监测和维护环节，我们通过及时预警和报警机制，将发现的问题通过邮件或短信形式实时同步给对应的维护人员，保证了应用的稳定性和可靠性。

在应用测试中，我们对该企业的应用进行了功能测试、性能测试和安全测试等，通过测试用例和测试数据的设计和选择，发现了应用的一些潜在问题并给出了相应的优化和改进建议。最终，该企业成功地实现了制丝线出口水分智能预测和控制，提高了生产效率和质量水平。

5.4.7　迭代和优化

智能化应用实施完成后，它的工作并不会停止，接下来需要进行迭代和优化，以保证应用的长期可持续发展和不断优化提升。

首先，对于模型本身，需要进行迭代和优化。这包括数据采集和特征工程的优化、模型算法和参数的调整，以及模型效果的持续监测和评估。可以使用在线学习和增量学习等技术，实时更新模型并且优化其性能。

其次，需要进行系统整体的迭代和优化。这包括数据的更新和完善、技术架构的更新和完善，以及应用的更新和迭代。根据用户反馈和业务需求的变化，对系统进行持续的改进和优化，以达到最优的性能和效果。

最后，需要进行运维和监控方面的迭代和优化。这包括监控系统的完善和优化、故障处理和预防措施的优化，以及日志分析和监测等方面的优化。通过不断的迭代和优化，可以提升系统的可靠性和稳定性，避免故障和问题的发生，并且提高系统的可维护性和扩展性。

通过迭代和优化，我们可以不断提升应用的精度、效率和用户体验，从而为用户带来更好的服务。需要注意的是，在迭代和优化过程中，我们要遵循系统性、规范性和科学性的原则，确保迭代和优化的结果是可靠的、稳定的和有效的。

案例 5-16

在 2021 年年中，一家烟草制造企业希望通过智能化应用实现烟丝湿度智能控制。我们帮助该企业开发完成这套智能化控制系统，通过对烟丝的湿度进行实时监测，调整烘干过程中的温度和湿度控制参数来实现湿度的精确控制。

在模型开发阶段，我们对生产过程数据、环境因素、温湿度等数据进行了采集和预处理，构建了基于神经网络算法的烟丝湿度预测模型。在模型部署之后，企业通过持续与生产数据进行对照和校准，不断优化算法和参数，保证模型的准确性和稳定性。同时，在调整湿度控制参数时，使用了基于反馈控制的方法，并不断进行调整和优化，保证了烟丝的湿度控制效果。

在应用实施后，我们使用了在线自学习技术对系统进行持续迭代和优化。我们还通过用户反馈和业务需求的变化，不断更新模型和技术架构，并优化系统整体性能，增加了在线学习和增量学习等技术，以实现模型的实时更新和算法的持续优化，同时加强了对系统的监控和日志管理，并在需要时进行预测和故障处理，保证了系统的可靠性和稳定性。

通过智能化应用实施和持续迭代优化，该企业实现了烟丝湿度的精准控制，提高了产品质量和生产效率，也为企业的数字化转型和智能化升级提供了可行方案和成功经验。

5.5 智能化应用的系统化集成

智能化应用在生产系统中的集成是智能化应用实现商业价值的最终环节。一般来说，智能化应用的部署和上线需要通过 API 或者软件开发工具包（SDK）将应用嵌入到生产系统中。这一过程需要经过系统集成、测试、上线等环节，确保应用在生产系统中能够正常运行。

5.5.1 智能化应用的架构设计与实现

智能化应用的架构设计是实现智能化应用的重要组成部分，它涉及应用程序的各个层次的组成和关系，需要考虑系统的可扩展性、可靠性、高性能和安全性等方面，以保证智能化应用能够有效地工作并满足业务需求。

1. 架构设计的基本原则

智能化应用的架构设计需要遵循以下基本原则。

可扩展性： 应用程序应该设计成可扩展的，以便在需要增加更多功能或容量时，能够方便地扩展。

可靠性： 应用程序的设计应该具有高可靠性，以便在系统出现故障时，能够保证数据的安全和完整性。

高性能： 应用程序的设计应该具有高性能，以便能够快速响应用户请求并处理大量数据。

安全性： 应用程序的设计应该具有高安全性，以便能够保护用户数据和系统资源。

2. 架构设计的组成部分

智能化应用的架构设计通常由以下几个组成部分组成。

用户界面层： 该层是用户与应用程序交互的接口，它包括应用程序的所有前端和用户界面（UI）设计。这一层的设计应该考虑到易用性和用户体验。

应用逻辑层： 该层是应用程序的主要逻辑层，它包括应用程序的所有业务逻辑和流程控制。这一层的设计应该考虑到可扩展性和可维护性。

数据层： 该层是应用程序的数据存储层，它包括应用程序的所有数据和数据库。这一层的设计应该考虑到数据的安全性和可靠性。

智能化技术层： 该层是应用程序的核心层，它包括应用程序的所有算法和模型。这一层的设计应该考虑到算法的可扩展性和可重用性。

集成层： 该层是应用程序的集成层，它包括应用程序与其他系统之间的接口和集成。这一层的设计应该考虑到系统的互操作性和可扩展性。

3. 架构设计的具体实现

实现智能化应用的架构设计是智能化应用开发过程中至关重要的一步，良好的架构设计可以有效地提高应用的性能、可扩展性和可维护性，也能够更好地支持业务需求的变化和技术的更新迭代。下面将从需求分析、架构选择、组件设计、数据管理等方面介绍实现智能化应用的架构设计。

（1）需求分析

在开始设计智能化应用的架构之前，需要对业务需求进行充分的分析和了解，包括数据规模、数据处理能力、响应时间等方面。同时，还需要对应用的可扩展性和可维护性等方面进行考虑，以便后续的扩展和升级。

（2）架构选择

选择合适的架构是实现智能化应用的关键，不同的应用场景需要不同的架构。常见的智能化应用架构如下。

集中式架构：集中式架构是最简单的架构，所有的组件都在同一台服务器上运行，所有的请求都由该服务器处理。这种架构的优点是部署简单、易于维护，缺点是容易出现单点故障，可扩展性和性能有限。

分布式架构：分布式架构将应用拆分成多个独立的组件，每个组件可以独立部署和扩展。这种架构可以提高应用的可扩展性和性能，但需要对组件间的通信和数据一致性进行管理。

微服务架构：微服务架构是一种分布式架构的变体，它将应用拆分成多个独立的微服务，每个微服务负责一个特定的功能，可以独立部署、扩展和升级。微服务架构可以更好地支持业务的变化和技术的更新，但需要更复杂的架构和运维管理。

（3）组件设计

组件设计是实现智能化应用的架构设计中至关重要的一环。组件设计需要考虑到可扩展性、可维护性和性能等多方面的因素。下面分别介绍这些因素的具体内容。

可扩展性。实现智能化应用需要不断地增加新的功能和模块。因此，组件设计需要考虑到可扩展性，以便将来可以方便地增加新的功能。实现可扩展性需要考虑到以下因素。

- **模块化设计**：将功能拆分成独立的模块，各个模块之间相互独立，方便单独扩展某个模块的功能。
- **接口设计**：模块之间的通信需要有清晰的接口设计，以便模块之间的通信更加清晰明了，也更加易于扩展和维护。
- **插件化设计**：应用可以支持第三方插件的添加和使用，以方便未来增加新的功能。

可维护性。实现智能化应用需要不断地对代码进行维护和更新。因此，组件设计需要考虑到可维护性，以便将来对代码进行维护。实现可维护性需要考虑到以下因素。

- **清晰的代码结构**：代码结构需要清晰，易于理解和维护。
- **规范的编程风格**：编程风格需要规范，以便其他人理解和修改代码。

- **文档和注释**：代码需要有清晰的文档和注释，以便其他人可以更加清晰地理解代码的功能和实现。

保证性能。实现智能化应用需要保证性能，以便应用可以快速地响应用户的请求。因此，组件设计需要考虑到性能，以便将来对代码进行优化。实现性能需要考虑到以下因素。

- **高效的算法和数据结构**：算法和数据结构需要高效，以便应用可以快速地响应用户的请求。
- **缓存**：应用需要使用缓存来减少对数据库的访问，从而提高应用的性能。
- **分布式架构**：应用可以使用分布式架构来分散负载，从而提高应用的性能。

（4）数据管理

数据管理的目标是为智能化应用提供可靠的数据存储和快速的数据访问，一个好的数据管理策略可以提高智能化应用的效率和性能，并确保数据的可用性和可靠性。以下是一些关键的数据管理技术。

数据库管理系统：数据库管理系统（DBMS）是一种用于管理大量结构化数据的软件。它可以提供高效的数据访问和数据存储，并可以处理多个并发用户。DBMS 还可以确保数据的安全性和完整性。

数据仓库：数据仓库是一个用于存储和管理大量数据的系统。它通常用于支持决策制定和商业智能应用。数据仓库可以从不同的数据源中提取、转换和加载数据，并在一个中央位置中存储数据。

数据湖：数据湖是一个用于存储和管理非结构化和半结构化数据的系统。它通常用于支持大数据应用，例如机器学习和数据挖掘。数据湖可以从多个数据源中收集数据，并可以存储原始数据或转换数据。

数据集成：数据集成是一个用于将数据从多个不同的数据源中收集、转换和加载的过程。这些数据源可以包括文件、数据库、Web 服务和第三方 API。数据集成可以确保数据的一致性和完整性。

在数据管理方面，还需要考虑数据的隐私和安全性。特别是在涉及个人信息和机密数据的应用中，必须确保数据的安全和保密性。因此，可以采取一些数据保护技术，例如加密、访问控制和身份验证来确保数据的安全。

案例 5-17

2022 年，我们为一家烟草生产企业开发一套制丝线烘丝机出口水分智能预测与智能控制的智能化应用，该应用需要设计一个可扩展、可靠、高性能和安全的架构，具体实现过程如下。

在需求分析方面我们需要了解制丝线烘丝机的工作原理和参数，收集历史数据和实时数据，分析数据的规模和处理能力要求及对系统的可扩展性和可维护性等要求；在架构选择方面，根据需求分析，选择分布式架构，将应用程序拆分成多个独立的组件，包括用户界面层、应用逻辑层、数据层、智能化技术层和集成层；在组件设计方面，采用模块化设计，将应用程序拆分成独立的模块，包括数据处理模块、水分预测模块、智能控制模块和用户界面模块。各个模块之间使用清晰的接口进行通信，支持插件化设计和分布式部署，以提高系统的可扩展性和可维护性；在数据管理方面，使用数据库管理系统作为数据存储，采用数据仓库技术收集、处理和存储历史数据，使用数据集成技术实时获取制丝线烘丝机的实时数据，为了保证数据的安全和隐私，采用加密、访问控制和身份验证等数据保护技术；在实现和测试方面，使用 Python、Java 等编程语言开发应用程序，并使用机器学习算法和模型构建水分预测和智能控制模块，最后进行测试和部署。

这样设计的烘丝机出口水分智能预测与智能控制的智能化应用，可以根据历史数据和实时数据对制丝线进行预测和控制，提升出口的烟丝质量和生产效率。同时，采用分布式架构和数据保护技术保证系统的可扩展性、可靠性、高性能和安全性。

5.5.2　业务应用设计、开发与集成

在设计、开发和集成应用时，需要充分利用现有的技术和工具，加强业务协同和数据整合，提高生产效率和质量，以实现企业数字化转型的目标。本节就围绕智能化应用在生产系统中的集成展开讨论，包括业务应用设计的思路、开发的方法和集成的策略。

1. 业务应用设计

业务应用设计是智能化应用集成的第一步。在设计业务应用时，需要考虑业务的复杂性、实时性和实用性。这些因素决定了应用程序的架构和实现。以下是在设计业务应用时需要考虑的关键因素。

业务规则： 在设计应用程序时，需要考虑业务规则，以确保程序可以准确地执行所需的操作。

数据模型： 数据模型用于描述业务数据的结构。在设计应用程序时，需要仔细考虑数据模型的结构，以确保数据能够被正确地存储和管理。

界面设计： 应用程序的界面设计是业务应用设计中的重要组成部分。它不仅需要符合用户的需求和期望，还需要保证应用程序的可用性和易用性。

安全性： 在设计业务应用时，需要考虑应用程序的安全性。这包括身份验证、授权和数据保护等方面。

可扩展性： 在设计应用程序时，需要考虑应用程序的可扩展性。这意味着应用程序需要能够适应不断变化的业务需求，并能够支持新增功能的集成。

2. 应用开发

业务应用设计完成之后，需要进行应用的开发。在应用开发过程中，需要充分利用现有的软件开发工具和技术，提高开发效率和质量。同时，还需要充分利用机器学习、深度学习、自然语言处理等人工智能领域的技术，为应用的智能化和自动化提供支撑。

编程语言和框架： 开发人员需要选择合适的编程语言和框架来实现应用程序。

数据库设计：数据库设计需要考虑应用程序的数据结构和查询要求。

算法和模型：在开发智能化应用时，需要考虑算法和模型的选择和实现。

接口设计：接口设计需要考虑应用程序的输入和输出。接口需要能够满足不同的需求，包括与其他应用程序的集成。

测试：在开发业务应用程序时，需要进行测试以确保程序的正确性和可靠性。

3. 应用集成

应用的集成是智能化应用在生产系统中的关键环节，它可以实现不同应用之间的数据共享、信息交换、业务协同等，增强应用系统之间的整合性和协同性。在应用集成中，需要注意以下几点。

（1）数据共享与转换

应用集成的第一步是数据共享和转换。在不同应用之间共享数据时，需要考虑数据格式、数据结构、数据的安全性、数据的实时性等因素，确保数据的完整性和准确性。同时，应该利用数据的转换工具，将不同数据源中的数据格式转换成适合目标应用的数据格式。

（2）信息交换与传递

在应用集成中，信息交换和传递是很重要的一步。在不同应用之间进行信息交换时，需要确保信息的安全性，避免信息泄露和数据丢失。同时，应该充分利用消息队列、Web 服务等技术，实现不同应用之间的信息传递和业务协同。

（3）业务协同与流程整合

应用集成的最终目的是实现业务协同和流程整合。在不同应用之间实现业务协同时，需要对不同业务进行整合，实现自动化流程。同时，需要开发自动化脚本和工具，管理和监控应用的运行状态，以提高应用的稳定性和效率。

案例 5-18

在 2023 年年初，我们参与了一项某世界五百强企业的智能制造项目。具体的内容是研发一套用于优化生产制造执行的智能化应用系统，帮助企业提高生产效率和质量，优化生产流程和管理效率。该系统集成了多个智能化应用，具有以下几个特点。

首先，业务应用设计包括物料管理、生产调度、质量控制等组成部分，需要考虑业务规则、数据模型、界面设计和安全性等因素；其次，应用开发包括编程语言和框架、数据库设计、算法和模型、接口设计和测试等方面。最后，应用集成包括数据共享与转换、信息交换与传递、业务协同与流程整合等方面，例如，系统可以将生产计划和物料管理等应用与现有 ERP 系统集成，实现数据共享和流程整合，提高生产效率和质量。同时，系统可以利用机器学习和深度学习等技术，对生产过程进行实时监控和优化，提高生产效率和质量。

在设计应用程序时，我们考虑了多个因素，包括业务规则、数据模型、界面设计、安全性和可扩展性等。在应用开发过程中，我们利用现有的开发工具和人工智能技术实现智能化和自动化。在应用集成中，关键是要注意数据共享和转换、信息交换和传递、业务协同和流程整合等环节。

5.5.3　前后端应用的设计、开发与集成

前端和后端应用的设计、开发与集成是智能化应用集成中必不可少的一环。前端应用主要负责用户界面和交互逻辑的设计，后端应用则主要负责数据管理、算法模型的实现和服务接口的设计。本节旨在对此进行阐述，主要涉及以下两个方面：前端和后端应用的概念、设计、开发和集成的关系，前端和后端应用集成的实现。

1. 前端和后端应用的概念、设计、开发和集成的关系

前端应用指的是用户所看到的界面，也就是说，它是交互过程中用户与系统之间的纽带。前端应用的设计需要考虑用户体验、用户习惯以及易用性等因素。通俗地说，前端应用是把网页制作成能够被人们浏览的界面。但是，前端应用并不是简单的网页，它需要和后端进行交互，完成数据的请求和展示等功能。

与前端应用不同，后端应用是指处理数据、逻辑等复杂操作的应用，它包含对数据库、服务器的操作及计算机网络方面的知识。后端应用负责所有的数据操作，并将数据传递给前端应用进行展示。后端应用是服务器端的程序，它负责接收用户请求并处理，把数据传递给前端应用来展示给用户。

前端和后端应用的设计、开发和集成是一个相互依赖的过程。与前端应用相比，后端应用更注重数据的处理能力。在设计时，需要考虑数据的存储方式及处理逻辑；在开发时，需要进行系统架构、数据库及网络编程等方面的技能；在集成时，需要考虑数据的交互和验证机制，确保数据安全和系统稳定。

2. 前端和后端应用集成的实现

（1）通过 API 进行集成

前后端应用的集成可以采用 API 的方式。API 是指应用程序接口，通过 API 进行集成是一种设计良好的方法，可以让不同的应用程序之间进行有效的通信。一般的，前端通过 API 向后端请求数据，后端通过 API 返回数据给前端。这种方式实现可以使得前后端应用分离，后端数据相对独立，有利于维护和扩展。

（2）前端与后端应用集成的分离

在前后端应用集成过程中，对于前端和后端的分离设计能够实现单独的更新。前端应用和后端应用各自独立编写，增加新的功能特性时，不会互相影响。这种方式实现可以有效地避免一些常见的问题，如前端和后端代码的耦合性强、代码量庞大、修改不方便等。

（3）使用 RESTful API

采用 RESTful API，可以让前端和后端应用进行更加有效的通信。RESTful API 是一种基于 HTTP 协议的推荐设计理念，它采用统一的 URL 进行资源标识，使用 HTTP 方法进行操作，为前后端应用集成提供了可靠、可扩展、易使用的接口。

前端和后端应用的设计、开发及集成是一个相互依赖不可分割的过程。采用 API、分离

设计及 RESTful API 等方式，可以使得前后端应用集成更加有效。同时，需要了解前后端应用架构，注重开发良好的接口，以此提高整个系统的运行稳定性和安全性。

案例 5-19

在 2023 年年初，我们参与了某卷烟企业的制丝线智能化生产计划系统优化的项目。该系统通过前端和后端的集成实现智能化生产流程的优化。前端应用负责用户界面和交互逻辑的设计，通过可视化手段展现烟草生产的各个环节，如生产计划、任务派发、加工流程、质检等。后端应用则主要负责数据的管理和算法模型的实现，通过集成外部数据来源和自动化算法来实现制订高效的生产计划。整个系统可以通过 API 进行前后端应用的集成，使得前端和后端应用分离，便于维护和扩展，同时利用 RESTful API 可以提供可靠、可扩展、易使用的接口，进一步提高系统的运行稳定性和安全性。我们在前后端应用的设计、开发与集成的关系方面进行了分析。通过对烟草智能化生产计划系统等应用程序的研究，我们发现前后端都需要具备智能化、自动化和后期优化的能力，以提高生产效率、优化生产计划、减少生产成本。

在设计智能化应用程序时，我们主要考虑了前端界面、应用逻辑和后端数据存储等方面。在前端界面设计方面，需要考虑用户使用习惯、易用性、视觉效果等因素，以便提高用户的使用体验。在应用逻辑方面，需要设计清晰、有效、可靠的业务逻辑，以及充分考虑系统的可扩展性、可维护性等因素。在后端数据存储方面，需要选择合适的数据存储方案，以确保数据的准确性和可靠性。

在开发过程中，我们采用了最新的开发技术和工具，以提高开发效率和质量。我们在前端使用了 CSS、HTML、JavaScript 等技术，并且使用了一些流行的前端框架和库（如 Angular、React 等）；在后端方面，使用了 Java、Python 等编程语言，并且使用了一些流行的开发框架和库（如 Spring、Django 等）。同时，我们还使用了一些自动化测试工具和集成工具，以保证应用程序的可靠性和稳定性。

在前后端应用集成方面，我们主要考虑了 API、分离设计和 RESTful API 等方案。其中，API 是一种通过接口来实现应用程序之间通信的方案，它可以快速地实现系统间的集成，还能保证数据安全和可靠性。在分离设计方面，我们将前端和后端分开设计，以减少开发人员之间的依赖关系，从而提高开发效率和质量。最后，在 RESTful API 方面，我们使用了一种统一、标准的 API 设计风格，以方便不同应用程序之间的集成和交互。

综上所述，为了实现这些目标，我们需要采用先进的技术和方法，并且合理地组织前后端应用程序开发工作，以保证系统的可靠性和稳定性。

第 6 章
智能化应用的实践案例

在过去的十余年间,笔者所在的数据智能算法团队实施了近百个智能化项目,在石油石化、烟草、汽车、政府政务、钢铁等行业的数字化转型和智能化应用建设方面积累了技术方法论和丰富的经验。

在这些行业的数字化转型和智能化应用建设中,我们始终注重以下因素。

业务需求:在项目启动前,我们首先深入了解客户业务,理解其需求和挑战,确定项目的目标和范围,从而确保项目实施的有效性和价值。技术选型:在技术选型过程中,我们始终保持开放、灵活和可持续的态度,注重选择成熟、可靠、可扩展和易于集成的技术,兼顾客户需求和实施效率。数据管理:数据是智能化应用的基础和核心,因此我们重视数据管理和治理,包括数据质量、数据安全、数据分析和数据挖掘等方面。团队合作:智能化应用建设需要跨部门、跨岗位的协同合作,因此我们注重构建高效、协作的团队,统筹管理和协调各方资源,确保项目实施的顺利进行。

基于以上经验和方法论,我们形成了一套完整的实施流程,包括项目启动、需求分析、方案设计、开发实施、测试上线和维护支持等环节,以确保项目实施的高质量和高效率。

本章选取近年来在一些行业成功实施的智能化应用项目,详细分享这些项目在执行过程中的方法、流程和经验教训。

6.1 某全球化学品龙头生产企业——工艺优化与产品质量智能预测

1. 企业简介

某全球化学品龙头生产企业是一家以聚氨酯生产为核心的全球化学品生产商,主要产品包括聚氨酯原料(如 MDI、TDI),聚氨酯制品(如泡沫塑料、涂料、弹性体等),以及功能性化学品（如甲醇、环氧树脂等）。根据 2019 年的统计数据，该企业聚氨酯事业部的产能规模位列全球第一，市场份额达到 20.5%。

随着智能化技术的不断发展，该企业积极推进数字化转型，并着重推进智能化应用的建设。例如，该企业推出的内部云系统，将工厂数据、仓储物流数据、销售数据等信息进行整合和管理，实现了数据的可视化和分析。此外，该企业在生产流程中采用了先进的自动化生产设备和智能化控制系统，以提高生产效率、降低成本和提升质量。

智能化应用对于该企业的发展有着重要的意义，可以帮助其实现数字化转型，优化生产流程，提高产品质量，降低成本，提升竞争力。同时，智能化应用可以帮助该企业更好地服务客户，提供定制化的解决方案，满足不同行业、不同客户的需求。

2. 项目背景

该企业为一家化学品制造商，它的样品质量检测过程涉及外购原料、上下游、中间品、产品、环境检测、包装检验及其他方面，检测样品总量巨大。该样品质量检测过程面临以下突出问题。

样品总量过大：由于该企业的生产规模较大，样品检测总量也相应较大，这导致了检测工作的烦琐和复杂，需要消耗大量人力、物力。同时，虽然随着装置的优化和更新，单个装置的样品总量逐年下降，但新装置投产后总样品量仍呈上升趋势，这进一步加重了检测工作的负担。

样品检测主要依靠人工完成：尽管部分检测点有在线仪表监测，但是这些数据不够准确，无法作为最终检测结果。而目前样品检测主要是依靠人工完成，这不仅耗费大量的人力、物力，还存在一定的人为误差和不稳定性，给检测结果的准确性和可信度带来不利影响。

样品检测频次缺乏数据支撑：目前样品检测的频次主要依靠过往的经验，缺乏数据洞察和支撑，导致无法进行全面有效的质量管理和工艺优化。这可能会导致一些问题无法及时发现和解决，影响产品质量和企业的市场竞争力。

无效检测浪费人力：部分稳定运行装置的不合格率较低，这意味着进行的一些检测可能是无效的，不仅浪费了人力和资源，还会对员工的工作积极性和士气产生不良影响。

这些问题对于企业的全面质量管理、工艺优化和人力成本都产生了负面影响。因此，该企业需要引入智能化应用方案来解决这些问题，以提高质量管理的准确性、精准性和高效性，提升企业的市场竞争力和核心竞争力。

3. 项目的目标和范围

基于前面对于项目背景的介绍可知，石化行业在质量检测方面存在着以下问题：样品总量庞大，检测主要依靠人工，检测频次缺乏数据支持，稳定运行装置存在大量无效检测等。这些问题影响了全面质量管理、工艺优化和人力成本等方面。

为了解决这些问题，需要基于大数据和人工智能技术，对该企业石化一体化的丙烷脱氢装置、环氧丙烷装置、丙烯酸及丙烯酯装置、多元醇装置和甲基丙烯酸甲酯（MMA）装置这五套装置进行建模分析。具体实现的目标如下。

通过结合工艺数据和历史质量数据，对工艺进行监控，及时发现异常并报警。这将有助于提高产品质量，减少不良品率，降低工艺风险和生产成本。

利用样本检测质量预测，为样品检测降频提供数据支撑。通过建立模型，预测样品检测结果，有效降低检测频率，提高检测效率，减少人力成本。

该项目的重点是在环氧丙烷装置进行试点，因为该装置规模大、样品量多，工艺流程复杂，且有代表性，便于后续推广。初步实现目标是降低样品量 30%～50%，优化工艺流程，提高产品质量，降低成本。

4. 项目可行性评估

该项目旨在利用大数据和人工智能技术对石化一体化丙烷脱氢装置、环氧丙烷装置、丙烯酸及丙烯酯装置、多元醇装置和 MMA 装置这五套装置进行建模分析，以解决当前在质量检测方面存在的问题。为了确保项目的可行性，我们将从业务价值和 ROI 预估、数据可用性和可信度、技术可行性和可扩展性、企业内部的技术和人员资源四个角度进行评估，以确定该项目是否值得进行，同时为项目的成功实施打下基础。

（1）业务价值评估和 ROI 预估

根据智能化项目业务价值评估和 ROI 预估的方法论，我们分别从如下六个部分进行评估。

1）明确目标和需求。

我们与工艺部门进行了深入的交流与调研，明确了本期项目的目标和实施范围，即针对环氧丙烷装置进行大数据和人工智能技术的建模分析，以实现监控工艺、预测质量等目标。我们也了解到，工艺部门对该项目有很高的期望，因为该装置规模较大、工序繁多，而且处于生产流程中的关键位置，通过该项目可以实现对工艺的有效监测和预警，进一步提高生产效率和产品质量。

2）制定指标体系。

为了评估本项目的商业价值和 ROI，我们制定了一套完整的指标体系来衡量项目的效果和价值，其中包括样品检测频率、异常报警率、质量预测准确率、生产效率提升率、成本降低率、检测频次降低率、人力成本节约金额、产品合格率提升幅度、年产值增加额、技术实现成本、实施周期等。我们也参考了该行业的标准和规范，以确保指标的合理性和实用性。

3）数据采集和分析。

我们收集了该装置实时监控数据和质检数据，并与 IT 工程师和工艺工程师一起对这些数据进行了分析，了解了工艺逻辑和数据分布规律，从而更好地了解了该装置的业务特点和工艺流程。这帮助我们更准确地进行业务价值评估和 ROI 预估。例如，通过分析数据，我们确定了装置在某些生产条件下存在的质量问题，通过有针对性的改进，降低不合格品率，从而降低生产成本，提高生产效率，实现了商业价值的提升。

此外，通过收集数据并建立指标体系，我们在实际生产过程中进行了实时监测，及时发现异常并报警，降低生产事故的风险，提高生产安全性和可靠性，为企业节约了大量的维修和管理成本，也实现了商业价值的提升。在此基础上，我们制定了针对该装置的优化方案，并通过 ROI 预估对其经济效益进行了评估，以确保项目的商业价值。

4）制订方案。

基于以上分析，我们制定了针对该装置的大数据和人工智能技术的方案，包括数据采集、数据清洗、数据建模、算法优化等环节，以确保方案的可行性和可扩展性。我们还对方案的实施进行了时间和资源评估，以确保项目的顺利实施。

根据初步的实施方案，我们进行了成本预算和周期估计。根据预算，该项目实施的成本约为 500 万元人民币，包括人力、设备、软件等方面的投入。实施周期需要 8 个月，包括需求分析、方案设计、开发测试、系统集成、验收等各个环节。通过这样的成本预算和周期估计，可以更好地进行项目管理和资源配置，以确保项目的顺利实施和有效运营。

5）评估商业价值和 ROI。

我们调研了财务部门、工艺部门、物料部门、维修部门等，并与企业领导进行了商业价值评估和 ROI 预估。我们使用了过往的经验数据和市场数据，以确保预估的准确性和可靠性。我们评估了该项目的成本、效益和风险，以确保项目的商业价值。

具体来说，根据前面提到的本期项目的实施成本约为 500 万元人民币，我们需要对该项目的商业价值和 ROI 进行评估。我们首先制定了商业价值评估标准，主要包括以下几个方面。

- **提高质量**：该项目将能够通过实时监控和异常检测等技术手段，及时发现装置运行过程中的异常和问题，有助于提高产品质量和生产效率。
- **降低成本**：通过该项目的实施，可以优化工艺和生产流程，减少生产成本，提高利润率。
- **提高效率**：通过智能化应用，可以提高生产效率，缩短生产周期，提高生产能力。

基于以上商业价值评估标准，我们进行了 ROI 预估，在该项目中，我们使用了如下公式计算 ROI：

$$ROI = (收益-成本)/成本 \times 100\%$$

式中，成本为项目实施的总成本，包括人力、技术、设备、材料等各方面的费用；收益包括直接收益和间接收益。

通过实施智能化应用，可以产生直接收益，例如能够提高生产效率、降低生产成本，从而为企业带来直接收益。除了直接收益，实施智能化应用还能够带来许多间接收益，例如提高生产安全性、提高产品质量等，这些收益难以量化，但同样对企业具有非常重要的价值。

我们通过对过往的数据和市场数据的分析，以及与企业领导和各部门的讨论，得出了如下商业价值评估和 ROI 预估结果。

- **成本**：该项目实施的总成本为 500 万元人民币，包括人力、技术、设备、材料等各方面的费用。

- **直接收益**：预计该项目能够提高生产效率 5%，降低生产成本 3%，从而为企业带来每年 150 万元人民币的直接收益。
- **间接收益**：通过提高生产安全性、提高产品质量等，该项目还能够带来许多间接收益，这些收益难以量化，但同样对企业具有非常重要的价值。
- **ROI 预估**：根据上述数据，我们预计该项目的 ROI 为 30%，即每年可为企业带来 150 万元人民币的净收益。预估结果显示，该项目实现后，将为企业带来约 800 万元以上的收益，预计约 3 年即可收回实施成本，并带来长期收益。

通过以上的商业价值评估和 ROI 预估，可以得出该项目对企业的商业价值显著，具有较高的投资回报率，可以为企业带来可观的经济收益。

6）决策。

基于以上评估结果和优化方案，我们最终决定实施该项目。我们明确了项目的目标和指标，制订了详细的实施计划，并与工艺部门、IT 部门等进行了充分的沟通和合作，以确保项目的成功实施。

（2）数据可用性和可信度评估

在确定了项目有较强的业务价值和较好的投资回报之后，接下来重点评估所收集的数据，以确定这些数据是否能够支撑该项目目标的实现。我们重点从数据质量、数据源、数据采集这几个角度，对数据进行详细的分析和评估。这将有助于我们确定数据的可用性和可信度，并为项目实施提供充分的数据支持。

1）数据质量评估。

在前面的调研过程中，我们收集了一部分的实时监控数据和质检数据的数据实例，包括500 多个维度的工艺控制参数和监控参数，以及各个重要装置流出口的不同频次的检测数据。我们对这些数据进行了全面的数据质量评估，包括数据准确性、数据完整性、数据一致性和数据可用性等方面。

具体来说，这个项目的数据类型比较丰富，主要如下。

实时的工艺控制参数和监控参数，如某装置的出口甲醇流量、出口注碱实时流量、塔底温度、塔釜温度、出入口实时温度、实时压力等 500 多个维度的数据。

各个重要装置流出口的不同频次的检测数据，如各类物质的含量、浓度、纯度、杂质和有害物质量。

历史运营数据，包括每个装置的生产能力、设备运行时间、停机时间、维护记录等。

在数据准确性方面，我们发现由于传感器等设备的老化和日常维护不到位，部分数据存在一定的误差。例如，某些传感器的读数可能存在漂移或偏差，导致数据不够准确。我们通过对比多个数据源的数据，对异常数据进行处理和清洗等方式，在后续的数据处理和特征工程过程中解决了这些问题。

在数据完整性方面，我们发现由于设备的故障或维修等原因，部分数据可能会缺失或不完整。我们采用多个数据采集点和备份机制来确保数据的完整性，并将在数据处理和分析过程中采用插值法等来填补缺失值。

在数据一致性方面，我们发现由于设备和系统之间的差异，不同数据源的数据格式和单位可能存在不一致的情况。我们对数据进行了统一的格式和单位转换，以确保数据的一致性。

在数据可用性方面，我们建立了完善的数据采集和存储系统，确保数据的及时性和可靠性。同时，我们将在数据分析和建模过程中采用多种方法来提高数据的可用性和可信度。

2）数据源评估。

接下来我们重点评估了数据源，包括来自 MES 系统、集控系统、PLC 和检测系统等多个系统的数据，对每个系统进行了单独的评估。

针对 MES 系统，我们发现数据传输存在一定延迟，但整体来说数据可靠性较高，因为该系统主要用于生产计划、物料管理等，并不直接参与生产过程。

对于集控系统，由于它直接参与生产过程的数据采集和处理，我们对其数据的准确性和实时性进行了特别关注，同时对数据传输进行了监控和测试，确保数据可靠性和实时性。

对于 PLC 和检测系统，我们发现存在一定的数据传输问题，如数据采集频率低、数据传输延迟等，导致数据的实时性和准确性存在一定问题。但我们同时发现，通过对这些数据进行后续的数据处理和特征工程，可以在一定程度上解决这些问题，提高数据的质量和可用性。

此外，我们还对数据源的安全性进行了评估。通过对系统的访问权限、数据加密、用户身份认证等方面进行了评估，确保了数据的安全性。

针对数据源的评估发现的问题，我们制定了相应的解决方案。对于数据采集频率低的问题，我们采用了插值法进行数据填充；对于数据传输延迟的问题，我们建立了数据缓存和排队机制来保证数据的实时性。同时，我们对数据的质量进行了后续的数据处理和特征工程，提高了数据的可用性和可靠性。

3）数据采集评估。

针对这个项目的数据采集环节，我们进行了以下的分析和评估。

首先，数据采集的方式主要是基于实时监控系统和检测系统，其中实时监控系统采用PLC 控制，并通过传感器实时采集相关参数，检测系统则定期抽样检测各种物质的含量、浓度、纯度、杂质和有害物质量。我们对这两种采集方式进行了评估，发现实时监控系统的数据采集频率较高，可以满足我们对实时监测的需求，但在某些极端情况下可能会出现传感器失效或数据传输中断等问题，需要通过备用传感器或数据恢复措施解决。而检测系统的数据采集频率相对较低，可能存在时间滞后的情况，但检测数据具有较高的准确性和可信度。

其次，针对数据采集的准确性问题，我们对实时监控系统和检测系统的数据进行了对比和分析，发现两种数据之间存在一定的偏差和误差，需要进行数据清洗和校准。例如，我们发现某些传感器的读数可能存在漂移或干扰，需要通过滤波和校准算法进行处理，以保证数据的准确性和可信度。

最后，针对数据采集频率的问题，我们结合业务需求和数据特性，制定了不同的采集方案和采集频率，以满足对不同数据的需求。例如，对于关键的实时监控参数，我们采用高频率的采集方案，以保证数据的及时性和准确性；对于检测数据，则采用定期抽样的方式进行采集，以确保数据的可信度和稳定性。

（3）技术可行性和可扩展性评估

下文从技术可行性和可扩展性角度进行详细的剖析。对于这方面，我们从技术可行性、模型可用性和技术可扩展性三个角度来做具体评估。

在技术可行性方面，我们选定一个具有代表性的装置，例如压缩机，在实验室中进行数据采集和模型构建，通过对其运行数据的处理和分析，验证是否能够准确地预测它的性能和故障情况。我们可以将采集的数据应用于常见的机器学习模型中，如支持向量机（SVM）、随机森林（Random Forest）等，同时也可以尝试深度学习模型，如循环神经网络（RNN）、长短时记忆网络（LSTM）等。这些模型可以用于预测装置的运行情况，例如温度、压力、流量等。

在模型可用性方面，根据业务需求，评估不同类型模型的性能，如机器学习模型和深度学习模型。我们使用 XGBoost、随机森林和深度学习模型中的 CNN 和 LSTM 等算法，通过比较不同模型的性能和准确度，选择最适合当前业务需求的模型。可以使用交叉验证、超参数调整和其他技术，对所选模型进行优化和训练，以达到最佳性能。

在技术可扩展性方面，我们根据工艺的相似性和数据的相似性，尝试应用迁移学习的思想。如果有一个类似的装置需要建模，可以使用之前建立的模型，通过微调和调整来适应新的装置，从而加快新装置的建模过程。此外，也可以使用自动化建模和其他技术，来尝试实现装置的快速建模和可扩展性。

综合来看，该项目的技术可行性较高、模型适用性强、可扩展性强，因此具备了实际应用的条件。

（4）企业内部的技术和人员资源评估

我们对企业内部的技术和人员资源进行了评估，从技术专业能力、经验和项目经历、资源分配和项目负载几个方面进行了分析。我们发现，该企业内部算法建模的算法资源不足，且缺乏算法类项目经验，但是企业内部有很多熟悉工艺的业务专家，且各级领导、工艺人员都非常支持该项目，愿意积极分配资源支持项目开展。该企业在技术专业能力方面有很好的IT 技术人才储备，这些人员可以协助我们处理数据，帮助我们搭建相应的技术框架，提供相关领域的实际业务知识和经验，帮助算法建模人员更好地理解和建模相关业务场景。

因此，在项目实施中需要考虑到技术团队的配合与协调，如何将业务专家和 IT 技术人才协同工作。

总体来看，该项目无论从业务价值、数据现状、技术可行性，以及企业技术团队资源等方面，都可以支持项目目标的顺利完成，因此我们决定成立甲、乙方联合项目组，尽快制定具体方案进行项目实施。

5. 项目实施

在完成了项目的可行性研究后，我们可以确定该项目业务基础和实施的技术。接下来是项目实施阶段，执行具体的工作计划和时间表。在这个阶段，我们充分利用企业内部的技术和人员资源，依托先进的算法模型和处理工具，建立数据采集和处理系统，并逐步完善模型的训练和优化，以达到预期的业务目标。在这个过程中，我们积极与业务部门合作，深入理解业务场景，快速响应业务需求，不断优化模型，提高项目的效益和价值。

（1）需求分析和定义

经过详细的调研和分析，我们确定了该项目的两个重点方向，分别是采样点量值预测模型和装置工艺段稳定性模型。

对于采样点量值预测模型，我们将针对聚烯烃（简称为 PO）装置的 20 个采样点的 120 个重点组分建立量值分析预测模型，这是一个非常复杂的工作。我们建立了工艺控制变量、监测变量、上游物料量值及进料量与该采样点量值的关系，并预测具体关键采样点的各个重点组分的具体组分含量，以降低对现有人工抽检方式的依赖。这个预测模型需要综合运用多种机器学习算法，如回归模型、神经网络模型、支持向量机模型等，还需要对数据进行充分的清洗和处理，以提高预测精度和可靠性。

对于装置工艺段稳定性模型，我们将针对 PO 装置的某工艺段构建工艺段稳定性模型。这个模型的建立需要综合运用机器学习算法和传统的控制论方法，通过分析系统内的检测数据、控制数据、物料进项数据及历史出项数据，构建机器学习模型，识别若干系统稳态（温度、压力等不同的稳定范围），输出若干组稳态参数变化范围。这样可以降低整个工艺中质检的采样频次，提高工艺的稳定性和可靠性。

总的来说，该项目的技术难度较高，需要综合运用多种机器学习算法和控制论方法，还需要充分挖掘工艺领域的专业知识和经验，才能够完成预测模型和稳定性模型的建立工作。

（2）数据采集和预处理

接下来，详细介绍该项目的数据采集和预处理工作。

1）数据采集。

我们通过引入联想自主研发的 LEAP-IoT 作为该项目的数据采集系统，来进行数据采集和整合。该系统通过连接生产线的传感器、PLC 控制器及传统的数据采集与监控（SCADA）系统，将 PO 装置产线上的各种控制参数和监测参数、采样点的试验分析数据、设备运行记录和检修记录数据等实时采集起来，根据不同的参数和监测数据的特点和实际需要，我们设置了不同的采集频率，确保数据的实时性和准确性。LEAP-IoT 还提供了多种数据采集策略，如事件触发、事件出发等，以满足实际应用中的不同需求。

除了作为数据采集系统，LEAP-IoT 还作为数据指令下发装置，通过网络接口与 PLC 和生产系统进行集成，将智能应用核心模型计算的结果转化为控制指令，下发给 PLC，对生产过程进行参数调控。为了确保整个系统数据传输的可靠性、及时性和稳定性，LEAP-IoT 系统自身不进行数据计算和存储，只作为数据传输通道，连接智能应用模块和生产系统。

2）数据清洗。

我们对采集到的数据进行初步的清洗，去除无用数据、缺失值和异常值，确保数据的完整性和一致性。以下重点介绍异常值和缺失值。

针对本项目中的异常值处理，我们主要采用了三种方式，具体如下：

- **业务规则法**。结合业务规则，统计数据范围，剔除了业务上不合理或者有问题的数据。由于本项目涉及的数据具有较强的工艺规则和限制。例如，温度、压力等参数的范围是有限制的，我们可以根据这些规则，确定数据的统计范围，然后将不合理或有问题的数据剔除。这种方式比较简单直接，可以快速有效地剔除一部分异常值。
- **离散统计法**。在该项目中，我们统计了所有离散数值出现频次，保留合理范围内的数据，使用到了 3Sigma 法、箱线图法、分位数切割法。这种方式通过统计数据的离散程度来判断异常值的存在。其中，利用统计学中的 3Sigma 原则，计算出数据的平均值和标准差，然后确定一个合理的范围，将不在这个范围内的数据视为异常值。此外，我们也使用了使用箱线图、分位数切割等方法，识别出数据中的异常值。这种方法适用于连续数据的异常值处理。
- **算法剔除法**。这里主要利用了孤立森林算法，它是一种新型的异常检测算法，适用于处理高维数据中的异常值。该算法的基本思想是，在高维空间中，异常值往往比正常值更加孤立。因此，可以通过划分网格区间，利用随机树的方法在高维空间中识别离群数据。这种方法适用于处理非线性、高维数据中的异常值。

综合以上三种方式，可以有效地处理数据中的异常值，提高数据的准确性和可靠性，为后续建模和预测提供更加准确的数据基础。

针对该项目中的缺失值处理，我们主要采用了以下两种方式。

- **规则剔除法**。按照实际业务字段重要程度确认是否保留字段，对于某些缺失值较多的字段，我们需要结合实际业务情况，确认其是否对于模型建立和预测结果具有重要意义。如果这些字段对于模型预测结果的影响较小，则可以考虑删除这些字段；如果这些字段对于模型预测结果的影响较大，则需要考虑其他填充方式。
- **缺失填充法**。在确认需要填充的缺失值字段后，需要根据业务逻辑以及数据特征，选择合适的填充方式，包括以下几种。

  0 值填充：对于某些字段，如果缺失值较少，可以直接用 0 进行填充，这种方法适用于对模型预测结果影响较小的字段。

  插值填充：对于时间序列数据或连续数值型数据，可以采用线性插值、样条插值等方法进行填充，这种方法适用于数据变化趋势比较平稳的情况。

  前向（后向）填充：对于时间序列数据或者其他有序数据，可以采用前向填充或者后向填充的方式，即用前一个或后一个非缺失值进行填充，这种方法适用于数据变化趋势比较稳定的情况。

  随机森林预测填充：对于特征较多的数据或者非线性数据，可以采用随机森林等机器学习算法进行填充，这种方法适用于数据之间存在复杂非线性关系的情况。

  线性回归填充：对于数值型数据，可以采用线性回归进行填充，这种方法适用于数据变化趋势较为线性的情况。

通过以上方法的综合运用，可以有效地处理缺失值，提高模型的预测精度和可靠性。

3）**特征工程。**

特征工程是将原始数据转换为适用于机器学习算法的特征的过程。在该项目中，我们根据业务特征、数据特征进行特征工程。

首先，我们对 PO 装置的 20 个采样点 120 个重点组分进行了特征选择和降维处理。首先对采集到的数据进行特征提取，例如从设备运行记录中提取设备开机时长、停机时长、故障次数等特征，从流量监测数据中提取流量最大值、最小值、平均值等特征。然后采用了相关性分析和卡方检验等方法，筛选出对目标变量相关性比较高的特征，同时排除掉冗余特征。接着，我们采用主成分分析（PCA）等降维方法，对特征进行降维处理，以便更好地提取特征信息。

其次，对于装置的工艺控制变量、监测变量、上游物料量值及进料量，我们进行了特征衍生。例如，我们根据工艺控制变量和监测变量的变化趋势，衍生了一系列滞后特征，以便更好地反映工艺的时序性和非线性关系。同时，我们还根据业务专家的经验，将一些离散变量进行特征编码，将其转换为连续变量，以便更好地应用到建模中。

最后，对于缺失值的处理，我们采用了多种填充方式，并结合特征工程进行优化。例如，对于部分连续型特征，我们采用插值填充的方式，结合原始数据的趋势，来填充缺失值；对于某些离散型特征，我们采用前向或后向填充的方式，根据业务逻辑进行填充。通过特征工程处理，我们有效地提高了特征的表达能力和稳定性，为后续的建模分析奠定了基础。

4）**数据划分。**

在该项目中，我们采用了常见的数据划分方法，即按照一定比例将数据划分为训练集和测试集。具体的划分比例可以根据实际情况进行调整，一般来说，我们会将数据划分为70%的训练集和30%的测试集。

在进行数据划分时，需要注意保持训练集和测试集的数据分布一致，避免因为数据分布不均匀导致模型过拟合或者欠拟合。同时，为了避免模型选择的随机性，可以使用交叉验证的方法来选择模型。具体来说，可以将训练集划分为多个子集，然后对每个子集进行训练和验证，最终得到多个模型并进行评估和选择。

在这里要特别强调的是，我们在进行数据集划分时特别注意到了数据分布、样本数量、随机性、交叉验证和分层抽样问题，具体说明如下。

- **数据分布：** 在进行数据划分时，我们需要确保训练集和测试集的数据分布尽可能地相似，以保证模型在测试集上的泛化能力。
- **样本数量：** 训练集和测试集的样本数量要足够，如果样本数量太少，模型的泛化能力可能会受到影响。在该项目中，我们将数据按照 70%~80% 的比例划分为训练集，剩下的数据划分为测试集。
- **随机性：** 为了消除数据的顺序性带来的影响，通常采用随机抽样的方式进行数据划分，以保证数据的随机性。
- **交叉验证：** 除了将数据划分为训练集和测试集外，还可以采用交叉验证的方式进行模型评估。常用的交叉验证方法包括 k 折交叉验证和留一交叉验证。其中 k 折交叉验证将数据集划分为 k 份，每次选取其中的 1 份作为验证集，其余的 $k-1$ 份作为训练集进行模型训练和验证。留一交叉验证则将每个样本单独作为验证集，其余样本作为训练集进行模型训练和验证。交叉验证可以更准确地评估模型的性能。

- **分层抽样：** 在该项目的数据集中，存在着类别不均衡的情况，尤其是检测数据中，异常工况、异常检测比较少，所以我们采用了分层抽样的方式，保证在训练集和测试集中各类别的样本数量比例相同。

总之，数据划分是我们建立模型的重要步骤之一，需要根据实际情况选取合适的方法进行划分。通过以上步骤的数据采集和预处理，我们获得了高质量、规范化的数据集，为后续的建模分析奠定了坚实的基础。

（3）算法技术方案设计

下文根据该项目的目标，重点介绍采样点量值预测模型、装置工艺段稳定性模型。

1）采样点量值预测模型的算法技术方案设计。

对于采样点量值预测模型的算法技术方案设计，首先需要考虑的是模型的目标和特点。由于该模型需要对采样点的多个组分进行预测建模，因此需要考虑多元性和联合性。具体而言，需要考虑如何将多个组分进行联合预测，如何处理多元变量之间的相关性，以及如何确保模型的泛化能力和可解释性。

基于以上考虑，我们选择了三种算法技术来建立采样点量值预测模型：多元线性回归、随机森林和神经网络。具体而言，我们利用了多元线性回归算法来对单个采样点中的多个组分进行预测建模。这种方法可以将多个自变量（即各组分的含量）考虑在内，并通过线性组合的方式对其进行建模。同时，我们还利用了随机森林和神经网络算法来对所有采样点的各个组分进行联合预测建模。这种方法可以更好地考虑多元变量之间的相关性，并且能够通过非线性变换来处理复杂的关系。此外，我们还考虑了如何进行特征选择、模型融合和参数优化等方面的问题，以进一步提高模型的性能和可解释性。具体如下。

多元线性回归：对于单个采样点中的多个组分进行预测建模。

对于单个采样点中的多个组分进行预测建模，我们采用多元线性回归的原因主要有以下几点。

- **高度相关性：** 在一个采样点中，各个组分的测量值往往是高度相关的，这意味着它们之间存在线性关系。因此，多元线性回归可以通过考虑各个组分之间的相关性，来建立一个更为准确的预测模型。
- **可解释性强：** 多元线性回归的结果可以很好地解释每个自变量对因变量的影响程度，这对于后续的业务决策非常重要。
- **数据量较小：** 在单个采样点中，需要预测的组分数量通常不会很多，而多元线性回归对于数据量较小的情况下表现良好。
- **建模速度快：** 相对于一些复杂的机器学习算法，如神经网络等，多元线性回归的建模速度通常更快。

因此，针对单个采样点中的多个组分进行预测建模时，多元线性回归是一个比较合适的选择。

随机森林：对于所有采样点的各个组分进行联合预测建模。

随机森林是一种基于决策树的集成学习算法，通过构建多个决策树并组合它们的预测结果来提高模型的准确性和泛化能力。在对所有采样点的各个组分进行联合预测建模时，我们选用随机森林算法的原因如下。

随机森林可以处理高维度、大量的特征和样本，适用于本项目的数据规模和特征数量。

随机森林可以处理非线性关系，能够捕捉到各种变量之间的相互作用关系，适用于本项目中各个组分之间可能存在的非线性关系。

随机森林具有很好的鲁棒性，能够有效地处理异常值和噪声数据。

随机森林可以自动进行特征选择和特征重要性排序，帮助我们筛选出最重要的特征。

综上，采用随机森林算法对所有采样点的各个组分进行联合预测建模是一种合理的选择。

神经网络：对于所有采样点的各个组分进行联合预测建模。

当需要对所有采样点的各个组分进行联合预测建模时，我们采用神经网络的原因是因为神经网络具有以下优点。

- **非线性能力强**：神经网络可以处理非线性问题，并且能够学习非线性关系，适合处理复杂的非线性问题。
- **自适应性好**：神经网络能够根据输入和输出之间的关系自适应地调整模型参数，从而提高模型的精度和泛化能力。
- **并行计算能力强**：神经网络中的许多计算可以并行进行，因此在处理大规模数据时，神经网络能够更快地进行计算。
- **可以处理高维数据**：神经网络可以很好地处理高维数据，可以处理具有多个变量和多个因变量的数据。

综上所述，神经网络在处理大规模、高维、非线性的数据时具有优势，因此在对所有采样点的各个组分进行联合预测建模时，使用神经网络能够更好地提高预测精度和泛化能力。

2）装置工艺段稳定性模型的算法技术方案设计。

我们选取了 PO 装置中几个比较重要的独立的生产单元，将这些生产单元各自单独作为一个整体系统，以各单元流出口产品纯度最高、整个系统的能耗最低，以及物料转化率最高这三个最重要的指标为目标，实现系统所有控制变量在可变系统负荷下的自动化范围优化、核心控制变量的智能化调控，以及多目标协同控制。这里要特别说明的是，流出口的纯度并非越高越好，整个系统的负荷会根据季节、温度、湿度、市场对产品的需求的变化而调整，同时，除了这三个目标外，还需要阶段性满足综合收益最大化、生产成本最小化等要求，因此结合该项目的数据特征、工艺特征，制定了如下的算法方案。

基于支持向量机算法的多稳态识别模型。

对不同参数进行不同调整，才能达到一个动态平衡的稳定状态，尤其是当系统负荷变化时，要迅速识别不同的稳态，才能匹配不同参数的调整。

因此，先建立基于支持向量机算法的多稳态识别模型，主要用于识别系统处于哪个稳态。将处理后的数据作为输入，使用 SVM 算法进行分类，将不同的稳态进行标记。在实时应用中，通过监测系统的各种变量数据，就可以将系统的状态划分到某一个已经被识别出来的稳态中，然后就可以根据不同的稳态，进行相应的参数调整和控制策略。

SVM 算法是一种监督学习算法，它的优势在于对于小样本、高维度、非线性的数据集表现出较好的分类性能。在多稳态识别中，SVM 算法可以识别不同的稳态，因为在不同的稳态下，系统的参数值、状态变量等数据的分布都有所不同，因此可以利用 SVM 算法对其进行分类，以区分不同的稳态。

基于朴素贝叶斯算法的稳态变化概率预测模型。

除了能够精确的势必稳态，我们也需要根据目前参数调控的变化和监控参数的变化，实时预测稳态变化的概率，以及时响应，迅速做出调整。

基于朴素贝叶斯算法的稳态变化概率预测模型可以用于预测系统在当前操作参数下的稳态转移概率。朴素贝叶斯算法是一种基于贝叶斯定理和特征条件独立假设的分类算法，它通过训练集数据来学习先验概率和条件概率，从而对未知样本进行分类。

在该项目中，我们使用朴素贝叶斯算法建立稳态变化概率预测模型，将当前操作参数和监控参数作为特征，将稳态变化的概率作为标签进行训练。对于新的操作参数和监控参数，模型可以预测系统从当前稳态转移到其他稳态的概率，并及时响应，做出相应的调整。

需要注意的是，在构建模型时，需要选择合适的特征，如操作参数、监控参数和历史数据等，并对数据进行处理和归一化，以确保模型的准确性和鲁棒性。此外，还需要根据实际情况选择合适的贝叶斯分类器，如高斯朴素贝叶斯、多项式朴素贝叶斯或伯努利朴素贝叶斯等。

基于多目标函数求解的各独立单元的多目标优化模型。

对于多目标优化部分，我们构建了不同的目标层级，和同一层内各个目标的协同控制。针对每个独立单元，需要考虑最高纯度、最低能耗和最高转化率三个指标，建立一个多目标优化模型。该模型将各单元的控制变量作为自变量，约束条件为可变系统负荷下的控制范围，旨在实现自动化范围优化、核心控制变量的智能化调控，以及多目标协同控制。

在该模型中，我们先定义各个生产单元的优化目标，然后将这些目标函数组合成一个多目标函数。在多目标函数求解时，我们采用了多种运筹优化算法，例如线性规划、混合整数线性规划等。

对于每个生产单元，都需要对其进行建模和优化，具体步骤如下。

① **定义优化目标**：根据项目目标特点，我们选择了纯度、能耗和转化率三个指标作为优化目标函数，同时考虑季节、温湿度、市场对产品的需求等因素。

② **确定自变量**：将每个生产单元的控制变量作为自变量进行优化，例如温度、压力、流量等。

③ **建立约束条件**：需要约束自变量在可变系统负荷下的控制范围内，并满足产品质量、

生产成本等方面的要求。

④ **组合多目标函数**：对于每个生产单元，将其优化目标组合成一个多目标函数。

⑤ **进行多目标优化求解**：采用多种运筹优化算法，例如线性规划、混合整数线性规划等，求解多目标优化问题，得到最优的控制变量组合。

通过以上步骤，可以得到各个生产单元的最优控制变量组合，从而实现自动化范围优化、核心控制变量的智能化调控，以及多目标协同控制。

基于多目标优化的可协同的目标优化模型。

在完成各独立单元的优化模型之后，需要将它们组合成一个整体系统。此时，基于多目标优化的可协同的目标优化模型，可以看作各独立单元的优化模型在系统层面的进一步优化。该模型的目标是在满足各独立单元的优化目标和约束条件的前提下，使得整个系统的综合收益最大化或者生产成本最小化。在此过程中，需要考虑各单元的相互影响及系统的整体约束条件。

具体来说，对于这个模型需要考虑以下问题。

- **相互影响**：不同单元的控制变量之间可能会有相互影响，需要考虑这些影响对整个系统的影响。例如，一个单元的某个控制变量的变化可能会导致其他单元某些控制变量的变化，从而影响整个系统的综合收益或生产成本。

- **系统约束条件**：整个系统可能还有其他的约束条件，例如系统的总能耗不能超过某个限制，或者系统的总转化率需要达到某个最低值等。这些约束条件需要被考虑进来。

- **目标函数**：由于需要同时考虑多个目标，需要使用多目标优化算法。在这个过程中，需要权衡不同目标的优先级和权重。

基于以上考虑，可以建立一个多目标优化模型，将各独立单元的优化模型作为子问题，将各单元的控制变量作为自变量，同时加入系统层面的约束条件和目标函数。通过优化算法，得到整个系统的最优控制策略，以达到系统的综合收益最大化或生产成本最小化的目标。

基于多目标系统控制的智能化参数范围寻优模型。

由于调控的变量很多，不同变量的不同范围组合都可以形成新的稳定状态，达到目标调控，因此为了能找到不同控制参数在多个稳态状态下的最佳调控范围，我们建立了基于多目标系统控制的智能化参数范围寻优模型。主要采用的技术方法如下。

- **遗传算法**：用于搜索最优参数范围，在搜索过程中考虑多个目标函数，并利用交叉、变异等遗传算法操作，迭代产生新的参数组合，最终获得最优参数范围。

- **多目标优化算法**：在搜索过程中，需要考虑多个目标函数，例如产品纯度、能耗和物料转化率，这些目标往往是相互矛盾的，无法同时优化。因此，我们采用多目标优化算法来处理这些目标函数，例如非支配排序遗传算法 II（NSGA-II）和基于分解的多目标进化算法（MOEA/D），这些算法可以通过优化各个目标函数之间的权衡关系，得到一组可行的最优解，从而得到最优的参数范围。

- **基于模型的优化算法**：在搜索最优参数范围时，我们基于已有的模型，如多元线性回归、支持向量机、神经网络等，建立基于模型的优化算法，通过快速预测目标函数在不同参数范围内的值，从而加速寻优过程，提高算法效率。

综合以上算法技术，可以建立一个智能化参数范围寻优模型，该模型能够基于多目标系统控制的要求，自动搜索最优控制参数范围，实现各单元流出口产品纯度最高、整个系统的能耗最低，以及物料转化率最高这三个最重要的指标的协同优化，同时阶段性满足综合收益最大化、生产成本最小化等要求。

基于强化学习算法的调控参数智能控制模型。

为了实现核心控制变量的智能化调控，我们采用了强化学习算法，例如深度强化学习算法，通过学习系统状态与控制变量之间的关系，以及根据目标函数的优化方向，自主调整控制变量。这个过程需要对系统进行模拟仿真，并进行适当的训练和调参。

基于强化学习算法的多目标协同控制模型。

为了实现多目标协同控制，我们采用了基于强化模型的控制算法，例如模型预测控制算法，将系统状态预测和多目标优化算法相结合，实现控制目标的协同调节。

当然，针对上述算法方案中的具体模型，在具体实施过程中由算法工程化团队根据实际的数据质量和数据分布情况进行选择。相关的实现工具都比较成熟，不同的编程语言和工具中都提供了高度集成且成熟应用的接口，例如，Python 中的机器学习算法库 Scikit-learn 和运筹优化库 PuLP 等可以直接调用。在该项目中，我们的算法团队统一采用 Python2.7 版本作为算法开发工具，实现了上述算法方案。

(4) 算法和模型开发

为了项目目标，我们需要开发两种不同的模型：采样点量值预测模型和装置工艺段稳定性模型。其中，采样点量值预测模型又可以细分为三种不同的预测建模方式，包括单个采样点中的多个组分进行预测建模、所有采样点的各个组分进行联合预测建模和所有采样点的各个组分进行联合预测建模。装置工艺段稳定性模型则包含了基于支持向量机算法的多稳态识别、基于朴素贝叶斯算法的稳态变化概率预测、基于多目标函数求解的各独立单元的多目标优化、基于多目标优化的可协同的目标优化、基于多目标系统控制的智能化参数范围寻优模型、基于强化学习算法的调控参数智能控制模型和基于强化学习算法的多目标协同控制模型。

为了完成这些模型的开发，我们需要组建一个跨领域的开发团队。这个团队中需要有算法科学家、机器学习算法工程师和优化算法工程师。算法科学家负责方案的优化、技术选型和指导工作。机器学习算法工程师负责预测类的模型开发，优化算法工程师则负责智能控制类模型的开发。

在模型开发过程中，我们还需要注意一些关键点。首先，需要保证模型的准确性和稳定性。其次，需要确保模型能够满足项目的需求，并且能够在实际应用中取得好的效果。最后，需要确保模型的可扩展性和可维护性，以便在未来的应用中能够进行更新和维护。

在接下来的开发过程中，我们按照上述计划和团队结构，分别进行采样点量值预测模型和装置工艺段稳定性模型的开发。

在采样点量值预测模型方面，我们分别建立了以下三种模型。

单个采样点中的多个组分预测建模：这个模型需要算法科学家和机器学习算法工程师合作完成，算法科学家需要设计合适的特征提取方法和建模方案，算法工程师则需要实现算法模型，进行调参和评估。

所有采样点的各个组分进行联合预测建模：这个模型需要算法科学家和机器学习算法工程师合作完成，算法科学家需要设计合适的联合建模方案，算法工程师则需要实现算法模型，进行调参和评估。

所有采样点的各个组分进行联合预测建模：这个模型需要优化算法工程师来完成，优化算法工程师需要设计合适的联合建模方案，实现算法模型，进行调参和评估。

在装置工艺段稳定性模型方面，需要分别建立以下六种模型。

基于支持向量机算法的多稳态识别：这个模型需要机器学习算法工程师来完成，算法工程师需要实现支持向量机算法模型，进行调参和评估。

基于朴素贝叶斯算法的稳态变化概率预测：这个模型需要机器学习算法工程师来完成，算法工程师需要实现朴素贝叶斯算法模型，进行调参和评估。

基于多目标函数求解的各独立单元的多目标优化模型：算法科学家确定多目标函数求解算法在该问题上的可行性，并指导优化算法工程师进行模型开发；优化算法工程师根据算法科学家的指导，设计并实现多目标函数求解算法，对各独立单元进行多目标优化，以达到最优的运行效果，选择合适的多目标函数求解算法，并进行性能评估和调优。

基于多目标优化的可协同的目标优化模型：算法科学家确定多目标优化算法在该问题上的可行性，并指导优化算法工程师进行模型开发。优化算法工程师根据算法科学家的指导，设计并实现多目标优化算法，实现各独立单元之间的协同目标优化，以提高整个系统的运行效率和稳定性。

基于多目标系统控制的智能化参数范围寻优模型：算法科学家确定多目标系统控制算法在该问题上的可行性，并指导机器学习算法工程师进行模型开发。机器学习算法工程师根据算法科学家的指导，利用多目标系统控制算法，对系统参数范围进行智能化寻优，并进行模型调优和性能评估。

基于强化学习算法的调控参数智能控制模型：算法科学家进行算法的方案设计和优化，选择合适的强化学习算法，如深度强化学习算法，确定合适的奖励函数和状态表示方式，提出合理的策略网络结构和学习方法。机器学习算法工程师进行调控参数智能控制模型的建模和训练。根据算法科学家的方案设计，完成数据预处理、特征提取、模型搭建、参数调整等工作，并使用合适的数据集进行训练。优化算法工程师针对模型训练过程中出现的问题（如过拟合、欠拟合等问题）进行调试和优化，以及模型训练效率的提升。

（5）智能化应用集成

在该项目中，需要集成的模块包括数据采集模块、数据处理模块、特征工程模块、核心算法模块、控制指令模块、监控预警模块、自优化模块、前端展示模块、用户交互模块9部分，这些功能模块之间有串联部分，也有并联部分，同时还要与生产系统实时交互，因此集成过程非常重要。各个模块需要按照技术方案进行相互配合。

首先，数据采集模块负责实时获取生产系统中的数据，并将数据发送给数据处理模块进行预处理。数据预处理包括数据清洗、缺失值填充、异常值处理等，并将预处理后的数据传送给特征工程模块，进行特征选择和特征提取。

在此之后，核心算法模块根据特征工程模块提供的数据，构建并运行该项目的核心模型，通过控制指令模块和监控预警模块对生产系统进行监控和管理。同时，自优化模块会根据数据反馈和控制结果对算法模型进行调整，以确保模型的最佳性能。在模型完成后，前端展示模块和用户交互模块将展现模型的结果和报告，以供用户参考。通过这种方式，各个模块在整个项目中相互协作，以实现智能化应用的目标。

该项目中的各个模块之间通过 API 接口来进行交互。具体来说，数据采集模块采用 WebSocket 协议实时调取生产系统的数据，数据处理模块接收采集模块传送过来的数据，进行数据预处理的过程。预处理后的数据通过 API 传送给特征工程模块。特征工程模块采用机器学习的技术对实时数据进行特征提取和特征选择，生成可用于训练和预测的数据文件并由 API 接口传递给核心算法模块。

在核心算法模块的训练过程中，需要通过控制指令模块传递算法训练的超参数，如学习率或正则化参数等，同时通过监控预警模块实时监控系统运行状态，对系统异常情况进行告警处理。

自优化模块会对算法模型进行动态调整，以确保模型始终处于最佳性能状态。当模型的运行效率或结果出现问题时，运行记录将被反馈给自优化模块。在这一机制下，自优化器算法会对模型进行重新训练和优化，以解决问题并提升性能。

在整个系统的部署过程中，需要对不同模块的 API 文件进行调度，以确保各个模块能够按照设计方案实现相互配合和运行。为了避免 API 错误和系统崩溃，需要在系统部署前进行联合测试和优化。此外，还需要针对不同模块的异步请求和响应机制进行监控，确保整个系统能够高效、稳定的运行。

（6）应用部署和测试

在完成算法和模型开发及智能化应用集成后，就需要对系统进行部署和测试了。部署是将系统上线并在实际场景中运行，测试是为了验证系统的正确性和性能。

在实际部署过程中，我们将开发完成并集成好的智能化应用程序部署到实际业务场景中，配置好服务器和数据库等基础设施，并确保系统能够正常运行。在这个过程中，需要与系统管理员和运维人员密切合作，确保系统能够顺利上线，具体如下。

① **配置服务器和数据库**：在部署前，我们选定了适合该项目需求的服务器和数据库，并对其进行配置。由于该项目直接应用于生产系统，且要达到秒级控制响应，所以我们选择了一台高效稳定的服务器，以及一个能够处理大量数据并支持高并发请求的数据库。

② **部署集成应用**：在实际部署过程中，我们将已开发完成的智能化应用模块部署到服务器上。我们通过 API 接口与前端交互应用和后端的数据采集与存储模块进行连接和数据交互。为了搭建服务端框架，我们选择了开源框架 Django 和 Flask。

③ **配置网络和安全**：在运行部署好的系统前，我们需要确保网络安全性。我们对服务器进行适当的网络配置、修补漏洞，设置防火墙等措施，从而保证服务器安全并能够正常工作。

④ **进行联合测试和优化**：我们对部署好的系统进行测试。我们专门设计了测试用例和测试方法，对智能化应用各个模块进行单元测试、功能测试、性能测试等，以及在项目运行过程中进行不断的优化和修改，确保项目能够很好地工作，达到既定的目标和要求。需要特别说明的是，由于该项目中的核心算法模块开发了多种模型，负责不同的工艺流程，这些模型之间的集成关系是随着工艺逻辑的变化而变化的，因此从模型的角度来说，为了兼顾安全性和有效性，采用了多种部署模型集成，具体如下。

在采样点量值预测模型部署时，我们选用了云化模式。将单个采样点中的多个组分进行预测建模、所有采样点的各个组分进行联合预测建模和所有采样点的各个组分进行联合预测建模部署到云服务器上，通过 API 接口提供服务。例如，某个用户可以上传包含多个组分的采样数据，API 接口返回该采样数据中各个组分的预测值。

在装置工艺段稳定性模型部署时，由于该项目的控制模型比较复杂，涉及核心功能控制，因此选择了本地部署模式，以保证其敏捷响应。将多稳态识别、稳态变化概率预测、各独立单元的多目标优化、可协同的目标优化、智能化参数范围寻优模型、调控参数智能控制模型和多目标协同控制模型部署到本地服务器上，通过调用本地 API 接口提供服务。例如，某个用户可以通过本地软件界面输入实时监测数据，本地 API 接口返回各个模型的预测结果和控制指令，实现对装置工艺段的智能化监测和控制。

同时，将采样点量值预测模型和装置工艺段稳定性模型集成到一起，部署到本地服务器上，通过调用本地 API 接口提供服务。例如，某个用户可以通过本地软件界面输入实时监测数据，API 接口返回各个模型的预测结果和控制指令，实现对装置工艺段的智能化决策和控制。同时，该方案还可以部署到云服务器上，提供跨地域的智能化决策和控制服务。

（7）迭代和优化

在该项目上线后，我们通过数据监控、用户反馈和业务分析等手段来评估系统的性能和客户满意度，进而对系统进行迭代和优化。

数据监控：通过对该应用的整个数据流和各个模块的运行时产生的数据进行实时监控、分析和预警。在此过程中，我们发现了一些性能瓶颈和异常情况，从而对整个项目进行了优化。例如，智能应用中的监控预警模块的响应时间较长，控制指令发出后 30s 后才传回监控数据并进行分析。起初我们以为是算法运算时间较长导致问题，对算法进行性能优化后，发现响应时间并无改善。通过数据流监控日志分析发现是数据库冗余导致数据传输问题，我们及时进行了调整和优化。

用户反馈：用户的反馈可以帮助我们了解用户的需求和使用情况，从而有针对性地优化系统。该项目在上线运行阶段，邀请工艺段多为工程师进行全面试用并进行问题反馈，帮助我们有针对性地优化的诸多问题。例如，某一工艺段的工程师反映，在使用该应用系统的过程中，发现有时候系统会出现漏报的情况，也就是说工艺中有明显质量缺陷产生，但是系统没有给出预警和控制指令，导致生产线上的产品缺陷没有被及时检测出来。这个问题的出现严重影响到了生产效率和成品质量。我们非常重视工程师的反馈，立即组织内部开会进行讨论，并派遣技术人员前往该工艺段进行调研。最后，我们发现问题出在模型的训练和数据集的更新上。因为产品定义的缺陷类型较多，部分缺陷问题历史数据较少，从而导致数据分布不均匀，特征提取不足，模型没有很好的识别效果。我们立即修改了模型训练的算法，并将训练集进行了扩充和优化。经过多次测试和完善，我们花费了约 1 个月的时间，通过集中开发和测试，对系统进行了全面优化，最终解决了该工程师反映的问题。

业务分析：通过对业务数据进行分析，发现一些潜在的机会和问题，进而对系统进行调整和优化。我们可以对不同业务场景下的系统表现进行分析，从而发现一些潜在的性能优化和客户满意度提升的机会。例如，针对该项目在特定场景下应用的拓展问题，我们进行了深入的研究和优化。该系统原本应用于 PO 装置的重要产品质量检测中，对于产品的稳定性要求较高，然而近几年来，由于国际市场需求变化频繁，PO 装置生产的几类产品的实际需求也随之变化，因此保持定频生产模式容易造成产品积压或供不应求，企业决定进行变频生产模式，根据市场需求情况随时调整生产负荷，这对我们的智能应用算法的适应性提出较大挑战。为了应对这一问题，我们紧急修正了优化方案，通过叠加矫正模型、超参算子等方法对模型进行重新优化，顺利地适应了业务的新需求。

算法迭代：针对不同的算法模型，我们需要不断迭代和优化来提高模型的准确度和稳定性。例如，在该项目中，由于变化因素较多，工艺改进频繁，通过历史数据所训练地固化模型难以长久支持工艺生产。因此，我们制定了历史数据滚动、历史特征滚动、变频自动训练、人工定期优化等多种模型不断改进模型的训练数据、优化模型的超参数、引入新的特征等手段来提高模型的性能。

技术优化：除了算法模型，我们还对系统的技术架构和组件进行优化，以提高系统的性能和稳定性。例如，我们对系统的网络、数据库、缓存等组件进行优化，以提高系统的吞吐量和响应时间。

因为智能化的应用的核心在于算法性能的稳定性，因此在系统上线后，长达半年的时间，我们持续监控和优化各个算法之间的运行，进而进行优化。以该项目中的采样点量值预测模型为例，我们不断从以下方面做进一步优化。

① **数据增强**：通过增加数据集中的样本数量、种类和多样性来提高模型的泛化能力和鲁棒性。考虑使用了数据增强技术，如旋转、平移、翻转等操作扩充数据集。

② **特征工程**：针对不同的组分特征，设计更加适合的特征提取方法，提高模型预测的准确性和可解释性。

③ **模型融合**：通过结合多个模型的预测结果，得到更加准确的预测结果。可以考虑使用集成学习方法，如投票、平均等方式进行模型融合。

④ **算法选择**：对于不同的组分，选择最适合的算法模型进行建模。如对于某些特殊组分，可以考虑使用深度学习模型进行建模，提高模型的精度。

⑤ **在线学习**：通过在线学习的方式，不断更新模型参数和预测结果，以适应不同时间

段的数据变化和变化趋势，提高模型的预测能力和稳定性。

⑥ **模型可解释性**：对于预测结果不够准确的情况，可以通过解释模型的参数和特征对预测结果进行分析和解释，帮助决策者理解模型的工作过程和预测结果的原因。

以上是针对采样点量值预测模型的迭代和优化措施，对于其他模型，也可以类似地进行迭代和优化，不断提高模型的性能和适应性。

6. 项目总结

该项目是一个基于数据智能化的化工过程优化项目，通过对工业过程中的大量数据进行采集、清洗、处理、建模、智能化应用集成等一系列工作，最终实现对生产过程进行优化，提高生产效率和产品质量。

在该项目中，我们使用了多种算法和模型，包括基于机器学习的量值预测模型、基于强化学习的参数调控模型、基于多目标优化的系统控制模型等。这些模型都具有不同的特点和适用场景，为项目的成功实现提供了坚实的基础。

在项目实施过程中，我们采用了分工协作的方式，分别由不同的团队负责数据采集、数据处理、算法开发、应用集成和系统部署等工作，保证了项目进度和质量的控制。同时，我们也注重项目的可维护性和可扩展性，确保项目能够满足未来的需求。

在项目上线后，我们进行了持续的迭代和优化，包括模型参数的优化、新算法的引入、应用场景的扩展等，为用户提供了更加准确、稳定和高效的智能化服务。

这个智能化算法项目在业务上的价值非常显著，通过采用先进的数据分析和机器学习技术，帮助客户实现了多个方面的收益。

第一，该项目通过降低采样频率、提高采样质量和部分替代人工采样质检，大幅降低了采样频次，从而节约了 50% 以上的人工成本。这在一定程度上提高了企业的经济效益，降低了生产成本。

第二，该项目实现了实时控制、实时预测、实时预警、实时控制等功能，通过精准反应工艺运行状态，帮助客户快速响应各种工艺异常情况，实现精准控制和优化生产。

第三，该项目的算法模型准确率极高，质量预测准确率在 99% 以上，平均绝对误差小于 0.1。这为客户提供了高质量、可靠的预测数据，使客户可以更好地规划生产计划和生产流程，从而提高了生产效率。

第四，该项目实现了 100% 高可用的预测数据辅助物料平衡计算、能耗优化和用料优化，帮助客户优化了生产工艺，降低了生产成本，提高了产品质量。

最后，该项目挖掘了工艺控制参数最优调控区间，确保了产品具有 100% 的合格率。通过算法模型的优化，客户可以更好地控制和优化生产过程，从而提高产品的质量和稳定性。

综上所述，该智能预测项目为客户带来了巨大的业务价值和经济效益，助力企业提高生产效率、降低生产成本、提高产品质量，推动企业的可持续发展。

6.2 某新能源电池企业——售后备件供应链智能优化

1. 企业简介

该企业是一家我国先进的汽车和电池制造商,最初专注于电池技术和制造业务,后来扩展到汽车和其他新能源领域。目前,该企业已经成为全球最大的电动汽车制造商之一,拥有多种电动车型线和电池技术。在新能源电池领域,该企业一直是业内的领先者之一,拥有完整的产业链和领先的技术。

近年来,该企业将数字化转型和智能化应用作为提升企业核心竞争力的关键举措之一,不断加强在新能源电池领域的数字化、智能化布局。该企业在新能源电池领域的数字化建设主要包括两个方面:一是在生产制造过程中采用数字化技术,提高生产效率和产品质量;二是在销售和服务领域应用数字化技术,提高客户满意度。在生产制造方面,该企业采用了数字化工厂的概念,通过自主研发的 MES 系统、WMS 系统等数字化管理系统实现生产过程全流程的数字化管理,从而实现了生产过程的透明化和自动化。同时,该企业还在生产制造中引入了机器人自动化技术,提高了生产效率和产品的品质。

除此以外,该企业还积极探索智能化技术对新能源电池生产、销售及管理方面的智能化应用。该企业推出了智能电池交换技术,通过智能化的充电设备和电池交换系统,实现了电池的快速更换和充电。该企业的电动汽车还支持自动驾驶技术,通过智能化的传感器和控制系统实现了车辆的自主行驶。

总之,该企业在新能源电池领域的数字化、智能化布局,既提高了生产效率和产品质量,也提高了用户体验和客户满意度,进一步巩固了该企业在新能源汽车领域的市场地位。

2. 项目背景

该企业作为新能源电池行业的领军企业,生产的新能源电池种类繁多,每年发布的新型电池种类不断增加,这给企业供应链、生产计划和库存管理带来了巨大的压力。同时,售后供应链的压力也十分巨大,备件的种类和数量不断增加,给企业的售后服务带来了巨大的挑战。因此,为了保证售后服务的及时性和高效性,企业必须加大对备件管理方面的投入,包括备件需求的预测、采购、生产、配送、库存管理等。售后备件需求预测、生产计划和库存优化是企业售后服务面临的严峻问题。如果备件管理不当,会导致备件库存过多或过少的问题,从而影响企业的客户服务水平和口碑。因此,必须研究备件需求的变化规律,提出准确有效的备件需求预测方法,以及研究如何进行备件库存管理,以保证售后服务的高效性和客户满意度。

具体来说,该企业有多达 2 万余种备件,其中自制件占 75%,尤其是电池中的电芯(Cell)、模组(Module)和电池组包(Pack)的大部分组件由该企业自主生产和组装。然而由于不同组件性能差异较大,实际需求差异极大,只有做好各类备件的实际需求,才能更好地指导采购和生产。

此外，企业需要生产各种电芯、模组和电池组包，这些产品既可以用于产品组装，也可以作为售后备件。在生产过程中，企业会根据实际需求进行生产计划和转产计划。因此，基于需求计划，以最小成本和最高需求满足率为目标的售后备件生产计划、转产计划和插单计划等都显得尤为重要。为了确保备件及时交付和生产成本最小化，企业需要根据需求预测结果制订生产计划，并优化生产流程。在制订生产计划时，应当综合考虑存货成本、研发和生产的交叉关系及生产效率等因素，以达到经济、高效和优质的生产目标。

该企业的售后备件的库存属于多级库存管理，包括中央仓、区域仓和本地仓等不同层级。然而，过多的备件库存会增加公司成本，库存不足则会影响客户满意度。因此，需要制定一个科学合理的库存管理系统，以确保备件库存在适当的水平上，并且有助于使客户满意度最大化。为了实现这个目标，企业需要根据备件需求的预测结果、库存总量和周转率等因素来制订库存计划。此外，优化供应链也是一个重要的方面，优化措施包括协调供应商、减少库存、缩短交货周期等。这些措施可以帮助企业更好地优化库存管理，提高效率和客户满意度。

总体来说，准确预测需求、严格的生产计划和科学的库存管理是解决售后备件问题的关键。

3. 项目的目标和范围

为了解决该企业售后备件生产计划无法满足实际需求、备件库存不合理等问题，该项目的目标是通过备件需求预测，实现有效的备件计划和库存管理，进而满足决策分析的需求，提升需求订单满足率和库存周转率。项目整体架构如图 6-1 所示。

具体来说，该项的实施目标可以分为以下三个主要方面。

（1）售后备件需求预测

针对该企业的售后备件实际需求量进行逐月预测。对于企业自主生产的备件，由于需要提前进行生产计划和排程，周期较长，因此需要构建较长周期的需求预测，即预测未来 1~24 个月的实际需求量。为了达到更精准的预测结果，应该整合多种预测方法，包括基于历史数据和趋势分析的方法、基于机器学习算法的方法等。此外，需根据产品生命周期、市场变化等因素进行定期更新和调整。

对于需要采购的备件，备件供应周期相对较短。根据备件品类差异，该企业的备件供应商一般在 2 周至 6 个月内就可以满足备件供应需求。因此只需要预测未来 1~6 个月的实际需求量。针对这种情况，可以采用基于订货周期、采购量和库存水平等多个因素来进行需求预测。

综上，构建精准的备件需求预测需要从多个角度进行考虑，并借助多种预测方法和分析工具。同时，需要不断更新和调整预测模型，以适应市场变化和产品生命周期等因素的变化。这样才能使企业在备件需求预测方面达到更高的效率和准确性，并提高售后服务质量和客户满意度。

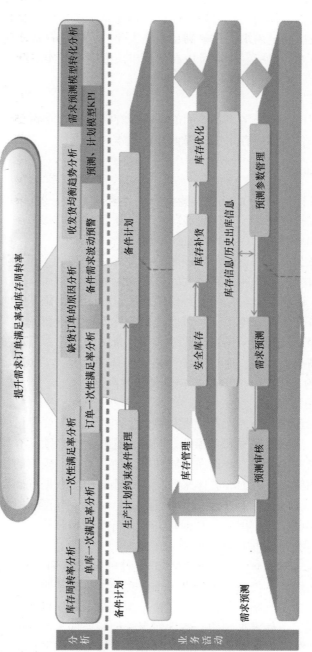

图 6-1　项目整体架构（见彩插）

（2）售后备件生产计划

针对企业自主生产的备件，结合备件需求预测结果、备件各个仓库的在库库存、备件的运输和入库出库时长、备件的生产时间等信息，构建基于多目标优化技术的备件最优生产计划模型，以实现阶段性满足需求、订单满足率最大化、安全库存最小化、库存成本占用率最小化、安全库存保障率等目标。企业可以在保证供应和降低成本之间取得平衡，提高售后服务支持质量。

（3）售后备件库存优化

在指定生产计划中，综合考虑各仓库的备件库存情况，建立库存优化模型，在满足客户需求的情况下，减少各备件库存水平，降低库存成本。

4. 项目可行性评估

我们从业务价值评估和 ROI 预估、数据可用性和可信度、技术可行性和可扩展性等方面对该项目进行了可行性评估。具体来说：

（1）从业务价值评估和 ROI 预估方面

在售后备件领域，高效的备件需求预测、备件库存管理和备件生产计划是极为重要的，这有助于提高售后服务水平和客户满意度，提升企业品牌形象和口碑，从而带来更多的客户和销售机会。因此，该项目有很高的业务价值。通过使用智能化算法对备件进行需求预测和生产计划，并结合备件库存管理系统，可以减少备件库存数量和库龄，提高备件周转率和客户满意度，降低库存成本和过期损失。此外，优化备件生产计划可以减少生产成本，提高生产效率，进一步提高企业利润。通过系统性估算，该项目落地后可以为企业带来 3500 万 ~ 5000 万元的成本节约。因此，该项目的 ROI 预估很高。

（2）从数据可用性和可信度方面

智能化备件需求预测、备件库存管理和备件生产计划都需要大量的历史数据作为训练和验证数据，以提高算法的准确性和鲁棒性。同时，这些数据必须具有高可信度，否则会对模型的效果和预测结果产生影响。我们在实施项目之前，对企业现有的数据情况进行调研，包括数据质量、数据源等多各方面。整体来看，该企业的历史数据基础良好、数据收集范围广泛，系统建设成熟，完善地保存了近五年所有的售后备件实际需求数据、各类生产计划数据、各类备件的库存数据等。因此，数据具有较高可用性和可信度。

（3）从技术可行性和可扩展性方面

该项目的难点在于不同频次、不同类型的备件的需求预测。一是不同备件的材质差异大、生命周期是非线性的，仅通过统计学习难以实现高精度预测，二是对于新品、次新品和非易损品的预测难度角度。基于以往项目经验，需要综合应用机器学习、数据挖掘、优化算法等技术手段，实现了备件需求预测、备件库存管理和备件生产计划的智能化，具有技术可行性和可扩展性。此外，针对企业不同的需求和业务场景，需要根据实际情况调整模型的参数和算法，提高系统的适应性和稳定性。

5. 项目实施

根据智能化项目实施方法论，我们进行了业务与流程调研、需求分析与定义、数据采集与预处理，并制定了详细的技术方案，分别是备件需求量预测技术方案、备件生产计划优化方案与备件库存优化技术方案。基于此，我们为该项目分别建立了备件需求量预测系统、备件生产计划优化系统及备件库存优化系统。这三个系统为串联关系，备件需求量预测的结果会作为备件生产计划优化系统的数据输入，同理，备件生产计划的输出会作为备件库存优化系统的输入，实现备件库的中央仓和区域仓的库存优化。各个技术方案的详细实现流程如下。

（1）备件需求量（维修需求量）预测技术方案及实施

该企业的售后备件种类较多，根据历史数据统计，有 6947 种备件处于正常运维状态，需要构建预测模型，以预测其实际需求量。根据实际需求数据分析，根据备件的月均维修情况对售后备件进行分类统计，见表 6-1。

表 6-1　售后备件分类统计表

	常规件	次新件	全新件	总计
未流通件			962	962
快速流通件	597			597
中速流通件	935	1967		2902
慢速流通件	757	1729		2486
总计	2289	3696	962	6947

从类别角度来看，我们将历史数据多于 3 年（包括 3 年）的售后备件定义为常规件，历史数据在 1~3 年（包括 1 年）的售后备件定义为次新件，历史数据少于 1 年的称为全新件。从流通性角度，我们把月均维修量在 1000 件及以上的售后备件称为快速流通件，月均维修量在 50~1000 件的售后备件称为中速流通件，而月均维修量在 50 件以内的称为慢速流通件。该项目以企业售后备件的月度需求量为预测目标，不再针对售后的中央仓、区域仓的需求量进行细分预测。考虑到售后备件的计划和排产周期、生产周期、出库及运输时间等问题，需求量预测的时间周期选定为未来 12 个月，即每个月月初预测未来 1~12 个月各类备件的维修需求量。针对不同类型的备件，结合其实际维修数据分布，我们制定了不同的算法方案，下面仅选取几个典型的数据分布进行举例说明。

1）中速流通平稳常规件。

该类备件是指它的历史维修需求量数据在 3 年以上，月均维修需求量在 50~1000 件，且每月的需求相对平稳，较少出现维修需求量徒增或突降的情况。某备件（编号：340440-00004）自 2016 年 5 月上市，每月的实际维修量大多数在 100~150 件（见图 6-2）。这类备件的需求量可以采用统计建模或机器学习建模方式，结合硬件全生命周期模型进行预测，一般具有较好的预测结果。

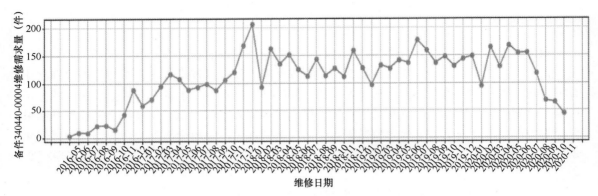

图 6-2　某备件（编号：340440-00004）每月维修需求量

　　根据中速和快速流通平稳常规件的历史维修工单数据及对应数据，构建机器学习和硬件全生命周期模型，预测备件在未来一段时间内的维修量。基于长周期数据具有锯齿状的特点，相邻周期波动较为显著（13%左右）且数据无季节性趋势，应用机器学习模型捕捉每次的波峰和波谷，能准确地预测锯齿期，同时建立硬件全生命周期模型分阶段捕捉硬件全生命周期中的早期失效期、偶然失效期和耗损失效期的三个阶段。通过机器学习模型与硬件全生命周期模型的融合，能准确预测出上升锯齿期，平稳锯齿期，及下降锯齿期。

　　2）低速流通平稳常规件。

　　该类备件是指它的历史维修量数据在 3 年以上，月均维修量在 50 件以下，且每月的需求相对平稳，较少出现需求量徒增或突降的情况。某备件（编号：770151-00089），自 2017 年 7 月上市，每月的实际维修量大多数在 15 件以内（见图 6-3），实际维修量较少，一般是由于其所对应的成品商品的市场容量小，或是该备件具有耐用属性，不易损坏。这类备件的需求量可以采用时间序列建模方式进行预测，一般具有较好的预测结果。

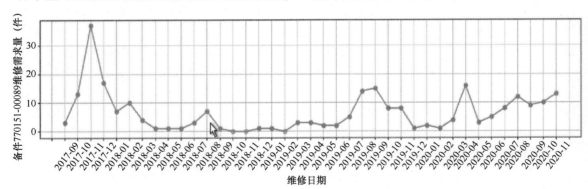

图 6-3　某备件（编号：770151-00089）每月维修需求量

　　根据慢速流通平稳常规件的历史维修工单数据及对应数据，构建时间序列模型，预测备件在未来一段时间内的维修量。基于中长周期数据具有非规律性的上升及非规律性回落的特点，通过建立时间序列模型，将数据分解为趋势项、周期项、季节项、误差项，找出自身变动规律和非自身的影响，加上采用周期项与季节项的特性，捕捉非规律性的上升和回落点。

3）非平稳常规件。

该类备件是指它的历史维修量数据在 3 年以上，月均维修需求量在大部分月份分布相对平稳，但是在个别月份会出现需求量徒增或突降的情况，且无明显的周期性关联。某备件（编号：800122-00069），自 2017 年 6 月上市，每月的实际维修量大多数在 5 件以内（见图 6-4），实际维修量很少，但是在 2018 年 6 月—2019 年 6 月 1 年内，维修需求量有陡增、陡降现象，且实际维修量增长异常。这类情况一般是由于其所对应的成品商品的销量猛增，且该备件具有耐用属性或具有硬件生命周期衰变特性。这类备件的需求量可以结合时间序列建模和硬件全生命周期建模方式进行预测，一般具有较好的预测结果。

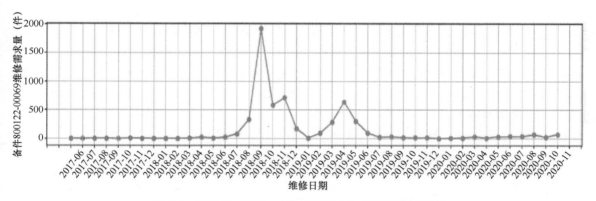

图 6-4　某备件（编号：800122-00069）每月维修需求量

根据非平稳常规件的历史维修工单数据及对应数据，构建时间序列模型和硬件全生命周期模型，预测备件在未来一段时间内的维修量。基于中长周期数据具有极少数时间的暴涨（月维修量猛涨 300% 以上，甚至千倍），且具备较弱的周期特性及季节特性，建立时间序列模型，将数据分解为趋势项、周期项、季节项、误差项，挖掘出自身变动规律和非自身的影响，加上采用周期项及季节项的特性，能够捕捉数据的上升点和回落点，再构建硬件全生命周期模型，分阶段捕捉硬件全生命周期中的早期失效期、偶然失效期和耗损失效期的三个阶段，配合时间序列模型，可以强化捕捉暴涨点的非平稳阶段和平稳阶段。

4）缺数据全新件及次新件。

该类备件是指它的历史维修量数据在 1 年以内，或无历史维修记录，月均维修量基本为个位数，且分布稀疏。某备件（编号：770252-00127），自 2019 年 12 月上市，每月的实际维修量极少，甚至维修量为 0（见图 6-5）。这类情况一般是由于其所对应的成品商品为新发售电池，仍处于销售过程中，市场使用量较少，尚未进入售后维修阶段。这类配件的需求量可以结合硬件全生命周期建模和相似性准则建模方式进行预测，一般具有较好的预测结果。

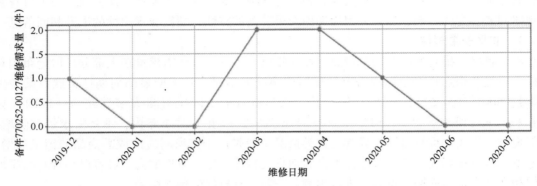

图 6-5　备件（编号：770252-00127）月均维修需求量

根据全新件（次新件）与常规件间的相似特点构建相似性准则模型和硬件全生命周期模型，预测备件在未来一段时间内的维修量。基于全新件或次新件具有较少历史数据，甚至没有历史数据特点，通过构建相似性准则模型，挖掘其他相似类型备件的相似备件特性，结合硬件全生命周期模型能够拟合备件早期失效期的特性，并与相似性准则模型叠加，解决全新件的早期预测情况。

表 6-2 是某备件（编号 340440-00004）在不同算法建模下的维修需求量预测。

表 6-2　某备件（编号：340440-00004）在不同算法建模下的维修需求量预测

模　　型	训练 R^2	训练 MAE	测试 MAE	训练 ARA%	验证 ARA%
LIGHTGBM	0.573	21.823	51.748	76.00	43.80
XGBOOST	0.705	17.141	47.106	75.80	71.70
LinearRegression	0.718	5.356	6.573	81.54	80.34
ARIMA	0.721	6.014	7.340	82.58	82.34
硬件全生命周期失效函数	0.741	8.014	9.276	82.76	80.73
多模型融合	0.8245	4.685	5.9565	88.04	87.84

注：1. R^2：统计学中的拟合优度指标，R^2 为回归平方和与总离差平方和的比值，表示总离差平方和中可以由回归平方和解释的比。R^2 取值范围是［0,1］，R^2 越大表示模型效果越好。

　　2. MAE：统计学中的平均绝对误差（Mean Absolute Error），用于衡量一个模型或方法的预测结果与实际观测值之间的平均差异程度，MAE 的值越小，代表模型或方法的预测结果与实际观测值的差异越小，预测的准确度越高。

　　3. ARA%：平均相对误差（Average Relative Accuracy）的百分比。它是一种用于衡量预测模型的准确性的统计指标。ARA% 的值越小，表示预测模型的准确性越高，预测结果与实际值的相对误差越小。

我们共收集到该备件的 56 个月的实际需求数据。时间跨度为 2016 年 5 月—2020 年 12 月，其中选取 2016 年 5 月—2020 年 6 月的数据进行模型训练，2020 年后的 6 个月数据用语模型测试。使用机器学习算法 LIGHTGBM、XGBOOST、LinearRegression、ARIMA、硬件全生命周期和模型融合等算法进行建模，最后考虑不同模型侧重点不一致的特性，从中采取模型融合，预测出更好的效果。以下是具体的模型表现。

① LIGHTGBM 算法在此备件维修需求量预测中表现较差，既不能拟合趋势，也不能捕捉"小波峰、小波谷"现象（见图 6-6）。

② XGBOOST 算法在此备件维修需求量预测中表现中规中矩，存在过拟合的风险，在训练中表现优异但是测试中有一定的偏差，不能及时反映未来月份维修量的趋势，为了避免 XGBOOST 的缺点，需要与其他模型联合（见图 6-7）。

③ LinearRegression 算法能够灵敏反映未来月份维修量的趋势，甚至趋势一致，但是对于"小波峰、小波谷"的捕捉能力欠佳，为了捕捉"小波峰、小波谷"，需要与其他模型联合（见图 6-8）。

④ ARIMA 算法能够灵敏反应未来月份维修量的趋势，甚至趋势一致，但是部分月份有一定的偏差，预测往往过大或过小，为了避免此缺点，需要与其他模型联合（见图 6-9）。

⑤ 硬件生命周期算法能够灵敏反应未来月份维修量的趋势，但是对于"小波峰、小波谷"，有一定的捕捉能力，但是不能完全捕捉"小波峰、小波谷"，需要与其他模型联合（见图 6-10）。

⑥ 无论是对拟合月维修量的趋势还是大部分的波峰波谷的预测，模型融合算法在对于中速和高速流通件的预测中都表现优异。更优异的是它对未来的拟合能力最优秀，结合备件的生命周期算法，采取不同模型融合的方式，擅长解决维修需求量预测问题（见图 6-11）。

综上所述，在该项目种，采用多种模型对于不同类型进行预测，取得了较好的效果，综合预测准确度可以达到80%以上，为后续备件的计划执行提供了重要支撑。

（2）备件生产计划优化方案及实施

备件生产计划是针对市场需求及供应链情况等多种因素进行计划制订的过程。生产计划的主要目标是实现供需平衡，既确保充足的备件供应能够满足市场需求，又避免过度生产和储备备件，以降低企业库存成本。简单来说，备件计划的目标就是要快速响应市场需求，但不能以囤积很多备件的办法来满足，必须做到供需平衡。计划环节一般会关注订单一次满足率、单库一次满足率、缺货订单的原因分析，以及备件需求波动预警等指标。该项目主要关注企业自产备件的生产计划，因此，还需要关注原材料采购成本、备件生产成本及运输成本。

目前该企业的售后备件计划主要是通过人工计算来完成。售后部门根据市场需求和企业零部件生产计划制订初步的生产计划，并将其提交给计划部门。计划部门会根据产能分布、原材料采购及成品需求变化等因素进行调整，并与售后部门多次沟通以确定未来半年至一年的生产计划。同时，由于市场实际需求的变化，计划部门也需要随时对生产计划进行调整，这对售后部门的生产节奏产生了相当大的影响。

该项目的备件生产计划优化分为两部分：各类备件未来 1~12 个月的最优生产计划，及备件生产计划决策仿真引擎。

具体来说，备件未来 1~12 个月的最优生产计划是指根据备件需求预测、生产能力及其他可用信息制订出的。生产计划要确保订单一次满足率、单库一次满足率及避免缺货等问题，

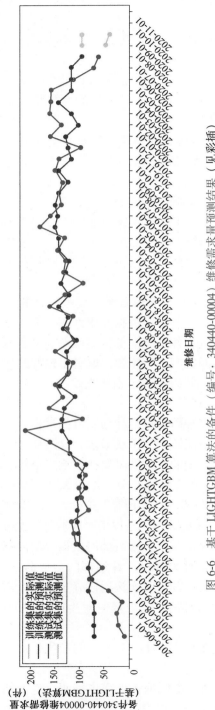

图 6-6　基于 LIGHTGBM 算法的备件（编号：340440-00004）维修需求量预测结果（见彩插）

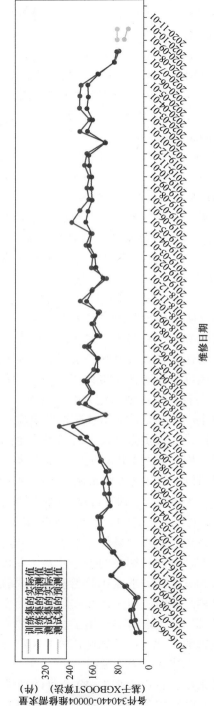

图 6-7　基于 XGBOOST 算法的备件（编号：340440-00004）维修需求量预测结果（见彩插）

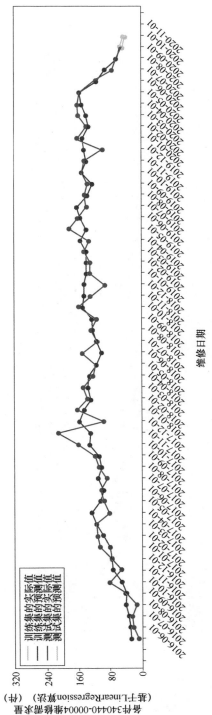

图 6-8　基于 LinearRegression 算法的备件（编号：340440-00004）维修需求量预测结果（见彩插）

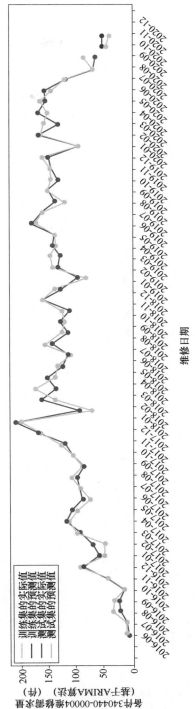

图 6-9　基于 ARIMA 算法的备件（编号：340440-00004）维修需求量预测结果（见彩插）

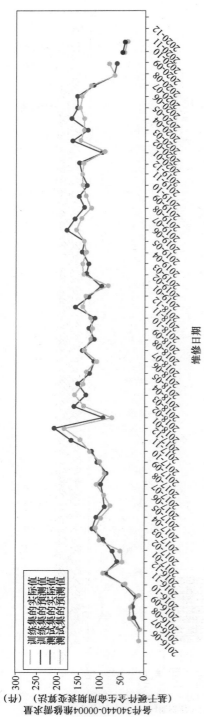

图 6-10　基于硬件全生命周期衰变算法的备件（编号：340440-00004）维修需求量预测结果（见彩插）

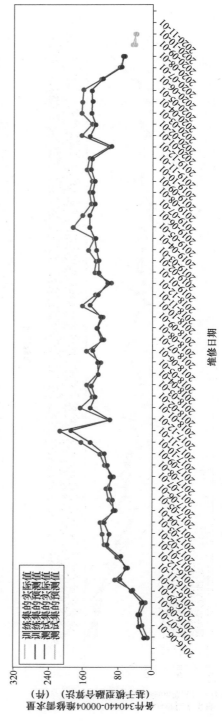

图 6-11　基于模型融合算法的备件（编号：340440-00004）维修需求量预测结果（见彩插）

并且确认每个备件的生产时间和数量，调度生产线和采购订单，保证生产计划的顺利执行。

备件生产计划决策仿真引擎可以用于验证和优化生产计划，这是一个非常重要的环节。它能够通过建立生产模型，将各种因素纳入考虑，如原材料供应、生产线效率、库存成本、运输成本等因素，并通过评估不同的计划方案来制订出最优的生产计划。仿真引擎同时也能用于预测备件需求波动，并据此调整生产计划。这将帮助企业和团队提高生产计划的准确性和敏捷性，避免库存积压和缺货等问题，提高企业的运营效率和效益。

1）备件最优生产计划。

考虑到该项目实现备件生产计划的过程中，涉及了数据采集、预处理、特征工程、算法建模和可视化等多个环节，对于每个备件生产计划，都应充分考虑到影响备件需求的各种因素，从而制订出最优生产计划。下文将详细介绍每个环节的具体实现。

第一，对于数据采集环节，采用企业 ERP 系统和现场传感器数据两种方式，确保数据的完整性和准确性。该项目中影响售后备件生产计划的数据分为 5 类，分别是备件的备件需求数据、备件库存数据、备件运输数据、备件生产数据、产能限制数据。

- **备件需求数据：** 各类备件 5 年内的实际需求量、各类备件未来 1~12 月的备件需求量。
- **备件库存数据：** 各中央仓和区域仓本月在库库存量、历史在库库存量、期初库存量、期末库存量、出库频率、日增库存量、日消耗量、在途运输量等。
- **备件运输数据：** 本地仓运输时长、区域仓运输时长、中央仓运输时长、仓库间调货周期；
- **备件生产数据：** EOP&SOP 阶段备件各备件生产时间、物料准备时间、生产准备时间、原材料和替换料等；
- **产能限制数据：** 各生产单元在产数据、产能计划、原材料库存及到货时长、入库时长、库存限制等。

第二，在数据预处理环节，使用了数据清洗、合并、异常值处理、重采样等技术对原始数据进行了预处理，以消除数据噪声和冗余信息，为下一步的特征工程提供干净的数据。在该项目中，企业已经实现了各数据系统对接，因此只需要通过 API 方式对接各数据库系统，就可以获取完整的历史数据。获取数据后，对所有数据以备件和月度为维度进行统计和整合，形式基于备件的逐月数据表，为下一步数据处理和特征构建做准备。

第三，在特征工程环节，对数据进行特征提取、选择和构建，以提取备件需求的关键特征，例如季节性备件需求变化、月度累计需求变化、节假日因素对备件需求的影响、地域备件需求差异等。通过特征构建，我们发现不同备件的地域性、季节性、周期性差异明显。例如，非平稳常规件受到地域性和季节性影响最大，在华东区域和华南区域的 3、6、9、12 月的需求量出现明显增加。通过对历史数据分析和企业零部件历史销售情况分析发现，这是由周期性促销活动、政策性补贴活动、地域性主推业务模式等共同影响所致。这些特征可作为后续模型训练和预测的关键输入数据。

第四，在算法建模环节，采用基于可调整的多目标运筹优化算法使生产计划模型最优化。这个算法模型可以对历史数据进行自学习，从而逐步优化模型的准确性。在该项目的优化算法中，设定了如下约束条件：产能计划、原材料库存及到货时长、入库时长、库存限制等。优化的目标设定为：最小化库存成本、最大化服务水平、最小化缺货损失、最小化生产效率。可以根据实际需求对这些目标进行优先级调整和权重调整。调整的依据为需求订单满足率和库存成本占用率。售后备件计划算法实现流程如图 6-12 所示。考虑到备件需求预测的精度，以各备件过去 6 个月内的预测准确度均值为依据，设定精度权重，校准输出的备件需求预测量，确保备件生产计划的可信度。

最后，可视化环节采用了仪表盘和图表等形式，直观地展示备件的需求量和生产计划，并将模型预测结果实时更新到可视化界面，使操作者可以及时发现问题并进行调整和优化。

总之，以上这些环节相互协作，构建该项目的完整备件生产计划体系，可以有效地为企业生产提供参考决策。

2）备件生产计划决策仿真引擎。

该项目中还专门设计并构建了备件生产计划决策仿真引擎，以便售后备件计划部门进行计划的仿真模拟。由于上面的备件最优生产计划系统本质上来说是一个黑盒模型，用户只能看到最终的备件生产计划，无法评估它的合理性，无法准确理解是受什么因素影响下而形成备件计划。因此，我们设计的备件生产计划决策仿真引擎的主要目标就是模拟备件生产过程，以评估备件生产计划的效果，从而提高决策的可靠性和准确性。它的价值在于，通过仿真引擎进行备件生产计划的模拟和评估，能够帮助企业在生产前预判可能出现的问题，并调整生产计划以减少损失，同时可以降低生产成本，提高企业的盈利能力。

用户可以充分考虑并任意改变备件生产中的各种约束条件、目标、风险和不确定性条件等，该仿真引擎可以同时模拟出不同备件生产计划的结果，以及对其他产线和工序的影响等，并展示出不同备件生产计划对生产成本、库存成本及订单满足率等各个决策目标的量化影响。用户可以根据仿真引擎的最满意结果所对应的设置条件对备件最优生产计划系统的输入进行设定和矫正，从而帮助企业制订出更加优化、可靠和适合的备件生产计划。

备件生产计划决策仿真引擎包括三个主要组成部分，即生产模型、仿真算法和结果可视化。在生产模型中，我们根据企业生产环境中可能遇到的各种条件和风险，构建了相应的生产模型，包括生产能力、人员配置、设备状况、生产计划等。仿真算法是根据上述生产模型，利用概率论、统计学和随机过程等方法，进行多次随机仿真，以获取不同输入参数下的备件生产计划模拟结果。结果可视化则将以上结果以直观、易懂的方式展示，可以帮助企业售后计划人员更好地理解仿真数据，并在生成的结果中选择最适合的备件生产计划。表 6-3 为订单满足率为 98% 时的最优备件生产计划，它列出了限制条件下的推荐生产方案、推荐库存方案、生产成本和库存成本。根据仿真结果，库存成本为 111 万元人民币，生产成本为 1150 万元人民币。

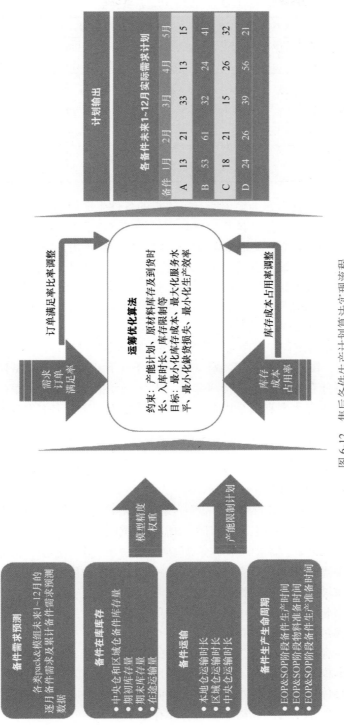

图 6-12　售后备件生产计划算法实现流程

表 6-3　订单满足率为 98% 时的最优备件生产计划

时间	1 月	2 月	3 月	4 月	5 月	6 月	7 月	8 月	9 月	10 月	11 月	12 月
推荐生产方案/GWh	1	0	0	0	1.5	3.5	3	0	3	0	0	3
推荐库存方案/GWh	0.9	0.5	0.3	0.2	0.1	0.4	1.6	0.1	2.2	1.5	0.2	0.2
生产成本（万元）	95	0	0	0	135	245	225	0	225	0	0	225
库存成本（万元）	8.1	2.5	0.9	0.4	0.1	0.6	25.6	0.1	48.4	22.5	0.4	0.4

在同一条件限制下，仿真引擎会输出所有可执行的备件生产计划，用户可输入需求，对任意生产计划进行对比，并输出最佳推荐生产计划。例如，在订单满足率为 98% 的条件下，共有 28 种备件生产计划方式，设定 3 种总成本最小的生产方式进行可视化对比（见图 6-13）。我们可以看到，第 28 种生产方式的库存量最低，且生产成本和库存成本最小。

总之，备件生产计划决策仿真引擎的实现旨在提高备件生产计划的可靠性和决策效果，降低企业的风险和成本，同时为科学、智能的备件生产提供了一种创新解决方案。

（3）备件库存优化技术方案及实施

该项目的第三部分是构建备件库存优化系统，该系统的主要目标是合理安排中央仓、区域仓和本地仓的备件分布，在最大化满足区域订单需求的条件下，降低各仓储备件的库存量。

在该项目中，备件库存优化模型包括两部分：库存模型和补货模型。库存模型是为了确定各个库存中各备件的库存水平和安全库存，补货模型是为了确定各备件的最佳补货时间。接下来，具体谈谈模型的实现。

1）**库存模型。**

该项目中的库存模型是一种用于计算和预测库存水平的数学模型，它主要用于优化库存水平、减少库存成本和缺货风险。

常见的库存模型包括基于需求的模型、基于容量的模型和基于时间的模型。其中，基于需求的模型是最为常用的一种库存模型，它基于历史需求数据或未来需求预测，计算所需库存水平以满足客户需求。常见的基于需求的库存模型包括定量法、安全库存法、批量订货模型等。

定量法是一种根据需求预测和库存限制，计算每个时期的最优批量和库存量的方法。安全库存法是一种在需求波动或不确定性较大的情况下，通过设立安全存量，保证能够及时满足需求。批量订货模型是一种基于经济批量和库存周期的模型，主要应用于订货周期和订货量固定的情况下，计算最优批量和库存水平。

除了基于需求的库存模型，还有其他一些常见的库存模型，如基于容量的模型和基于时间的模型。基于容量的模型主要应用于物流仓储场所或备件中心等需要限制库容的场合，主要基于库存容量和物品体积计算库存水平。基于时间的模型主要应用于生鲜等周期性需求和限制保质期的产品，主要基于时间和需求量计算库存水平。

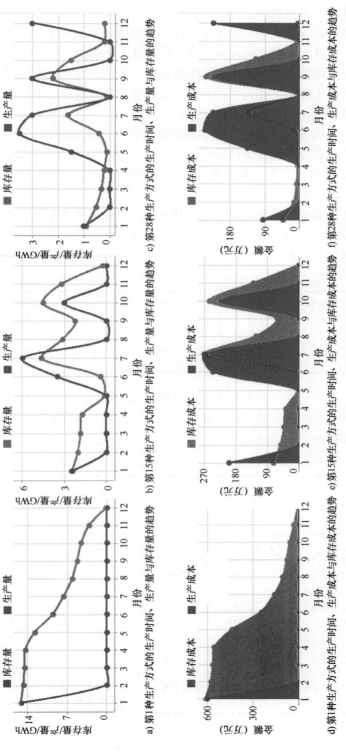

图 6-13　订单满足率为 98% 时的 3 种备件生产计划（见彩插）

该项目采用基于需求预测、结合定量法和安全库存法的库存模型。该项目的备件需求预测周期长，因此很难保证长周期的预测准确性，尤其是该项目针对近 7000 种不同备件的需求量进行预测，全新件和次新件的预测准确度较难确定。因此，该项目的备件需求预测没有精确分配到各个仓库的需求量，无法直接应用基于需求预测的定量法构建库存模型。然而安全库存法仅是基于历史数据统计，为最大化满足订单需求而构建的库存模型，容易造成库存冗余，增加库存成本。

基于此，我们采用需求分摊法，将各零部件的需求预测总量按照一定比例分摊到各仓库，这样就得到了各仓储单元的备件需求量，进而构建基于机器学习算法的定量预测方法，计算未来 1~6 月的库存量。为了解决需求预测不准确的问题，同时建立基于需求不确定性和客户订单满足率的各备件的安全库存。

首先是确定各仓储单元的备件需求量。基于备件需求量预测系统的结果，得到了全国近 7000 种备件的总需求量，预测周期为未来 1~12 个月。某备件（编号：340440-00004）的每月需求量预测结果见表 6-4。

表 6-4　某备件（编号：340440-00004）的每月需求量预测结果

时　间	2023 年 1 月	2023 年 2 月	2023 年 3 月	2023 年 4 月	2023 年 5 月	2023 年 6 月	2023 年 7 月	2023 年 8 月	2023 年 9 月	2023 年 10 月	2023 年 11 月	2023 年 12 月
需求量预测（件）	1356	1021	987	890	1032	1215	859	982	796	956	1108	948

根据中央仓、区域仓和本地仓历史实际需求情况，我们应用基于数据统计比例的需求分摊法，将月均需求预测结果分摊到各个仓储单元。某备件（编号：340440-00004）的预测需求量在各仓库单元的分摊结果见表 6-5。

表 6-5　某备件（编号：340440-00004）的预测需求量在各仓库单元的分摊结果

仓储单元	仓库编号	月均需求比	1 月	2 月	3 月	4 月	5 月	6 月
中央仓	中央仓 A	3.80%	52	39	38	34	39	46
区域 A	本地仓 AA	7.60%	103	78	75	68	78	92
	本地仓 AB	10.20%	138	104	101	91	105	124
	本地仓 AC	6.20%	84	63	61	55	64	75
区域 B	本地仓 BA	4.50%	61	46	44	40	46	55
	本地仓 BB	7.20%	98	74	71	64	74	87
	本地仓 BC	4.40%	60	45	43	39	45	53
区域 C	本地仓 CA	12.60%	171	129	124	112	130	153
	本地仓 CB	12.70%	172	130	125	113	131	154
	本地仓 CC	9.40%	127	96	93	84	97	114
区域 D	本地仓 DA	4.80%	65	49	47	43	50	58
	本地仓 DB	9.30%	126	95	92	83	96	113
	本地仓 DC	7.30%	99	75	72	65	75	89

接下来，我们建立了各仓储单元的备件安全库存。该项目中的安全库存模型主要考虑了以下四个方面的因素。

- **需求不确定性**：需求预测对安全库存有指导作用。虽然需求预测结果对安全库存的设定具有指导意义，但是由于需求预测结果的准确度不同，安全库存的设定也会存在差异。因此，在实际库存管理中，需求预测结果只能作为指导，并结合需求不确定性来建立安全库存，以应对供应链风险和需求不确定性，提高供应链的效率和响应速度。
- **需求波动性**：需求波动性是指需求量发生剧烈波动的可能性。更大的波动性表示更多的需求不确定性，也就需要更高水平的安全库存来防止缺货。要考虑季节、天气、市场需求变化等因素。在该项目中，受到不同地域销售策略的影响，同一种备件在不同区域的实际需求差异巨大，需求波动规律地域差异性大。
- **供应链风险**：供应链时间包括采购、加工、运输和配送的时间。当供应链时间较长时，安全库存的需要会相应增加。该项目的备件生产所用的产线与企业产品生产的产线是共用的，运输和库存有一部分也是共用的。当产品需求发生变化时，备件的生产、运输和库存也会受到影响。
- **库存服务水平**：库存服务水平是指企业为客户提供产品的满足水平，它是企业面向市场时所追求的重要指标之一。在该项目中，库存服务水平也称为订单满足率，也就是售后服务订单的满足水平。为了维持高水平的库存服务，企业需要增加安全库存，以应对需求的波动性和供应的不稳定性。

在该项目中，我们构建了基于机器学习的安全库存预测模型。基于上述的影响因素维度，我们分别收集了各仓储单元每个备件的历史需求数据、需求季节差异、历史产品销量数据、生产产线、备件生产计划、库存周转率、库存成本、库存占比、库存间调货周期、库存及时交货率等，通过构建基于 ARIMA 的时间序列模型和基于 GBDT 的机器学习预测模型，预测未来 1~6 个月各备件的安全库存。根据预测模型结果计算得出的各仓储单元的备件（编号：340440-00024）每月的需求量预测结果。

表 6-6　各仓储单元的（编号：备件 340440-00024）每月的需求量预测结果

仓储单元	仓库编号	1 月	2 月	3 月	4 月	5 月	6 月
中央仓	中央仓 A	22	18	18	14	17	22
区域 A	本地仓 AA	44	36	37	28	35	43
	本地仓 AB	59	49	49	37	46	58
	本地仓 AC	36	30	30	23	28	35
区域 B	本地仓 BA	26	22	22	16	20	26
	本地仓 BB	42	35	35	26	33	41
	本地仓 BC	26	21	21	16	20	25

（续）

仓储单元	仓库编号	1月	2月	3月	4月	5月	6月
区域 C	本地仓 CA	73	60	61	46	57	72
	本地仓 CB	74	61	61	46	58	73
	本地仓 CC	55	45	45	34	43	54
区域 D	本地仓 DA	28	23	23	18	22	27
	本地仓 DB	54	45	45	34	42	53
	本地仓 DC	43	35	35	27	33	42

2）**补货模型。**

接下来是优化库存的补货模型，它用于确定何时补充库存以满足需求，并确保库存水平不低于安全库存水平。补货模型通常涉及两个参数：补货周期和补货量。补货周期是指在两次补货之间的时间间隔，补货量是指在订货周期内需要订购的货物数量。

常用的补货模型有基于需求的补货模型和基于库存水平的补货模型。

基于需求的补货模型通常使用预测需求量的方法，以确定下一个补货周期需要的备件数量。常用的预测方法包括简单移动平均法、指数平滑法、回归分析、ARIMA 模型等。这些方法可以根据历史需求数据进行建模，预测未来的需求量，并基于预测结果计算出下一个补货周期的补货量。

基于库存水平的补货模型则是根据当前库存水平与安全库存水平之间的差异来确定补货周期和补货量。当库存水平低于安全库存水平时，需要及时补货来补充库存。常用的方法有最小库存法、变动安全库存法等。

在该项目中，影响补货模型的因素主要有以下四类：安全库存、运输时长与调货周期、生产计划、需求预测。

- **安全库存：** 补货模型的目标是满足订单的及时交付率，同时要确保库存水平不低于安全库存，因此安全库存的变动对补货模型的补货量参数有较大影响。
- **运输时长与调货周期：** 补货模型的补货周期受到运输时间的影响，要设定一定的提前量以应对运输时间风险。运输时间与出货地有关，生产出厂运输、仓库之间的调货运输的政策、流程和时间差异较大，需要重点考虑。
- **生产计划：** 生产计划对补货模型的影响主要是通过影响需求变化和供应能力来间接影响补货决策。如果生产计划能够提前预测未来的产能和供应情况，那么补货模型就可以更准确地预测备件需求和库存状况，并相应地优化补货计划。
- **需求预测：** 备件的需求量是备件库存补货模型的一个重要输入变量。需求量的变化直接影响着库存水平和补货决策，因此需要考虑需求的不确定性和波动性。当实际需求量超出预测值时，就会出现库存短缺或超储现象，会对企业的服务水平、客户满意度及成本造成影响。因此，为了防止库存短缺和过剩，需要将需求量与补货策略相结合，在满足服务水平的前提下，尽可能减少库存成本。

基于上述因素，建立基于运筹优化算法的备件补货仿真引擎，如图 6-14 所示。该引擎中有 3 个输入调整参数，分别是生产计划间隔（NRT）、运输与补货时间（VLT）、为了应对上游供应波动和预测的不准确性设定的缓冲时间（BP）；3 个安全库存计算模型；3 个基础模型的结果输入，分别是安全库存计算模型、需求预测结果和库存模型结果。备件补货仿真引擎的输出结果为各库存单元中每个备件未来 6 个月的补货时间和补货量。

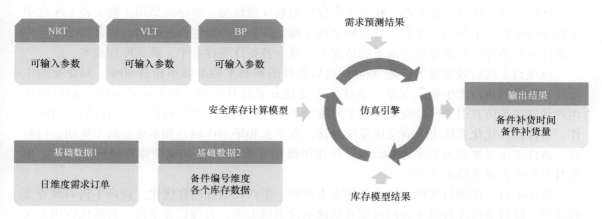

图 6-14　基于运筹优化算法的备件补货仿真引擎

在区域 A 的本地仓 AB 中某备件（编号：340440-00024）的补货时间和补货量结果见表 6-7。

表 6-7　本地仓 AB 中某备件（编号：340440-00024）的补货时间和补货量结果

月　　份	第 1 次		第 2 次		第 3 次		月度补货总量
	补货时间	补货量（件）	补货时间	补货量（件）	补货时间	补货量（件）	
2023 年 1 月	1 月 9 号	9	1 月 16 号	7	1 月 21 号	6	22
2023 年 2 月	2 月 8 号	11	2 月 17 号	6	2 月 23 号	9	26
2023 年 3 月	3 月 12 号	6	3 月 19 号	5			11
2023 年 4 月	4 月 9 号	7	4 月 18 号	7	4 月 27 号	8	22
2023 年 5 月	5 月 13 号	9	5 月 20 号	10			19
2023 年 6 月	6 月 10 号	11	6 月 26 号	16			27

6. 项目总结

该项目的目标是提高该企业售后备件的供应效率和管理水平，其中主要包括三个方面：售后备件需求预测、售后备件生产计划、售后备件库存优化。为了实现这些目标，我们采用了多种方法和技术。

在售后备件需求预测方面，针对不同备件有不同的周期预测的情况，采用多种预测方法和分析工具，如基于历史数据和趋势分析的方法、机器学习算法等。同时，根据产品生命周期、市场变化等因素进行定期更新和调整。

在售后备件生产计划方面，构建了基于多目标优化技术的备件最优生产计划模型，结合备件需求预测结果、备件各个仓库的在库库存、备件的运输和入库出库时长、备件的生产时间等信息，实现了阶段性满足需求订单满足率最大化、安全库存最小化、库存成本占用率最小化、安全库存保障率合格等目标。

在售后备件库存优化方面，建立了库存模型和补货模型。库存模型用于确定各个库存中各备件的库存水平和安全库存，补货模型用于确定各备件的最佳补货时间。综合考虑各仓库的备件库存情况，在满足客户需求的情况下，减少各备件库存水平，降低库存成本。

该项目上线后效果显著，近 7000 种售后备件的预测平均准确率超过 80%，对企业的生产计划指定和执行产生重大变革。备件生产优化方案的月平均采纳率达到 67%，同时备件生产计划决策仿真引擎已经完全替代了传统的手工计算模式，大大减轻了售后计划部门的工作。备件库存优化系统也全面完成系统对接，在华东和华南区域仓和本地仓的半年期运行阶段，备件需求月平均满足率为 94.5%，年比年提升了 3.5%，平均安全库存降低 12.6%，单库月平均库存成本降低 5.8%。

整体来看，该项目实现了售后备件需求预测、生产计划和库存优化，提高了售后服务支持质量，降低备件库存成本，同时能够快速响应市场需求，实现供需平衡。智能化应用在实际应用中帮助该企业对自身备件的管理和运营进行更科学和高效的管理，提高客户满意度和企业竞争力。

6.3 某卷烟厂——基于机器学习与运筹优化技术的制丝线智能控制系统

1. 企业简介

我国烟草行业一直以来都是我国经济的重要支柱之一。据统计，我国烟草行业年销售收入超过 1.2 万亿元人民币，年利润达到 3000 亿元以上。在这个大背景下，某卷烟厂是我国烟草行业中的重要代表之一。该卷烟厂成立于 1952 年，是我国最早的卷烟厂之一。近年来，该卷烟厂在数字化和智能化方面持续探索和实践，取得了显著的成绩。

一方面，该卷烟厂加速推进信息技术和数字化技术在生产、管理、服务等方面的应用，构建了稳定、可控的网络平台和系统平台，支撑了工厂各类应用的顺畅稳定运行。例如，在生产过程中引入互联网技术和物联网技术，实现生产信息透明化、追溯化、智能化，提高生产效率和质量。在销售和服务方面，该卷烟厂积极采用多种互联网平台和数字化手段，与消费者建立更加密切的联系，拓宽销售渠道，提高服务质量和品牌影响力。

另一方面，该卷烟厂加大对人工智能和机器人技术的应用力度。从工厂内部生产和管理到外部服务和客户接待，该卷烟厂都在寻求通过人工智能和机器人技术实现更高效的工作流程和更好的用户体验。例如，在生产线上，该卷烟厂引入机器人检测技术和自动化生产设备，实现自动化控制和精准检测，提高产能和产品质量。在客户服务方面，该卷烟厂也在积极探索和应用智能客服、机器翻译等技术，提高服务效率和用户体验。

总的来说，该卷烟厂在数字化和智能化方面的探索和实践，为中国烟草行业的数字化转型和高质量发展奠定了基础，也为其他传统制造业向数字化和智能化转型提供了借鉴和参考。

2. 项目背景

烟草制丝生产中，烟丝水分是关键的工艺指标，对烟丝质量都有着根本影响。过高或过低的烟草生丝水分都会导致损失，过高容易发生霉变，过低容易产生碎料，影响收益。然而，烟草制丝生产中烟草水分的稳定性很难保证。因此，制丝线作为将原烟叶加工处理成卷烟所需烟丝的生产线显得尤为重要。制丝线包括原料处理、叶片割裂、膨胀处理、水分控制、叶片输送、干燥、烟丝处理和包装等环节，每个环节对最终的烟丝质量和口感都至关重要。卷烟厂的制丝线通常需要配备各种先进的机器设备和科技工具，以确保生产出高质量的烟丝产品。制丝线的作用在于确保烟草生丝水分的准确性和稳定性，从而保证最终制成的烟丝质量达到最佳状态。

目前，在制烟生产中，制丝线的水分控制通常依靠比例、积分和微分先进控制系统（Proportional Integral Derivative，PID）调节和人工调节。然而，由于制丝线上前后串联的多台机器设备对烟叶烟丝水分影响巨大，制丝生产需要专家依靠积累的操作经验来稳定烟草生丝水分，不但人工操作的滞后性会影响整体烟丝的均质性，而且人员自身的知识、技能和能力也可能对结果产生影响。因此，水分控制成为制丝线整体控制的关键点。当前行业一般采用 PID 控制来调整水分，但是效果不佳。需要工艺专家频繁地进行校正和调试，此种方式过度依靠人员的主观意愿的因素。在这种情况下，由于数据信息的不及时、不完整和不准确，加上生产计划和生产过程的不确定性，批间加工含水率没有达到理想状态。

因此，各卷烟厂都在积极探索通过数字化和智能化的技术手段解决制丝线水分控制问题。

3. 项目的目标和意义

为了解决制丝线水分调控常常存在的问题，我们开展了此项目，旨在通过 AI 与工艺机理的有机融合，实现产品质量的自动化控制、多工艺目标的自动化协同、生产流程的自动化联动、多维参数的自动化调控、控制异常的自动化预警，形成一个独立、稳定、自控、智能的制丝线控制系统。该系统基于机器学习算法，可以对制丝线生产过程中的数据进行实时分析和处理，建立运筹优化算法，实现精准的水分控制和调节。

该系统的目标可以涵盖为五个智能化，分别是：质量控制智能化、目标协同智能化、产线联动智能化、参数优化智能化和异常预警智能化。构建基于机器学习技术的质量控制模型，降低质量标偏；构建基于运筹优化技术的多目标优化模型，实现制丝生产最优化；构建基于动态规划技术的敏捷控制模型，及时响应上游来料波动；构建因果链路技术的参数网络模型，提升制丝线不同工艺段和关键设备的效能稳态；最后构建基于 Crow-AMSAA 技术的工艺控制异常预测预警模型，实时控制系统异常。

从具体流程上来看，制丝线智能控制系统首先通过传感器实时监测制丝生产过程中的水分数据，将数据传输到智能控制系统。对于这些数据，智能控制系统运用机器学习算法进行实时分析和处理，在基于已有数据的建模分析结果的基础上，对生产过程进行优化和控制。系统可以根据生产过程中温度、湿度、气压等参数，结合历史制丝数据，对制丝线上各个设备的操作参数进行自主调整和优化，实现全程闭环控制。

因此，智能控制系统能够优化制丝生产过程，稳定生丝水分含量，降低水分偏差标准差，提高产品质量的均一性和稳定性。通过降低人工干预的程度，减少操作中的人为误差和差异，从而为企业提供可靠的生产保障，提高生产效率，降低制丝生产成本，为企业持续健康发展提供支持和保障。

4. 项目可行性评估

我们从业务价值评估和 ROI 预估、数据可用性和可信度、技术可行性和可扩展性等方面对本项目进行了可行性评估。具体来说：

（1）从业务价值评估和 ROI 预估方面

从项目的业务价值角度来看，构建制丝线智能控制系统可以取代人工对制丝线的整体水分、温度等进行自动化控制，提高生产效率和产品质量，降低生产成本。

提高生产效率： 制丝线智能化控制系统可以搭载运筹优化算法，实时优化调整制丝工艺参数，提高制丝线的生产效率和产量。经过初步计算，可以实现生产效率提升 10%～15%，带来年均产值增加 500 万元人民币的效益，在 5 年内总计 2500 万元人民币的效益。

提高产品质量： 制丝线智能控制系统可以实时监控烟叶、烟丝中的水分，调整制丝工艺参数，保证烟丝均质性和产品质量的稳定性。预计产品质量稳定性可提高 10%，水分整体标准偏差目标由人工调控的 0.08 降低到 0.05 以内，水分变差优化率达到 37.5%。

降低生产成本： 制丝线智能控制系统可以实现实时监测和控制，降低能耗、人力等资源的浪费。同时，通过稳定的水分和温度控制，降低废叶、废丝率。预计综合成本可降低 15%。

基于以上估算，制丝线智能控制系统可在 1～2 年内实现投资回报，同时带来长期性的生产效率提升、产品质量提升和成本优化。

（2）从数据可用性和可信度方面

在"十三五"期间及"十四五"初期，该卷烟厂设立了信息化管理部门，专门负责整个工厂的信息化建设工作，并通过相关基础设施、平台和应用的建设，构建了全厂新的信息化整体架构体系。

在基础设施方面，构建了稳定可控的网络平台和系统平台，支撑了工厂各类应用的顺畅稳定运行。在 IT 治理方面，成立了专门的信息管理组织，完善了信息管理运行体系。成立了信息管理办公室，专门负责工厂信息化整体管理。在应用建设方面，生产管控平台及数字孪生平台两大应用平台初步构建，实现了对工厂业务的全面支撑。在信息安全方面，通过软硬件+管理的信息安全体系建设，构成了全面覆盖的信息安全管控组织架构，通过网络、基础硬件、管控软件及管理相结合的方式，实现了对全厂信息安全的有效管控。

因此，对于该项目的数据可用性而言，该卷烟厂构建的生产管控平台及数字孪生平台可以实时地监测温度、湿度、氧气浓度、热辐射等生产参数。这些数据不仅可以用于数据分析，还可以在制丝生产线上控制和优化生产流程，提高生产效率和品质。此外，数字孪生平台还可以批量收集、存储并自动处理和分类大量的传感器数据，更好地反映实际情况，提高数据库的可用性和实时性。

其次，对于该项目的数据可信度而言，数字孪生技术也采用了多种数据校验和纠错技术，例如数据过滤、异常检测和数据质量评估等。举例来说，在烘丝机先进控制模型研究中，数字孪生技术通过建立较为复杂的烘丝模型，分析大量历史制丝数据，在对比分析实际数据和模拟数据的结果后，进行了对模型参数进行优化调整的操作，确保模型的精度和生产的可靠性。而在监测温度和湿度数据时，数字孪生技术可以通过与同样记录监测数据的实际物理传感器对比，确保数据的准确性和可信度。

总之，通过相关基础设施、平台和应用的建设，以及数字孪生等相关技术的应用，全厂的数据可用性和可信度得到了显著提升，同时数据处理和分析也更加智能化和高效化，为实现制造业数字化和智能化转型提供了有力支持。

5. 项目实施

根据项目的目标，我们进行了业务与流程调研、需求分析与定义、数据采集与预处理，并制定了详细的技术方案、设计了详细的系统开发框架。接下来详细介绍实现流程。

（1）制丝线智能控制系统核心控制方案开发

根据制丝线智能控制系统目标，该项目的控制模型包括以下五个部分。

1）**基于机器学习技术实现出口质量智能控制。**

制丝线上有 3 类对制丝线水分有直接影响的设备：回潮机、加料机和烘丝机。

回潮机是用来将烟丝回潮到适宜的含水量的设备。在回潮机内，通过调节温湿度等参数，让烟丝在较短的时间内达到指定的含水量，以满足后续工艺的要求。回潮机的特点是温度、湿度均匀可控，回潮速度快，效率高。

加料机是用来将配料的原料加入制丝过程中的设备，它的作用是将与烟丝配套的化学材料、香料等原料添加到烟丝中，以改变烟丝的性状、质地和香气等特性。加料机的特点是操作简便、加料精准，能够适应不同的加料需求。

烘丝机是制丝过程中用来烘干烟丝的设备。在烘丝机内，通过加热和通风等措施，将烟丝中的水分挥发掉，以达到干燥的目的。烘丝机的特点是烘干效果好，烘丝时间可控，系统协调性强，适用于各种烟丝的烘干。

出口质量智能控制的目标就是运用数据科学和机器学习技术，基于三个设备的历史数据进行建模分析，自动化输出满足出口质量要求的控制指令，配合人为干预控制，保证各设备的出口含水率在指标值允差范围内，且质量数据更加平稳。具体实现包含以下四个模块。

- **基于数据科学技术和热力学机理的大时滞机理模型。** 考虑到实际生产中采集到的数据存在非线性、时变、强干扰并具有耦合的大时滞特性，我们构建时滞模型进行数据对齐，使数据符合实际生产场景，以提高仿真预测及智能控制模型的准确度。

- **基于深度学习的自适应识别状态和出口含水率和出口温度的预测**。利用已有的相关参数的历史数据，充分考虑设备的运行波动及原材料流量及水分的波动。基于机器学习技术，建立出口含水率和出口温度预测模型，预测设备出口含水率和出口温度，实现质量监控。由于回潮机出口含水率波动幅度较大，使用单一的机器学习模型难以拟合出效果较好的出口含水率曲线，在该项目中构建了基于深度学习理论的深度神经网络（DNN）模型构建预测模型。

- **基于运筹优化理论的参数组合优化模型**。利用出口含水率和出口温度预测模型和控制参数，建立参数组合优化模型。当预测的出口含水率和出口温度不符合质量控制目标时，参数组合优化模型推荐可控制的参数组合。操作人员根据模型的推荐参数组合，进行仪器调整，使出口含水率和出口温度达到质量控制的目标。考虑各设备参数调整幅度小的特点，可采用禁忌搜索的方法来实现参数寻优。

- **基于 Online Learning 的模型在线自优化**。模型在运行过程中，由于调控参数不断变化，未来工艺调整、技术更新、环境参数等变化，需要模型校准，需要构建高阶的在线自适应、自学习、自优化模型。离线学习也通常称为批学习，是指对独立数据进行训练，将训练所得的模型用于预测任务中。将全部数据放入模型中进行计算，一旦出现需要变更的部分，只能通过再训练（retraining）的方式，这将花费更长的时间，并且将数据全部存在服务器或者终端上对内存要求高。模型上线后，更新的周期会比较长，这种模型上线后，一般是静态的（一段时间内不会改变），不会与线上的状况有任何互动。Online Learning 则会根据线上预测的结果动态调整模型，可以及时做出修正。因此，Online Learning 能够更加及时地反映线上变化。

2）基于多目标强化学习技术实现多目标质量指标协同优化。

此方案基于多目标强化学习技术，旨在实现多个质量指标的协同优化。我们在系统中建立单机多层级、多维度的统筹优化模型，以此提升产品质量、降低干头干尾率、减少物料损耗等。在制丝线生产中，存在多个产品质量控制目标，如各关键设备的出口水分、出口温度、干头干尾率、加香机的加香总体精度、瞬时加香比例变异系数、加料机的加料均匀性，以及减少物料（如烟丝、水分、香料等）损耗。针对这些控制目标，我们采用了多目标下的运筹优化技术进行建模，并引入强化学习的思想，使得制丝线在生产过程中，能够更加高效、自主地完成质量目标的协同优化。

简要地说，我们通过该方案中的强化学习算法，搭建制丝线多目标协同优化模型，以实现多个质量指标的协同优化。特别地，在模型中将设置多个智能代理（例如回潮机、加料机、烘丝机等），由此对生产过程中的每个操作进行智能化管理，并进行实时优化。这种方式可以显著提高产品的质量、降低制丝线的干头干尾率、减少物料的浪费和损失。

多目标协同优化具体地实现可以分为以下几个步骤。

① **确定协同质量指标组合**。在制丝线生产中，需要考虑多个质量指标，如出口水分，

出口温度，干头干尾率，加香机的加香总体精度，瞬时加香比例变异系数，加料机的加料均匀性，烟丝、水分、香料等物料的损耗等。这些质量目标处于制丝线的不同阶段，相互之间有不同的影响关系。例如，回潮机更关注出口水分、出口温度和回风温度的协同控制，烘丝机更关注出口水分、出口温度和干头干尾率的协同控制。因此，我们针对不同的质量指标，依据工况工艺关联，将制丝线的 15 个控制指标，分为 6 组，分别构建多目标优化模型。

　　② **构建多目标优化模型。**在该方案中，我们采用了多目标下的运筹优化技术进行模型设计。我们建立了单机多层级、多维度的统筹优化模型，以此提升产品质量、降低干头干尾率、减少物料损耗等，同时引入了强化学习算法中的 Q-learning 和 Actor-Critic 算法，以实现模型中的智能化管理。

　　③ **分配智能代理。**在制丝线生产中，每个设备都需要完成高效、自主的操作。因此，我们将针对每个设备设立智能代理，由其进行控制和管理。在具体分配智能代理时，需要根据不同的设备功能进行划分，如回潮机、加料机、烘丝机等。

　　④ **设计奖励机制。**在强化学习算法中，智能代理的行为将受到奖励的影响。因此，我们有针对性地设计了奖励机制，使得智能代理在完成生产任务时能够获得适当的奖励。例如，在设定加料机的控制过程中，可以根据其完成加料均匀性和减少物料损耗等任务，在完成过程中赋予相应的奖励。

　　⑤ **训练智能代理。**在确定好任务和奖励机制后，我们对智能代理进行了训练。在该过程中，智能代理将会通过不断地试错和调整使得其在完成任务时能够获得更高的奖励。

　　通过以上步骤，我们实现了 6 类制丝线多个质量目标的协同优化。智能代理通过强化学习算法，在实现自主控制的同时，也能适应制丝生产中的变化和波动。这样就可以提高制丝线生产中的效率和稳定性，协同优化多个产品的质量控制目标，从而提高生产效益和经济效益。

　　3）**基于动态规划技术的敏捷控制算法，及时响应产线波动。**

　　在制丝过程中，由于来料水分异常、断料、堵料、温度或湿度突变等原因，智能控制系统的仿真和控制模型容易出现问题，导致无法进行精准控制。为解决这些问题，我们提出了一种基于动态规划技术的敏捷控制算法，实现实时敏捷响应、实时参数调整，以及质量控制等目标。

　　该算法首先通过构建来料波动检测与状态识别模型，实时识别单机出口产品质量波动区间。接着，基于禁忌搜索模型的动态规划算法，实时敏捷响应，并对参数进行实时调整。同时，将异常状态标记，形成人工主动学习的范式优化控制模型，固化控制系统逻辑。

　　该算法的优势在于能够实时响应来料波动，并通过动态规划算法实现实时敏捷调整，提高了仪表的控制精度。同时，通过经验积累和数据分析，不断优化控制模型，使其更具实际应用价值。此外，通过标记异常状态，可以帮助管理者及时发现问题，优化生产流程，提高企业的效益和质量。

　　在该项目中，基于动态规划技术的敏捷控制算法的实现步骤主要包括以下几个方面。

　　① **建立初步的数据分析模型。**

　　通过工艺调研和数据分析，对制丝过程中出现的水分异常波动、断料、堵料和温度和湿度突变等问题进行统计和分析，建立初步的数据分析模型。

这里所说的初步的数据分析模型，包括数据预处理、数据可视化和数据统计分析等方面。通过对数据的预处理，包括数据清洗、数据变换和数据归一化等处理，可以得到干净、规范化和可信的数据，为后续的分析建模打下坚实基础。同时，通过数据可视化来展示数据的分布、趋势和关联性等信息，我们更好地理解了数据的意义和特征，从而可以根据实际情况来确定适当的数据分析方法和模型。最后，通过数据统计分析，我们对数据进行更加深入和细致的分析，识别出制丝过程中的关键特征，进一步确定需要采用的模型或算法等内容。

② **构建来料波动检测与状态识别模型。**

构建来料波动检测与状态识别模型是制丝过程中实现敏捷控制的重要一步。它旨在提高制丝过程对来料波动的敏感度，并实现对制丝过程中状态的自动识别。

在这一步中，我们通过分析历史数据，利用机器学习算法或其他模式识别方法，建立能够准确识别来料波动及状态变化的模型。我们建立了基于最大期望（EM）算法的高斯混合模型，构建来料波动检测与状态识别模型，实时识别单机出口产品质量波动区间。这些模型的建立可以帮助我们快速响应来料波动，及时做出调整和优化，以确保制丝过程维持在稳定的状态。

③ **构建动态规划算法模型。**

基于运筹学算法的禁忌搜索模型，构建动态规划算法模型，实时敏捷响应，并对参数进行实时调整。在构建动态规划算法模型时，我们重点考虑了制丝过程中的状态和动作。状态通常与温度、湿度、压力等变量相关，动作通常是控制制丝过程的参数，例如热风开度、循环风速、蒸汽开度等。基于动态规划算法的建模过程包括两个核心步骤：状态转移方程和最优化目标函数。状态转移方程描述了系统在不同状态下进行转移的规律，最优化目标函数则是根据业务需求和控制目标，制定出最优化控制策略的评价标准。

在构建动态规划算法模型时，我们同时考虑到实际业务场景的特殊性，如实时性、可行性、可调节性等方面的要素，以确保算法模型的可执行性和实际应用效果。

④ **实现质量控制。**

通过策略控制和机理纠偏来实现质量控制。将异常状态标记，形成人工主动学习的范式优化控制模型，固化控制系统逻辑。这样可以帮助管理者及时发现问题，提高企业效益和质量。

在实现质量控制中，首先需要对生产过程中可能影响烟丝质量的因素进行分析和识别，例如温度、湿度、速度等。通过对这些因素进行监控和控制，可以降低丝线质量低下和变异的风险。

总之，基于动态规划技术的敏捷控制算法通过建立初步的数据分析模型、构建来料波动检测与状态识别模型、构建动态规划算法模型、实现质量控制、优化模型等实现步骤，可以有效地解决制造业数字化和智能化转型过程中出现的问题，提升工厂运营效率，并为企业的可持续发展做出积极的贡献。

4）**基于多策略主动学习的参数自优化器，保证控制系统稳态优化。**

我们在该项目中专门设计并构建了基于多策略主动学习的参数自优化器，它不仅针对历史数据进行不断优化学习，还能够针对制丝线上的不同设备、同类型不同品牌设备、不同烟丝牌号进行有针对性的参数优化，从而实现有针对性地控制并提高整体控制模型的准确性。

该优化器采用在线学习技术，构建多目标联动的优化模型，提高了各部分的效能，实现了控制系统的稳态优化。

通过此优化器进行历史数据和人工经验的不断累积，我们的自优化模型能够不断学习新的数据经验。通过优化评价机制，实现新旧经验的累计和替换。我们针对不同设备类型、品牌和烟丝牌号进行参数优化，构建不同的模型以适应不同的季节和生产情况。同时，我们采用主动学习模型，强化人工经验的学习，以保证控制系统的稳态优化。

5）基于多模态工艺控制异常预测预警模型，保障系统稳定。

为了保障智能控制系统的稳定性，我们建立了一个多模态工艺控制异常预测预警模型。此模型可实时监测控制系统的控制流程，并可以预测和预警任何异常情况。具体来说，该模型可以针对控制系统异常、控制结果不合格和参数优化异常等问题进行预测和预警。基于多模态工艺控制异常预测预警模型流程如图 6-15 所示。

通过建立多模态监测算法，该模型可以实时检测控制系统中的异常情况，例如模型参数不合理、参数长时间不更新、模型运行异常、控制指令失效或延迟、系统宕机等。此外，该模型还可以监测控制灵敏度异常、机械故障、机械磨损老化、维修后出现的控制偏差等导致控制结果不合格的情况。对于参数优化后的系统异常，该模型采用自优化的方法，通过多策略主动学习的参数自优化器来不断优化历史数据，并构建不同模型以适应不同的季节和生产情况。在异常情况出现时，该模型会进行异常判别并进行预警，实现敏捷纠偏和人工预警等功能，保障智能控制系统的稳定运行。

（2）制丝线智能控制系统架构设计与开发

接下来，我重点介绍该项目中制丝线的智能控制系统的系统架构，如图 6-16 所示。该系统由 4 个部分构成，自下而上分别是：数据采集、数据融合、智能模型和智能应用。

1）数据采集。

该项目中的数据来源主要有 3 个部分，一是终端数据，如制丝线各操作系统信息、各设备信息、各类终端传感器实时数据等，二是系统数据，包括制丝线上所有控制系统、监控系统、人工操作指令系统等数据，三是与控制目标相关的离线和在线检测、评价、计算相关的指标数据。

这些数据通过集控系统、MES 系统、TIMMS 系统、数据终端等以接口协议方式实时进入智能控制系统。

2）数据融合。

数据采集完成后，系统会自动对各类数据进行数据清晰、处理和特征工程，并根据不同模型的模型参数需要，数据会根据需求组合成不同的数据宽表，以便后续的分析和模型训练。数据宽表可以根据不同数据源、不同时间粒度、不同的变量组合等分为多个不同的宽表。然后，根据需要，不同宽表之间可以进行数据融合和统计分析，以挖掘数据中隐藏的经验和知识，提高控制系统的准确性和效率。

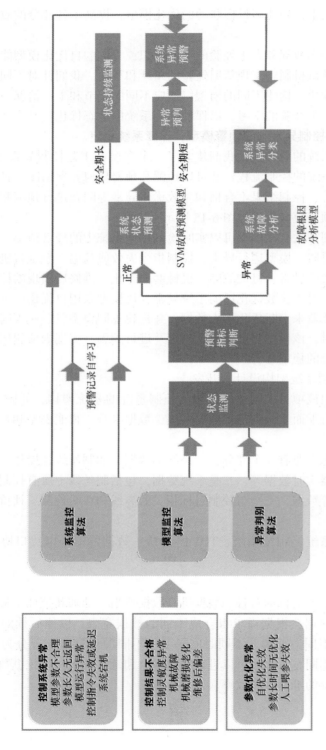

图 6-15　基于多模态工艺控制异常预测预警模型流程（见彩插）

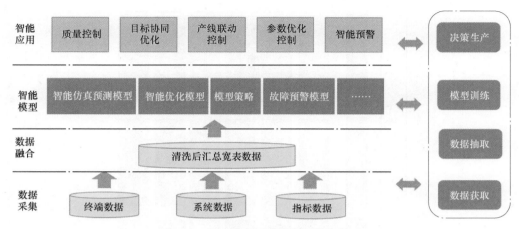

图 6-16　制丝线的智能控制系统架构

3）智能模型。

接下来是智能模型层，智能模型层是智能控制系统中的核心部分，它包含了所有的算法和模型，为系统提供了强大的计算和决策能力。我们专门设计了模型管理库，用于分类和管理这些模型。如图 6-17 所示，该系统共构建了 7 大类模型，分别是数据分析模型库、工艺模型库、基础模型库、预测仿真库、控制算法库、优化算法库和预警算法库，共计 265 个细分模型。

- **数据分析模型库**：用于分析、挖掘生产数据中的有用信息，以帮助制定决策和优化方案。
- **工艺模型库**：用于建立生产环境下各个工艺的数学模型，以对制烟生产过程进行精确的描述和预测。
- **基础模型库**：包括基本的统计模型和智能算法，如回归模型、决策树、神经网络等。
- **预测仿真库**：用于进行生产计划和产品质量预测仿真。
- **控制算法库**：提供各类控制算法，如 PID 算法、自适应控制算法、模糊控制算法等，用于优化制烟生产环节的控制。
- **优化算法库**：用于进行优化调参、参数自适应等方面的优化算法。
- **预警算法库**：基于数据挖掘和机器学习技术，进行生产过程中异常检测和预警。

以上 7 类模型旨在为系统提供全面而完善的算法和模型支持，以保障系统的稳定性和生产效率的提高。

4）智能应用。

最后是智能应用层。智能应用层是系统中直接与制丝线发生关联的部分，它是实现核心控制方案的主要应用。该层包含了制丝线质量控制、目标协同优化、产线联动控制、参数优化控制和智能预警五个部分。

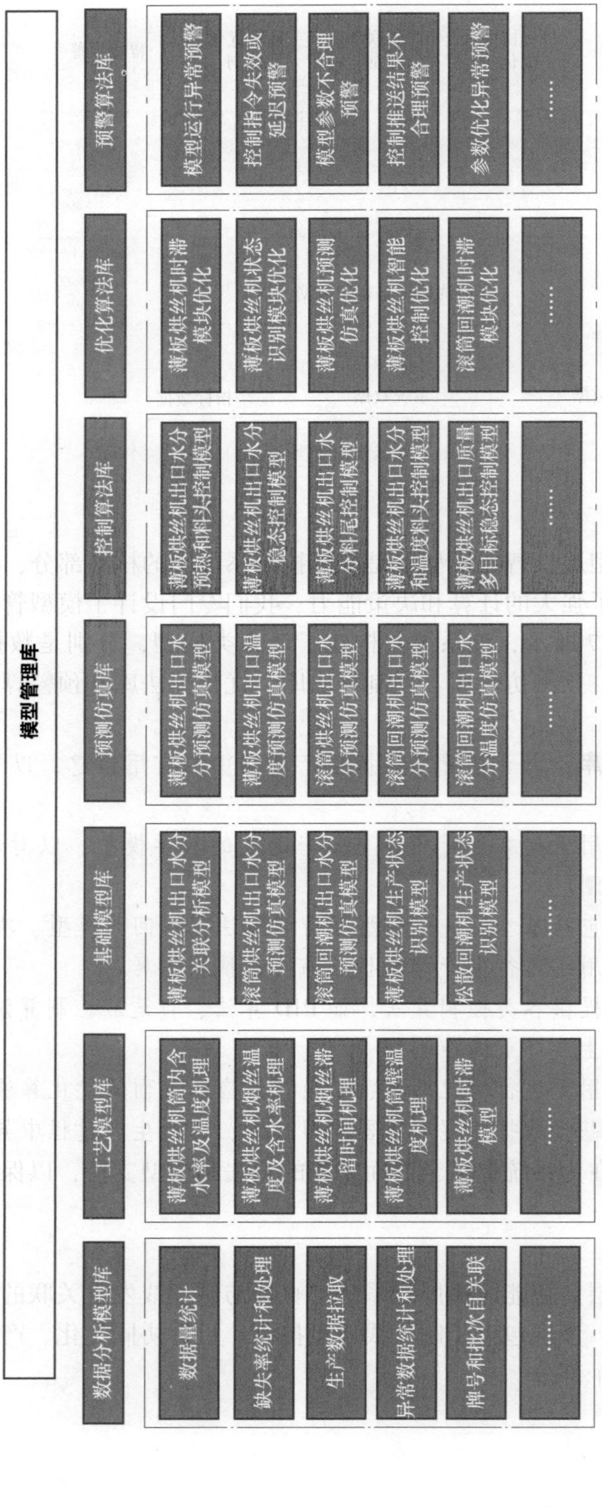

模型管理库

数据分析模型库
- 数据量统计
- 缺失率统计和处理
- 生产数据抽取
- 异常数据统计和处理
- 牌号和批次自关联
- ……

工艺模型库
- 薄板烘丝机筒内含水率及温度机理
- 薄板烘丝机烟丝温度及含水率机理
- 薄板烘丝机烟丝潜留时间机理
- 薄板烘丝机筒壁温度机理
- 薄板烘丝机时滞模型
- ……

基础模型库
- 薄板烘丝机出口水分关联分析模型
- 滚筒烘丝机出口水分预测仿真模型
- 滚筒回潮机出口水分预测仿真模型
- 薄板烘丝机生产状态识别模型
- 松散回潮机生产状态识别模型
- ……

预测仿真库
- 薄板烘丝机出口水分预测仿真模型
- 薄板烘丝机出口温度预测仿真模型
- 滚筒烘丝机出口水分预测仿真模型
- 滚筒回潮机出口水分预测仿真模型
- 滚筒回潮机出口温度仿真模型
- ……

控制算法库
- 薄板烘丝机出口水分预热和闸门控制模型
- 薄板烘丝机出口水分头稳态控制模型
- 薄板烘丝机出口分料冠控制模型
- 薄板烘丝机出口水分和温度料头温度控制模型
- 薄板烘丝机出口水分质量多目标稳态控制模型
- ……

优化算法库
- 薄板烘丝机时滞模块优化
- 薄板烘丝机状态识别模块优化
- 薄板烘丝机预测仿真模块优化
- 薄板烘丝机智能控制优化
- 滚筒回潮机时滞模块优化
- ……

预警算法库
- 模型运行异常预警
- 控制指令失效延迟预警
- 模型参数不合理预警
- 控制推送结果不合理预警
- 参数优化异常预警
- ……

图 6-17 制丝线智能控制系统模型管理库

6. 项目总结

该项目旨在探讨数字化和智能化转型对卷烟制造业智能控制系统的应用，并以制丝线为核心，运用机器学习和运筹优化技术实现智能控制。该系统在卷烟厂的落地给卷烟厂制丝线的烟丝质量控制提出了新的方向，为行业的创新发展提供了有益的探索。

在智能控制系统中，智能模型层是核心部分，涵盖系统内所需的所有算法和模型，赋予系统决策能力。智能应用层则直接与制丝线发生关联，并包含质量控制、目标优化、产线联动控制、参数优化与智能预警五个部分。通过机器学习与运筹优化技术的巧妙结合，该项目成功地建立了多模态工艺控制异常预测预警模型，为卷烟厂制丝线的智能控制提供了新的思路，帮助提高生产效率和控制质量，确保制丝线稳态优化，为行业提升效率、提高质量打下了坚实基础。

该卷烟厂在实现数字化和智能化转型，应用机器学习与运筹优化技术构建制丝线智能控制系统项目的过程中，得到了重大的价值提升。

首先，该智能控制系统可实现高效的多模态工艺控制异常预测预警，帮助卷烟厂掌握制丝线的生产状态，及时发现异常情况并进行预测预警，以减少质量问题产生的损失。

其次，系统的建立促进了烟丝质量控制的升级，通过机器学习的技术手段对不同批次的烟叶进行数据分析和建模，提高了烟丝的质量均衡性和稳定性，进一步提高了烟叶的利用率。

此外，系统的实现也能够优化生产流程，提升生产效率，有效地控制生产成本，从而提高企业的盈利能力。

总之，该智能控制系统的实现可以更好地满足呼吸道健康风险规定和消费者健康需求的要求，缩短产品研发周期和提高产品质量，进一步优化了该卷烟厂在市场竞争中的地位。

6.4　某国产汽车龙头企业——汽车售后服务智能优化

1. 企业简介

某国产汽车企业是中国领先的汽车制造企业之一，它的主营业务包括整车制造、汽车零部件制造和销售服务等。截至 2023 年，该车企拥有约 12.8 万名员工，拥有 38 个工厂和研发中心，产品涵盖轻型商用车、乘用车、新能源汽车等多个领域。

根据公开披露的数据，2022 年该车企的年营业收入约为 1.2 万亿元人民币，其中整车销售收入约占总收入的 70%，汽车零部件销售收入约占 30%。该企业的规模和实力在中国汽车制造业中处于领先位置。

近些年来，随着数字化和智能化技术的飞速发展，该车企开始数字化转型和智能化应用的探索。首先在智能制造方面，该车企建立了智能制造研究院，通过引进智能制造设备和技术，实现了生产线的自动化、智能化和高效化，提高了生产效率和产品质量。

同时，在新能源汽车领域，该车企也在积极推动数字化技术和智能化应用。例如，在电动车领域，该车企与中国移动合作，共同打造了一款行车管理 App，该 App 在车辆智能化服务方面做出了很多创新。例如，实现了通过 App 对车辆充电状态进行实时监控和远程控制，支持在线预约充电服务等。

此外，该车企还致力于推广智能驾驶技术，通过引进自动驾驶技术和智能交通管理系统，实现了车辆之间和车辆与道路基础设施之间的信息互联，提高了道路安全性和交通效率。

总之，该车企在数字化转型和智能化应用方面的探索取得了很多成果，这也为未来的发展奠定了坚实的基础。

2. 项目背景

随着中国汽车保有量的不断上升，汽车售后市场成为一个颇具潜力的发展领域。作为售后服务的主要领域，售后维保市场具有体量大、成长性好和集中度低等特点。因此，售后维保市场备受关注，成为产业新焦点。对于主机厂和经销商而言，提升客户忠实度，并减少客户流失，建立优质高效的客户管理体系将有助于企业在激烈的市场竞争中获得优势。

保有客户是经销商售后服务的核心客户群体，通过分析其流失率和影响因素可以更好地了解客户行为模式。该车企的售后服务中存在着客户忠诚度低、客户流失率高等痛点。由于竞争加剧，消费者变得更加注重体验和个性化需求，因此该车企也更加关注客户的需求和满意度。

通过采用大数据分析技术，可以更好地了解、预测和满足消费者的需求，提高客户忠诚度和售后服务效率。同时，通过预测付费零部件的购买概率，可以有针对性地进行推销和宣传，提高其销量。此外，通过预测保外顾客的定期保养入厂概率，可以有效提高邀约触达的有效性，并针对不同的顾客群体进行个性化的服务和解决方案，提升服务业绩。

综上所述，利用大数据分析技术对售后服务市场进行分析是非常有必要的，可以帮助企业更好地满足消费者需求、提高客户忠诚度，提升竞争力。

3. 项目的目标和范围

因此，该项目围绕汽车售后服务优化场景，对维保客户构建客户流失预测模型、流失客户挽回概率预测模型，流失应因素分析和保养产品概率预测模型。如图 6-18 所示，应用这些模型实现流失客户的精准挽留、指定针对性客户维护方案，延长客户生命周期。具体实施内容如下。

（1）保有客户流失预测

通过对相关售后数据分析和建模，对保有客户流失率进行预测，对影响流失的因素进行分析，指导业务根据客户流失率优化客户邀约模式，提升经销商邀约精准性，降低用户流失率，提高用户回店率。

（2）流失影响因素分析

根据相关售后数据对客户特征的分析，从售后服务质量评估、行业价格竞争、个性化服务评估、信息透明度及客户权益保障等维度详细分析影响客户流程的相关信息，以指定相应的客户挽回策略和保养套餐推荐。

（3）流失客户挽回概率预测

为更有针对性地挽回流失客户，需要在分析客户流失原因的基础上，进一步挖掘流失客户的挽回概率。对于高流失概率、高挽回概率的客户，可以通过一些优惠措施或特别服务让他们对企业的态度产生改变，提升客户满意度和忠诚度。对于高流失概率、低挽回概率的客户，可以通过长期的沟通、回访，不断提供信赖和支持，建立长期友好的关系，降低客户对企业的不满情绪，增强企业与客户的信任度，提升这部分客户的挽回概率。

（4）保养产品购买概率预测

通过对相关售后数据通过对客户特征的分析，预测客户的保养产品购买概率可以提高企业高价值售后付费产品和保养套餐的销量。具体来说，可以利用历史保养记录、车况信息等数据来建立客户保养行为的预测模型，从而预测客户未来的保养需求和购买可能性。基于这些预测结果，企业可以有针对性地向客户推荐高价值售后付费产品和保养套餐。

例如，企业可以向客户推荐与其车况和保养历史相关的保养套餐，让客户了解这些套餐的详细内容、优惠价、保养周期等信息，吸引客户购买。此外，企业还可以采取多种促销手段，如赠送特价保养、折扣券等，以刺激客户购买。通过这些措施，企业可以优化售后服务，提高客户的满意度和忠诚度，并提高企业的营业额。汽车售后服务优化场景如图 6-18 所示。

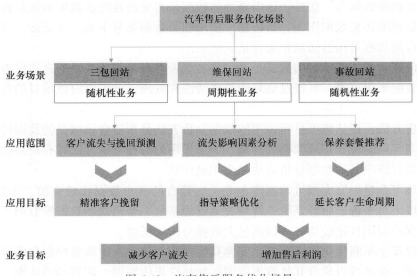

图 6-18　汽车售后服务优化场景

4. 项目可行性评估

（1）从业务价值评估和 ROI 预估方面

首先，从业务价值评估的角度来看，该项目可以提高企业的售后服务效率和客户满意度，并且能够吸引更多的客户进行保养购买，从而增加企业的收益。此外，该项目还可以挖掘客户流失的原因和概率，制定相应的挽回策略，减少客户流失对企业的负面影响。综合以上优点，该项目的业务价值是显而易见的。

其次，从 ROI 预估的角度来看，该项目可以通过提高客户的满意度和忠诚度，吸引更多的客户进行保养购买，从而增加企业的营业额和利润水平。根据大数据分析的具体实施情况和营销策略的实际效果，可以预估该项目的 ROI 水平。如果该项目的 ROI 达到预期水平，就表明该项目是可行的，有助于提升企业的竞争力和市场份额。

综上所述，从业务价值评估和 ROI 预估的角度来看，该项目是可行的，并且有望为企业带来可观的经济收益和战略价值。

（2）从数据可用性和可信度方面

在"十三五"期间及"十四五"初期，该车企设立了信息化管理部门，专门负责整个工厂的信息化建设工作，并通过相关基础设施、平台和应用的建设，构建了全厂新的信息化整体架构体系。

在该项目中，我们从数据的可用性和可信度方面进行可行性评估，重点考虑了以下几个方面的问题。

数据可用性： 评估该项目的数据是否足够可用，涵盖了客户的保养记录、车况信息，以及相应的社交媒体数据等。此外，还需要评估数据是否更新及时，数据质量是否有保障，是否可以提供足够的历史数据作为分析依据。如果相关数据非常丰富、质量好、及时更新，就可以对该项目的数据可用性做出积极评估。

数据可信度： 评估该项目的数据是否可靠，是否准确反映了客户的真实保养行为和购买意愿。如果数据来源可靠，且经过良好的数据清洗和处理，就可以对该项目的数据可信度做出积极评估。

数据分析方法： 评估该项目所采用的数据分析方法是否适合该项目的数据特征、是否可以准确地预测客户的保养需求和购买意愿。如果采用的数据分析方法具有较高的准确性和稳定性，就可以对该项目的数据分析方法做出积极评估。

首先，该车企是一家大型汽车制造企业，它拥有的客户数据比较全面、丰富、多样化。这些数据可以来自于售后服务系统、客户关系管理系统、营销活动数据等方面。经过数据样例测试，数据的可用性比较高，可以满足大数据分析的需要。

其次，该车企不断优化售后服务，完善其客户管理体系，使得客户数据的可信度不断提高。此外，该车企还可以整合其他数据资源，如社交媒体数据、用户行为数据、第三方数据等来丰富数据的可信度。并且，该车企在 2017 年和 2018 年先后两次进行数据质量专项治理，数据质量有保障。

在分析方法方面，我们采用数据挖掘、机器学习、自然语言处理等大数据分析技术，通过对客户数据进行深入的挖掘、分析和建模，发现客户流失的隐含规律和原因，从而制定有效的挽回策略。

综上所述，从数据可用性和可信度两个方面来看，该车企利用大数据分析技术来解决售后服务优化问题的项目是可行的。

5. 项目实施

该项目的智能应用建设旨在基于对售后数据进行自动化数据处理与模型构建，对客户未来的流失率进行预测，并基于预测结果，进行流失用户根因分析及挽回概率预测，同时为客户提供保养套餐推荐，并将预测结果与推荐结果推送给该车企的客户画像应用及 DMS 系统，指导经销商进行客户关系管理和维护。

（1）场景实现架构与实现流程

该项目的售后服务优化实现架构如图 6-19 所示。首先，将模型部署于该车企的大数据平台上，并与 DMS 系统连通。该车企的所有与售后服务相关的数据都被汇总到 DMS 系统中，然后，通过 API 接口将有效的保有客户数据导入大数据平台。在大数据平台中，对数据进行处理和特征工程，并形成各模型所需的宽表。这些模型包括客户流失预测模型、流失影响因素分析模型、流失客户挽回概率预测模型，以及保养产品购买概率预测模型。

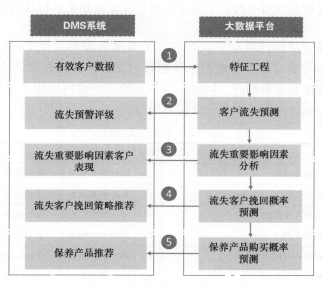

图 6-19 售后服务优化实现架构

接下来，数据被送入客户流失预测模型，该模型将输出客户流失排序，并根据流失概率进行评级。输出结果将被发送回 DMS 系统，并以保有客户流失预警评级的形式展示。

其次，根据客户流失预测结果，流失影响因素分析模型将输出流失重要因素，并将结果输出到 DMS 系统中，形成流失客户的行为特征模式表现。该模型能够帮助汽车企业了解为什么客户要离开，以及该企业应该采取什么措施来留住客户。

接下来，流失客户预测结果和重要影响因素进入流失客户挽回概率预测模型，该模型将基于流失客户预测结果和重要影响因素，输出挽回概率，并为每个客户提出针对性的挽回策略。这将有助于公司通过定制的措施，挽回失去的客户，提高他们的忠诚度和满意度。挽回策略将被输出到 DMS 系统，形成流失客户挽回策略推荐。

最后，数据进入保养产品购买概率预测模型，该模型将输出各客户的保养产品购买概率，并将输出结果发送给 DMS 系统，形成保养产品推荐。

整个项目在该车企的大数据平台上实现，目标是通过客户流失预测和定向挽回，提高企业的客户满意度和利润水平。

（2）数据选择及特征工程

该项目的数据来源主要是 DMS 系统的售后客户数据，数据类型包括了客户基本信息、车辆状态信息、车辆基本信息、消费水平信息、三包信息、客服信息、回站习惯信息、服务站信息、保养套餐信息、保修信息 10 大类。收集和筛选后，共得到了 368 维有效数据。在每种模型建模的要求下，针对这些数据进行了特征构建和选择，最终得到了 596 个有效特征。

其中，特征构建过程是在原始数据上添加了新的特征，以更全面地描述现象，并提高模型精度；特征选择过程是从所有特征中筛选出与目标变量相关性最高的特征，以保证模型的有效性和性能。

例如，根据入模变量的选择结果，客户流失率预测模型选取了 90 维度入模变量（见表 6-8）。这些入模变量将在模型中被用来预测客户流失率，从而帮助企业制定相应的挽留措施，提高客户满意度和企业利润。同时，这些入模变量也可以用于分析客户流失的原因，从而进一步优化售后服务流程，提高企业的竞争力。

表 6-8　客户流失率预测模型的入模变量

序号	特征类别	特　征	序号	特征类别	特　征
1	客户基本信息	曾购车品牌	11	客户基本信息	客户爱好
2	客户基本信息	个人年收入	12	客户基本信息	客户类型
3	客户基本信息	购车人年龄段	13	客户基本信息	客户状态
4	客户基本信息	购车重视因素	14	客户基本信息	客户状态
5	客户基本信息	家庭常住地类型	15	客户基本信息	是否为会员
6	客户基本信息	家庭成员构成	16	客户基本信息	喜好车型
7	客户基本信息	家庭年收入	17	客户基本信息	消费金额分类
8	客户基本信息	家庭人数	18	客户基本信息	性别
9	客户基本信息	家庭状态	19	客户基本信息	是否为意见领袖
10	客户基本信息	进站频次分类	20	客户基本信息	是否为忠诚客户

（续）

序号	特征类别	特 征	序号	特征类别	特 征
21	车辆状态信息	车辆状态	56	客服	建议次数
22	车辆状态信息	购车时长	57	客服	客户 ID
23	车辆状态信息	是否为 VIP 车辆	58	客服	咨询次数
24	车辆状态信息	下次保养里程	59	回站习惯	估计行驶里程
25	车辆状态信息	下次保养时间	60	回站习惯	回站次数
26	车辆状态信息	下次保养距今时间	61	回站习惯	平均回站里程
27	车辆状态信息	最近保养服务站	62	回站习惯	平均回站周期
28	车辆状态信息	最近一次保养里程	63	回站习惯	平均月行驶里程
29	车辆状态信息	最近一次保养时间	64	回站习惯	上次保养里程
30	车辆基本信息	变速箱型号	65	回站习惯	上次保养时间
31	车辆基本信息	车型	66	回站习惯	上上次保养里程
32	车辆基本信息	发动机型号	67	回站习惯	上上次保养时间
33	车辆基本信息	购车日期	68	回站习惯	上上次到上次回站间平均月行驶里程
34	车辆基本信息	价税合计	69	回站习惯	上上次到上次回站里程
35	消费水平	备件购买总金额	70	回站习惯	上上次到上次回站周期
36	消费水平	末次维修抵用券金额合计	71	回站习惯	是否曾更换服务站
37	消费水平	末次维修结算金额	72	服务站	店面级别
38	消费水平	末次维修实收费用合计	73	服务站	店面类型
39	消费水平	平均备件购买金额	74	服务站	末次服务站城市
40	消费水平	平均维修结算金额	75	服务站	末次服务站日接车辆
41	三包信息	变速箱主要零件最大更换次数	76	服务站	末次服务站省份
42	三包信息	变速箱总成累计更换次数	77	服务站	末次服务站所在城市等级
43	三包信息	产品分类	78	服务站	末次服务站所在城市人均收入
44	三包信息	等级编号	79	保养套餐	保养套餐次数
45	三包信息	发动机主要零件最大更换次数	80	保养套餐	保养套餐级别
46	三包信息	发动机总成累计更换次数	81	保养套餐	单次价格
47	三包信息	累计维修天数	82	保养套餐	是否曾保养套餐退货
48	三包信息	是否三包期内	83	保养套餐	是否曾购买保养套餐
49	三包信息	售出后 60 天/3000km 内严重故障次数	84	保养套餐	套餐多久失效
50	三包信息	同一产品质量问题最大累计次数	85	保养套餐	套餐券使用状态
51	三包信息	同一产品质量问题最大累计次数（部件+故障+方位）	86	保修信息	保修里程
			87	保修信息	保修期
52	三包信息	同一主要零件最大更换次数	88	保修信息	保修条款
53	三包信息	严重安全性能故障累计次数	89	保修信息	是否曾购买延保产品
54	三包信息	预警等级编号	90	保修信息	整车延保剩余时长
55	客服	抱怨次数			

（3）客户流失率预测

售后回访与邀约是提升客户回店的有效举措。当前服务站会分别对 5、6、9、12 个月没有进站的客户做回访，提醒客户回店进行保养。但当前的回访仅靠上次回店时间筛选目标，回访话术基本一致，针对性不强，影响邀约成功率，同时服务站人员进行回访的工作量较大。因此，我们首先进行了客户流失率预测。

客户流失率预测流程如图 6-20 所示。我们对客户流失行为进行预测，并对流失进行评级，客户服务人员针对不同客户流失率制定有针对性的邀约策略与话术设计，将提高邀约的成功率，提升客户回店率。

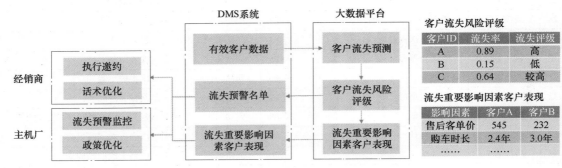

图 6-20　客户流失率预测流程

我们从 190 家已初始化的经销商数据中，选择 2017 年 12 月 1 日—2019 年 11 月 30 日内有回站记录的车辆，以这些车辆所有回站记录为样本采集共计 765411 台车的数据。根据业务规则，将客户流失定义为 12 个月以上未回站的客户。

客户流失预测即预测该客户是否在某时点之后 12 个月内成为流失客户。以 2019 年 12 月 1 日以后的回站数据判断以上样本是否在此期间流失，若超过 12 个月未回站，则标记为流失。

客户流失率预测模型部署在该企业的大数据平台上，用户设定为系统管理员。系统管理员可在所需数据准备完成时，启动客户流失率预测模型，模型预测的结果会写入大数据平台的客户信息表。同时，大数据平台将通过数据服务方式将更新后的客户信息数据表传送给 DMS 系统，DMS 系统可在客户回访处理等相关功能模块下开发流失风险查看等功能。客户流失预测应用示例见表 6-9。

表 6-9　客户流失预测应用示例

用 例 名 称	客户流失率生成
功能描述	模型预测所有客户是否在 12 个月内成为流失客户，输出流失率及流失率等级（较低/低/中/较高/高），流失率等级划分规则为按照客户流失从高到低进行排序，前 20% 客户流失率等级为高，前20%～40%为较高，前 40%～60%为中，前 60%～80%为较低，剩余 20%为低
用户	系统管理员

（续）

用 例 名 称	客户流失率生成
前提条件	数据准备完成，模型训练完成
主要过程步骤	启动流失率生成→客户数据加载→概率预测→客户流失率数据写入
结束条件	预测率数据写入客户信息数据表

（4）客户流失影响因素分析

根据客户流失预测结果，输出客户在重要影响因素上的特征值，方便后续进行分析。客户流失影响因子是针对整个客户群体，非客户个体。特征的影响因子越大，说明该特征对客户流失行为的影响越大。客户流失影响因子分析见表 6-10，它展示出客户流失影响因素的分析结果。

表 6-10　客户流失影响因子分析

排名	特 征	重要性	排名	特 征	重要性
1	下次保养时间距今时间	8.71	11	平均回站里程	4.36
2	价税合计	8.46	12	末次维修实收费用合计	4.30
3	平均月行驶里程	7.27	13	末次维修结算金额	3.76
4	平均回站周期	5.71	14	末次服务站省份	2.90
5	末次服务站所在城市人均收入	5.64	15	总维修结算次数	2.83
6	末次服务站日接车辆	5.60	16	估计行驶里程	2.72
7	末次服务站城市	5.51	17	上上次到上次回站周期	2.68
8	平均维修结算金额	5.34	18	上上次到上次回站间平均月行驶里程	2.36
9	最近一次保养里程	5.29	19	上上次到上次回站里程	2.36
10	总维修结算金额	5.19	20	近 3 个月行驶里程	2.06

同时，应用 SHAP、LIME 等机器学习模型解释技术，输出每个客户在重要影响因素上的特征值，展示出影响单个客户的重要因子。

客户流失影响因素应用示例见表 6-11。大数据平台将通过数据服务方式将更新后的客户信息数据表传送给 DMS 系统，DMS 系统可在客户回访处理等相关功能模块下开发查看重要影响因素的功能。

表 6-11　客户流失影响因素应用示例

示 例 名 称	重要影响因素客户表现分析
功能描述	模型训练好后，输出各个特征的影响因子，按照从大到小进行排序，并存入文件。在预测客户流失率后，输出客户在排序前 10 位的特征上的特征值
用户	系统管理员

（续）

示 例 名 称	重要影响因素客户表现分析
前提条件	模型训练完成
主要过程步骤	模型训练→特征影响因子写入 预测客户流失率→重要影响因素客户表现写入客户信息表
结束条件	重要影响因素客户表现写入数据表

（5）流失客户挽回概率预测

汽车行业的售后市场竞争非常激烈。然而，客户流失对于每个车企都是一个普遍存在的问题。根据测算，车企的年平均客户流失率均超过 20%，且保外客户的流失率更是接近40%。客户流失的原因很多，其中即使付出再大的代价，有很多流失客户也无法挽回。因此，找到挽回概率高和对企业价值高的客户对车企而言就变得尤为重要。

针对这个问题，利用机器学习算法挖掘出挽回概率高和客户价值高的流失客户，并进行有针对性的邀约。具体而言，该项目方案要解决以下问题：

1）如何进行客户流失因素分析以找到真正的关键因素？

2）如何应用大数据分析技术提供有针对性的解决方案，最终实现提高客户体验和企业利润？

在客户流失影响因素分析过程中，我们需要使用特征重要性分析、可视化分析、统计分析和机器学习算法分析等方法进行综合分析。这样可以找到真正的关键因素，并提出有针对性的解决方案。同时，该方案还需要考虑数据来源、数据处理、特征构建和入模变量等相关问题。

最终，该方案旨在提高挽回客户的成功率，实现客户价值的最大化。流失客户挽回问题描述及技术路线如图 6-21 所示，流失客户挽回概率预测方案的执行包括以下步骤。

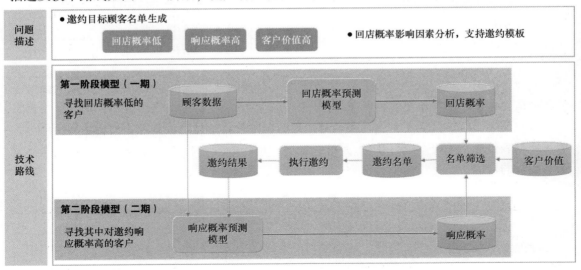

图 6-21 流失客户挽回问题描述及技术路线

① 回店概率预测。

寻找回店概率较低的客户，也就是流失概率较高的客户。利用客户流失概率模型定期自动识别、输出每个维修店的哪些客户处于流失风险之中，为维修店提供客户预警信息。同时，该方案会利用该模型为每个维修店维护的客户输出流失概率，形成客户画像。画像中会包含客户的基本信息、购买历史、维修记录等信息。维修店可以利用这些信息，采取相应措施，如提供优惠、进行个性化服务等，来增强客户的黏性，降低客户流失率。

② 客户价值评估。

根据客户流失影响因素分析模型的输出结果，结合客户画像，对客户价值进行评估。

首先，需要进行客户流失影响因素的分析。可以利用大数据技术，对客户的行为数据进行挖掘，分析出哪些因素会导致客户流失。例如，保养周期过长、服务质量不满意、竞品服务更具吸引力等。

接着，为了更好地评估客户价值，需要结合客户画像和流失影响因素的分析结果，对客户进行价值评估。例如，对于一位来店次数较少，但每次都愿意购买高端机油和付费保养套餐的客户可以将其评价为高价值客户。而对于一位经常来店，但只进行低价保养的客户，可以将其评价为低价值客户。

最后，还可以针对客户价值评级结果，制定相应的售后服务策略。对于高价值客户，可以提供更为个性化的服务，并对其持续跟进，保证其满意度。而对于低价值客户，可以通过一些促销和优惠活动来吸引其进一步消费，提高其客户价值评级。

③ 挽回概率预测。

挽回概率预测也称为相应概率预测，就是执行了邀约之后，客户响应回店的概率。通过挽回概率模型，不断地优化执行邀约的名单。

我们采用了采用主动学习技术和基于 GBDT 的机器学习预测技术进行建模。根据模型的输出结果，进一步优化执行邀约的名单。例如，我们筛选出响应概率高、客户价值高的客户，将其放在优先挽回名单中，并采用一些个性化的方式进行邀约和跟进。

④ 邀约模板生成。

根据回店概率影响因素分析和客户画像信息，我们为该项目还建立了一键式邀约模板，辅助客户邀约的话术设计。

具体来说，我们进行了回店概率的影响因素分析，并结合客户画像信息，通过大数据分析打造了一套辅助客户邀约的话术设计模板，帮助客户更加高效地进行邀约工作。实施该方案可以为汽车售后服务提供更加便捷的邀约流程和更加贴近客户需求的邀约话术，提升售后服务水平，提高客户满意度。

（6）保养产品购买概率预测

我们通过分析顾客的历史保养记录、保养消费金额、保养周期等信息，结合各种机器学习方法和数据挖掘模型，来预测客户在未来购买保养产品的概率。

在项目实施过程中，我们首先对收集到的客户数据进行处理和清洗，包括处理异常值、缺失值填充，对数据进行标准化等步骤。接着，我们将数据分割为训练集和测试集，通过不断的试验和优化，我们选择了适合该项目的分类算法，例如逻辑回归算法、SVM、决策树等。

执行项目后，我们通过对客户数据的预测，根据其保养消费记录及保养周期等，系统自动计算出客户未来购买保养产品的概率。据统计，该系统的预测准确率达到了 80% 以上，为企业的售后服务客户流失问题提供了有力的解决方案。

保养产品推荐建议根据客户流失率，对每位客户提供有针对性的保养套餐推荐建议。推荐的原则为对流失率高的客户推荐价格低、次数多的保养套餐，对流失率低的客户推荐价格高、次数少的保养套餐。

保养产品购买概率预测应用示例见表 6-12。大数据平台将通过数据服务方式将更新后的客户信息数据表传送给 DMS 系统，DMS 系统可在客户维保服务工单等相关功能模块下开发产品推荐查看等功能。

表 6-12　保养产品购买概率预测应用示例

示例名称	保养产品推荐建议
功能描述	根据模型流失率生成保养产品推荐建议
用户	系统管理员
前提条件	预测流失率数据完整，推荐规则定义。推荐规则定义需考虑三方面因素： ● 客户车型配置：确定适用套餐 ● 历史保养习惯：确定推荐等级 ● 流失率：确定套餐包含保养次数
主要过程步骤	加载客户流失率数据→生成保养产品推荐建议→写入保养产品推荐建议数据
结束条件	将保养产品推荐建议数据写入客户信息数据表

6. 项目总结

在我国汽车行业日益激烈竞争的当下，该项目对于该车企的售后服务业务是一个大胆的尝试。我们通过数据分析和建模，利用人工智能技术构建了多个场景，包括客户画像、流失预测、服务推荐和流失客户挽回等。

更重要的是，这些智能应用是相互联系且相互促进的，它们共同组成了汽车售后服务的智能化体系中的重要环节。流失客户预警可以为流失客户行为特征分析提供数据支持，进而丰富客户画像，帮助客户人员和维修站点人员进行有针对性的服务。同时，流失客户挽回预测和个性化话术推荐可以根据客户画像和行为数据进行精准识别，指导车企和维修站向哪些客户推荐高端保养产品和保养套餐，从而提高销售成功率。因此，这些智能应用之间是相互之间连通的，通过各自的优势相互协调，提供更加精确、高效、个性化的售后服务，以提高企业竞争力和盈利能力。

通过该项目的实施和应用，实现了以下目标。

提高客户满意度和忠诚度： 通过对客户画像和历史数据分析，能够更好地了解客户需求，针对不同的客户推荐个性化服务和产品，提高客户满意度和忠诚度，进而增加企业的利润。

降低客户流失率： 通过对保有客户流失率进行预测、流失客户概率预测和流失影响因素分析等模型，能够更好地了解客户流失的原因，及时采取相应措施挽回流失客户，降低客户流失率，增加企业利润。

提升客户维护精准度： 利用大数据和人工智能技术对客户进行分析和建模，能够精准识别客户需求，指导业务根据客户邀约模式优化，提高经销商邀约精准性，并降低用户流失率，提高用户回店率。

优化售后服务产品和保养套餐销售： 利用数据分析和建模技术预测客户的保养产品购买概率，针对客户推荐高价值售后付费产品和保养套餐，并采取多种促销手段刺激客户购买，从而提高企业的营业额。

综上所述，该企业的基于人工智能技术的汽车售后服务优化项目，能够通过数据的分析和建模，运用多个场景实现精准化客户服务、提高客户满意度和忠诚度、降低客户流失率，以及优化售后服务产品和保养套餐销售等目标，有效地提高企业的竞争力和盈利能力。

6.5　某化纤龙头企业——基于销量预测的智能排产与转产

1. 企业简介

该企业是中国领先的化纤生产企业之一，集团旗下拥有多个子公司，工厂遍布全国各地，员工人数超过 2 万人。主要业务包括纯棉纺纱、机织面料、针织面料、家纺制品等。该企业一直致力于以高品质、创新和可持续性的方式为客户提供服务。

作为传统的制造型企业，该集团一直在积极探索数字化转型之路，不断推进数字化和智能化应用的落地。该企业在数字化和智能化方面的尝试主要集中在生产制造、供应链管理、设备智能化、大数据分析和人工智能应用等多个领域。在生产制造方面，该集团引入了 ERP、MES 等信息化系统，实现了生产计划、物料管理、库存管理等方面的数字化管理，提高了整个生产过程的智能化和高效化水平。在供应链管理方面，该企业集团采用智能化仓储系统和物流管理系统，优化供应链管理，确保物资运输的准确性和及时性，提高物流效率。在设备智能化方面，该集团加大了数字化和智能化设备投入，实现了自动化、智能化生产，提高了产品的质量和生产效率。在大数据分析方面，该集团引入了专业的大数据团队，在大数据分析应用方面也不断深化，通过业务数据、销售数据等进行分析预测，支持企业决策的制定。在人工智能应用方面，该集团与联想集团等国内头部企业合作，积极探索人工智能产品和应用的落地，如通过 AI 进行产品设计和研发，加速创新和升级等。

作为全球化纤行业的龙头企业，构筑"打造百年企业、实现永续经营"的伟大愿景，数字化转型是该企业的战略决定。其中，集团已明确将"提升销售力"作为企业重要工作目标。同时，依托不断创新的核心技术、产业化装置及高效的运营模式，为客户提供更具竞争力的产品及解决方案，集团始终坚持以科技创新为第一核心竞争力，在人工智能成为经济发展新动力的背景之下，积极探索实践人工智能、大数据和工业制造相结合的道路，以推动企业业务变革和发展。

2. 项目背景

面对涤纶长丝产品同质化严重、行业充分竞争且价格相对透明、客户选择高度自由且灵活的市场环境，传统的销量预测手段、产品生产模式已很难快速响应市场需求。

长丝产业处于整个产业链的中游，直接下游客户主要为纺织企业，目前该企业的直接客户目前主要集中在长三角地区，以浙江为主。由于纺织业技术相对成熟，且进入门槛较低，整体呈现出客户基数大、规模小的分布特点。2020 年每月下单客户数统计如图 6-22 所示。当时该企业每月向约 5000 家客户提供产品，客户的单笔订单体量整体偏小。

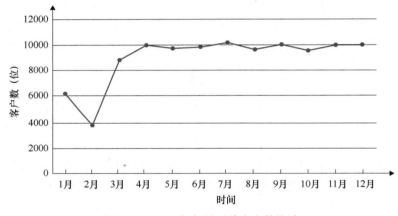

图 6-22 2020 年每月下单客户数统计

长丝行业产品高度分化，品类繁多，该企业作为行业龙头，产品高度细分，各类规格有5 大类型，分别是预取向丝（Pre-oriented Yarn，POY）、拉伸变形丝（Draw Textured Yarn，DTY）、全拉伸长丝（Full Draw Yarn，FDY）、交织复合丝（Intermingled Textured YARN，ITY），以及拉伸加捻丝（Draw Twist，DT）。涤纶长丝制品的生产和销售高度依赖市场需求，产品规格的更新换代较快，该企业的这 5 类涤纶长丝制品细分为 1000 余种规格，目前企业的常规在售规格约 600 项，主要集中在 POY、DIT 和 FDY 等涤纶长丝制品。2020 年每月在售规格数统计如图 6-23 所示。

面对如此丰富的规格量，市场销量情况决定了企业的生产计划。该企业目前有 11 个生产工厂，每个工厂的销售情况、产品库存情况、产品盈利情况、设备适纺情况、生产能力、转产成本都不尽相同，如何响应市场行情变化、预测未来市场销量、选择适产产品、合理安排转产计划和生产计划变得十分困难。

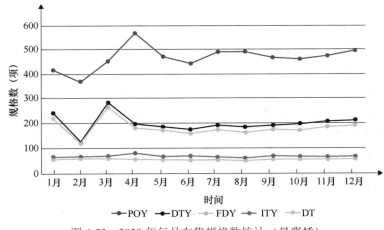

图 6-23 2020 年每月在售规格数统计（见彩插）

3. 项目的目标和范围

该项目的目标是构建基于销量预测产品生产转产优化系统，通过建立各类规格产品的销量预测，对现有 11 个工厂的在产产品进行分析，建立合理的产品生产方案，进行根据各工厂产线特征，建立最近转产方案。具体内容如下。

（1）销量预测

按需生产是企业降本增效的重要手段，目前该企业针对大多数规格产品的销售都是根据历史销量情况的预估，没有相对精准的预测手段，造成企业生产的盲目性，高效精确的销量预测可提高企业的销售能力，同时可为原辅料采购、产量调整、库存管理提供参考，销量预测具有重要意义。

销量预测需要获取影响销量的企业内外部数据，企业的历史上的销售订单数据、销售合同数据、产品数据、价格数据、销售金额数据、优惠数据、成本数据、订单盈亏额、单位产品盈亏额数据、产品数据、库存量、库存时间、库存可售天数等，这些因素都会直接或者间接影响订单数据。

同时，放眼外部环境，化纤行业的龙头企业均从新品研发、质量管理、市场营销及客户服务等方面提升各自竞争力，整体竞争愈发激烈。行业内竞品或替代品的市场活动对该企业长丝产品销量有着明显影响。

再者，化纤产业的上游主要为石油等传统基础能源，因此国际原油价格的波动对化纤原料成本价格、产品销售价格有着明显影响；化纤产业的下游主要为纺织行业，包括家用纺织、服装用纺织、产业用纺织等。国际汇率、居民消费水平等经济因素对化纤的供给关系、价格也有着明显的影响。

综上所述，销量预测是一项复杂而有意义的课题，该项目聚焦该企业长丝产业，针对企业在产的 1000 余种产品构建销量预测模型，引入机器学习算法，提升销量预测效率和精度。

（2）适产产品分析

在销量预测的基础上，针对各个规格产品的销量预测，综合考虑该产品库存及周转情况、预期盈利情况以及各种因素，通过建立综合排名的方法，根据适宜当前生产的规格产品品类来筛选产品。同时，需要充分保证满足客户订单能够按期交货的前提，将综合排名与生产计划和产品调配相结合，以实现销售方案和供应链管理的优化和协调。这一流程可以与生产和供应链上下游的各个环节进行数据集成，通过数据驱动的方式实现智能化的库存和生产管理，提高企业的综合竞争力，降低企业的成本，提高企业的效率和盈利能力。

（3）转产方案分析

由于不同工厂在生产能力、在产产品类型、适产产品类型、转产成本等方面存在较大差异，因此在制定转产方案时需要全面考虑各项因素。首先，需要确定适合当前市场需求的产品类型，然后将这些产品按照利润、销售前景等指标进行排序。在此基础上，需要综合考虑工厂自身生产能力、在产产品类型等因素，制定合理的转产方案。其中，转产成本是一个重要的考虑因素，需要评估不同转产方案的成本和效益，并在保证产品质量和交货期的前提下尽量降低成本。

4. 项目可行性评估

我们从业务价值和 ROI、数据可用性和可信度、技术可行性和可扩展性等方面对该项目进行了可行性评估。具体来说：

（1）从业务价值评估和 ROI 预估方面

从项目的业务价值角度来看，构建基于销量预测产品生产转产优化系统可以为该企业精准预测各类产品的市场需求情况，优化生产计划和产品调配，提高生产效率和产品质量，降低企业成本，增强企业竞争力，提高企业盈利能力。销量预测和适产产品分析可以帮助企业精确把握市场需求，提高生产和供应链的效率和透明度，提高客户满意度和企业回报。转产方案分析可以帮助企业更好地利用现有资源，调整产业结构，提高产线利用率，满足市场需求，实现可持续发展。

从 ROI 角度来看，虽然项目需要投入一定的人力、物力和财力，但是通过建立销量预测模型和适产产品分析模型，企业可以规避不必要的库存浪费和生产停滞等风险，提高生产效率和生产计划调配的准确度，进而降低成本、提高利润。同时，通过转产方案分析，企业可以通过合理的资源配置降低成本，在保证产品品质和订单交期的前提下获取更高的盈利水平。通过初步测算，排名前十的产品转产后，单个工厂单月可提升 3%~5% 的净利润。因此，从经济收益角度来说，项目具备可行性。

（2）从数据可用性和可信度方面

从数据角度来看，早在 2018 年，该企业就与联想集团合作，建立了统一的集团级大数据平台、企业级 IoT 应用平台和人工智能应用平台，所有工厂的产销数据、生产数据和业务分析数据都逐日汇总到集团。该企业已经初步完成了集团和下属公司的各类数据的汇集，同时依托联想集团强大数据治理体系，也提升了该企业的数据可用性和可信度。

该集团在数据采集、存储和管理方面拥有集团级、工厂级等数个数据平台，包括大数据系统、ERP 系统、MES 系统和 SCM 系统等，这些系统将从生产订单、生产实时数据、库存信息和客户订单等多个维度进行数据收集，并存储在云端的数据库中。这些系统的集成提高了数据的准确性和实时性，减少了数据延迟和不一致的问题。

因此，从数据的可用性和可信度角度，项目有较大的可行性。

5. 项目实施

该项目的实施包括三个部分，分别是销量预测模型建设、适产产品分析建设、转产方案建设。

（1）销量预测模型建设

1）数据处理。

在产品规格上存在历史异常数据，可能与实际业务表达不一致，并且在实际过程中会存在多个指标含义相近的字段，需要进行数据对比，结合业务选取合适的字段进行下一步操作，因为需要对数据进行预处理，以保障数据质量，更好地方便之后的数据分析与挖掘。数据处理的情况如下。

不同规格订单数量差别较大。需要过滤掉订单量极小的数据，保证时序预测的数据可用性和预测准确性。

存在多个含义相近字段，例如：合同单价、销售差价、下单金额、出库价、返利优惠、次返优惠、次返优惠金额。需要对相近字段数据进行对比和数据分布检验，选择合乎业务逻辑和实际情况的字段。

数据波动性过大，需要做平滑处理。针对数据出现波动性过大的情况，可以对数据进行平滑处理，这样不仅可以对数据进行降噪，还可以提高计算速度。

2）特征工程。

从数据指标中提取和下单量强相关的变量数据，并将变量构造为模型构建有强相关性的特征。分析不同规格的下单量范围，针对部分波动过大的数据进行平滑处理。

- **数据统计口径。**历史下单量数据以一个订单为最小单位，需要整理成时间序列可以操作的标准。以天为单位进行销量统计，某长丝制品每日的销量统计如图 6-24 所

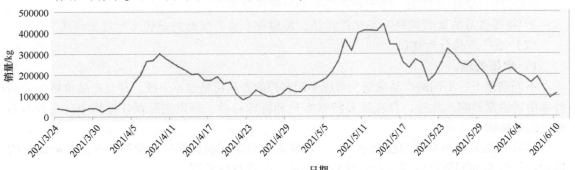

图 6-24 某长丝制品每日的销量统计

示，可知销量波动较大，很难模拟出销量变化的规律。以周为单位进行销量统计，某长丝制品每周的销量统计如图 6-25 所示，可知销量呈现周期性规则上升或下降。

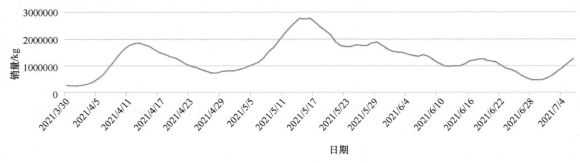

图 6-25　某长丝制品每周的销量统计

同时，还需将疫情影响等因素相关的异常数据去除掉，降低对时序模型的影响。

- **数据稳定性校验**：通过 ADF 检验数据稳定性，获取稳定性高的规格数据，举例如下。

  数据稳定性：−2.93

  各分位稳定性系数：{1%分位数：−3.47，5%分位数：−2.88，10%分位数：−2.57 }

  当数据稳定性小于 1% 位置稳定性系数，数据可用。

- **数据时间周期影响因素**：将历史规格数据提取出趋势、季节、自然波动等时间序列数据，衡量下单量的相关影响因素。

3）**模型开发。**

进行数据校验及分析工作后，挑选出数据规律较为准确的规格编号数据，根据这些数据进行未来 7 天内的预测模型建立。

模型输出数据说明如下。

- **不同规格下单量预测数据**：对销量较大的规格编号进行预测，并得到 $t+7$ 周期的预测数据。

- **产量较小的规格数据**：针对无法进行时间序列预测的数据，通过数据分析统计学指标进行管理并预测，将不同产量数据的规格分级。

- 将预测后的数据按照一定规则排序，得到符合生产状态的最优生产进度调度。

（2）适产产品分析建设

1）**数据处理。**

不同规格下，不同的产品质量，对应不同客户的产品价格也不一致，并且产品价格还受到外部市场因素影响，此外，存在很多特殊客户和特殊订单，所以实际操作过程中存在很多不确定因素影响。

销量数据通过销量预测模型建立后，同样需要针对利润数据进行预测，保证转产调度的准确性。针对利润数据需要进行筛选可用特征，并进行预处理。

- **利润数据存在多个维度。**

票据单价＝产品出产时的价格

销售报价单 (成本)＝原料成本+制造成本+税率等其他

单位产品盈亏额＝票据 (单价)−销售报价单 (原料成本+制造成本)×销量

因为存在多个与结果强相关数据，所以通过数据分析校验稳定性、可用性，与业务情况进行对比，选出与实际情况相符的特征。

- **库存数据统计口径不一致**。库存数据为可销售库存，但是可销售库存为库存量/理论产量能力不符合真实情况，需要数据转换成库存量/近期销量的统计值。
- **数据异常**。针对数据出现异常的情况，可以对数据进行平滑处理，这样不仅可以对数据进行降噪，还可以提高计算速度。

2）**特征工程**。

从数据指标中提取库存可用天数及出库价格，并将变量构造为模型能够接受的特征。将出库价格按照规格、质量进行模型构建及预测。

- **处理数据异常问题**。在梳理中存在不同工厂的库存可用天数存在缺失的情况，需要结合业务修补数据或清理数据。
- **统一数据指标时间维度**。在使用销售量，当前库存及出库价格时，使用预测的销售量和预测的利润价格与当前库存进行关联建模，在时间维度上保持高度一致。

3）**模型开发**。

使用预测销售量、预测利润价格及库存数据，以及通过这些指标来建立机器学习模型，分别进行因子重要度预测、因果关系挖掘，并对三组参数使用 TopRank 等进行综合排序建模。

模型组有如下三大输出。

- 输出最优生产产品方案，及相关说明解释。
- 分析出不同特征对结果的影响程度，帮助提供决策。
- 挖掘其他对生产调度产生影响的特征变量。

同时，根据排序结果，找到其他小概率生产规格订单。各规格产品的适产产品排序如图 6-26 所示。每周会根据本周销量预测结果，结合产品预期盈利、产品销量预测和在库库存情况，对下周的适产产品进行综合排序。

（3）转产方案建设

1）**算法方案设计**。

基于数据能力评估的详细算法实施设计方案，结合业务数据，构建稳定和可实施的调度模型。算法方案包括如下内容。

- 根据试产产品排序，结合各类限制条件，包括产能、库存、利润、现有生产相同规格产品设备数量、转产成本与生产成本之间的比例关系等多因素，制定较为合理的转产分配方案。
- 以利润最大、转产成本最小为原则，结合存库数据进行梳理设置转产分配方案的阈值，保证生产工艺中足够的稳定性的前提下制定转产方案。
- 转产方案计算工厂总增盈利，用直观的图表展示。

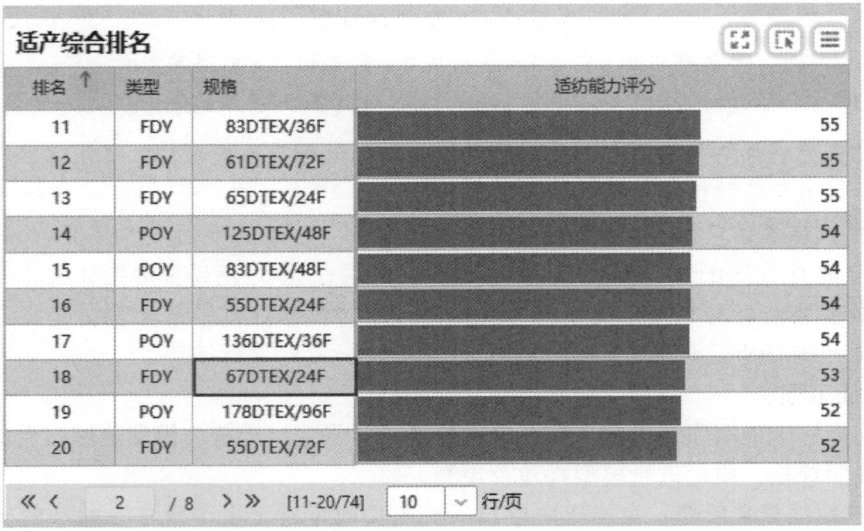
适产综合排名

排名 ↑	类型	规格	适纺能力评分
11	FDY	83DTEX/36F	55
12	FDY	61DTEX/72F	55
13	FDY	65DTEX/24F	55
14	POY	125DTEX/48F	54
15	POY	83DTEX/48F	54
16	FDY	55DTEX/24F	54
17	POY	136DTEX/36F	54
18	FDY	67DTEX/24F	53
19	POY	178DTEX/96F	52
20	FDY	55DTEX/72F	52

« ‹ 2 / 8 › » [11-20/74] 10 行/页

图 6-26　各规格产品的适产产品排序（见彩插）

- 从集团角度统筹考虑，工厂侧考虑转产权重。

2）**数据处理。**

应用不同分类的销量数据、库存数据及利润价格数据，设置黑、白名单，分割等级，并设定阈值。过滤其他干扰因素导致的数据失真。

不同生产设备的生产规格及生产性能，数据包含离散数据和连续型数据，需要分别处理。

- **设备生产规格及性能。**由于一个设备可以生产多个不同规格，一个规格也可以由不同设备生产，并且设备之间的性能不相同，所以使用 one-hot 编号针对不同设备的生产能力和类型统一进行建模。
- **规格数据量差距过大导致数据分布不均。**由于特殊订单或特殊客户存在不同规格数据，所以需要对数据进行阈值过滤。在基于实际业务情况下，过滤掉订单量少、利润率低、库存量过大的数据，并针对过滤后的数据进行分级处理。
- **数据异常。**针对数据出现异常的情况，可以对数据进行平滑处理，这样不仅可以对数据进行降噪，还可以提高计算速度。

3）**特征工程。**

将当前设备纺织类型与设备生产能力数据关联，进而结合利润价格数据、库存量数据等数据指标，核算出转产方案，并对这些数据做综合排序。处理时应注意以下几点。

- **数据量纲统一。**筛选关联数据后，做综合排序，由于数据属性不一致，需要统一数量级，将数据权重人工进行归一化。
- **数据缺失处理。**部分设备缺失部分类别数据，通过业务进行数据修补或数据清理。
- **业务逻辑关联。**从所收集的数据来看，该企业的同一规格的产品在不同工厂都有生产，并且不同工厂的同类产品存在不同程度的库存积压或库存不足等问题，在实施排产和转产优化时，需要综合考虑不同工厂的设备适纺能力、产能、生产成本以及销售情况，综合考虑、协同优化。

4）模型开发。

按照第二阶段适产产品分析排序后的数据，结合当前企业产线的生产情况，按照顺序计算订单满足率，优先满足排序靠前的订单，并且降低排名靠后、库存量超过单位时间（周）的规格产品的产能，将其产能转移至较高排名的规格。

当排名在前订单无法100%满足需求时，触发转产方案，并且结合历史预测规律，将找到库存数据与销量数据之间的关联关系，使转产方案预留一部分库存。

转产方案构建多限制条件、多目标的最优化模型。多限制条件是指"产能限制、转产产位限制、转产质量限制、转产规格限制"等，多目标为利润最大化、产能利用率最大化、安全库存最小化、转产成本最小化、订单满足率最大化。

按照生产调度方案，结合产能、存库、价格、综合排名、各类成本等限制因素，计算转产成本，并提供合理建议。

梳理当前影响转产成本的各类因素，进行量化，并抽取数据指标，处理为模型可用特征。找出各类参数的限定标准或限定阈值，梳理关于产能及成本利润的多因素方程。按照不同规格数据分布，将数据分级，过滤阈值。不同等级各种指标的权重有所变化，使其符合生产规律。构建多限制条件的目标方程。

输出结果为转产方案明细。某工厂周转方案明细如图6-27所示，针对具体规格产品的转产产线详细规划，并计算转产后的预期盈利，辅助工厂厂长进行决策。

6. 项目总结

该项目对于该企业来说，可谓意义重大。该项目旨在构建基于销量预测的产品生产转产优化系统，通过建立多维度的销量预测模型，实现对在产产品的智能分析和优化布局。该系统利用机器学习等现代化技术手段，对历史销售订单数据、销售合同数据、产品数据、价格数据、成本数据等因素进行精准分析，并引入外部经济因素和竞争情况的综合考虑，以提高销量预测的准确性和效率。

在销量预测的基础上，我们对不同规格产品进行适产分析，以产品库存、盈利情况、客户订单成交情况等因素为基础，综合考虑各方面的因素，以达到满足客户订单按期交货的前提下，优化产品生产布局和调配方案，提升供应链管理的优化和协调能力，降低企业成本。

此外，该项目还对不同工厂的生产能力、在产产品类型、适产产品类型、转产成本等因素进行全面分析和考虑，以综合排序和评估的方式制定转产方案，实现在保证产品质量和交货期前提下，尽可能降低成本，提高企业的利润和效益。

从2021年全年的项目试点应用来看，单一试点工厂的总体利润的提升7.3%，综合生产成本降低2.4%，为企业的持续发展和稳步增长奠定了坚实的基础。

总之，该项目的实施将有助于提升企业的综合竞争力，降低企业的成本，提高企业的效率和盈利能力。

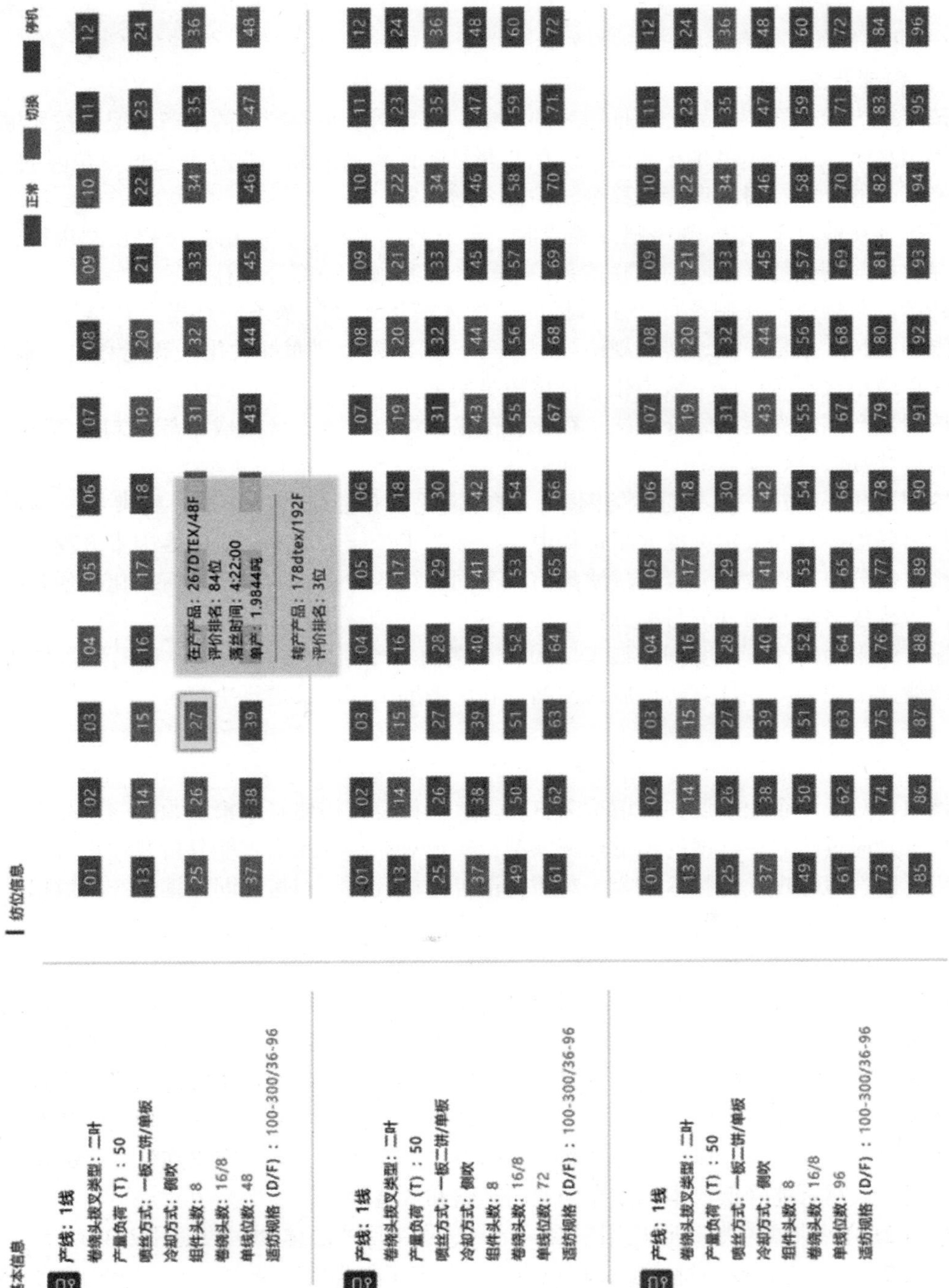

图 6-27 某工厂周转产方案明细

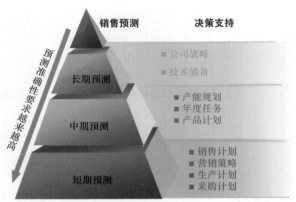

图 4-1　销量预测的决策支持与业务价值

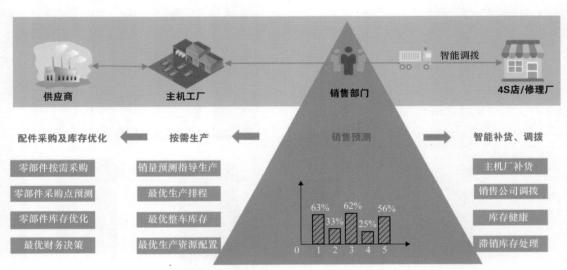

图 4-7　业务价值二：产销协同一体化

车企内部数据
- 历史销量数据
- 车型配置数据
- 销售计划数据
- 经销商信息
- 企业售后服务数据
- 顾客反馈数据
- 企业自身舆情监测数据

行业外部数据
- 中汽协产销数据
- 历史汽车行业政策数据
- 宏观数据
- 乘用车产销量
- 新能源汽车销量
- 发动机产量
- 轮胎产量
- 同业竞品数据
- 竞品车型特性
- 竞品销量相关数据
- 竞品上市计划
- 全国汽车上牌数据
- 分区域上牌数据

用户行为数据
- 重点车论坛口碑数据
- 评分
- 评论量
- 评论意见倾向
- 重点车评网站新闻数据
- 新闻数量
- 关注度
- 新闻意见倾向

宏观经济数据
- 国内生产总值(GDP)
- 消费者信心指数
- 居民消费价格指数(CPI)
- 原油价格
- 通货膨胀
- 汽车当月总产量
- 当月总发电量
- 中国狭义货币(M1)
- 中国广义货币(M2)
- 中国当月进出口金额
- 中国当月贸易差额
- 中国制造业采购经理指数(PMI)

仅依靠车企历史销售数据可实现预测精度:

	预测1个月后	预测3个月后	预测6个月后
平均绝对误差	≤20%	≤25%	≤30%

针对特企业优化的预测结果:结合自身销量数据、用户行为数据等行业内部已有数据:

	预测1个月后	预测3个月后	预测6个月后
平均绝对误差	≤15%	≤20%	≤25%

结合全面数据分析的预测结果:继续结合宏观数据、汽车口碑论坛数据等外部数据:

	预测1个月后	预测3个月后	预测6个月后
平均绝对误差	≤10%	≤15%	≤20%

结果输出

单个车类车型在各大销售区域未来1~12个月逐月销量预测

车型	色系	品类	排放	华东(6月)销量	华南(6月)销量
车型A	黑色系	多连杆后独立悬挂	<2.0L	5500	3400
车型A	彩色系	多连杆后独立悬挂	>2.0L	3300	2700
车型B	黑色系	多连杆后独立悬挂	<2.0L	3480	2250
车型B	彩色系	多连杆后独立悬挂	>2.0L	3780	2930

模型集成

全品类粗粒度模型
最大限度预测每个车型在未来月粒度上的趋势,通过线性时间序列模型,得到的精度不高,但是稳定性高的模型(关注品类关联性)

单品类粗粒度模型
趋势特异性品类、单独构建模型,最大限度预测每个单品类在未来月粒度上的趋势(关注品类关联性)

全品类细粒度模型
过拟合地去预测每个车品类在未来天级别上的趋势、学习特定外部数据因素对共造成的影响(关注品类关联性)

单品类细粒度模型
趋势特异性品类、单独构建机器学习模型、学习特定外部的噪声对单个品牌定势的影响(关注品类关联性)

政策及节假日影响模型
国内国际性的重要政策、企业的重大特定节日活动,以及国内特色促销活动(如双十一、618购物节等)对客户需求表征有独特地影响效果、需要来源建模,研究其特点影响因子强度

基础模型
线性时间序列模型。稳定性高、复杂度低、不易过拟合、月粒度级别预测

噪声模型
非线性机器学习模型。复杂度高、稳定性低、过拟合、天粒度级别预测

图 4-4 基于机器学习技术的汽车销量效果

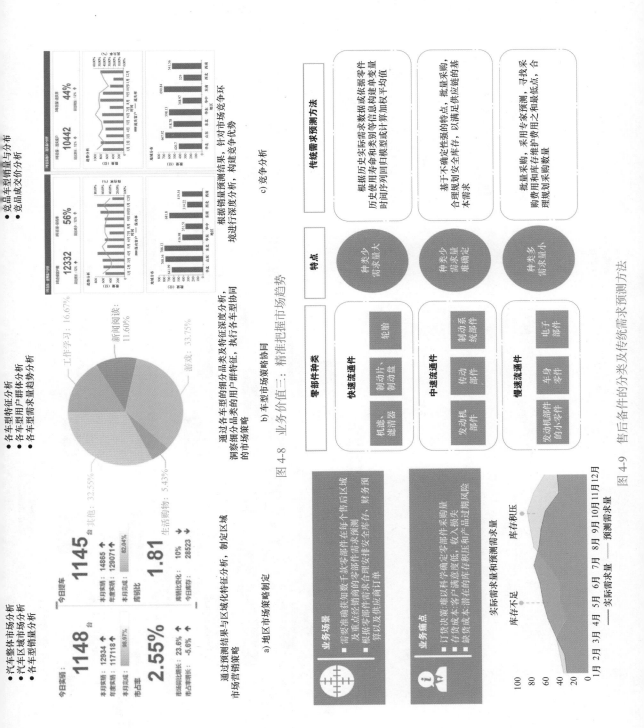

- 汽车整体市场分析
- 汽车区域市场分析
- 各车型销量分析

- 竞品车型销量与分布
- 竞品成交价分析

通过预测结果与区域化特征分析，制定区域市场营销策略

a) 地区市场策略制定

通过各车型的细分品类特征深度分析，洞察细分类的用户群特征，执行各车型协同的市场策略

b) 车型市场策略协同

- 各车型特征分析
- 各车型用户群体分析
- 各车型需求量趋势分析

根据销量预测结果，针对市场竞争环境进行深度分析，构建竞争优势

c) 竞争分析

图 4-8　业务价值三：精准把握市场趋势

传统需求预测方法

特点	传统需求预测方法
种类少，需求量大	根据历史实际需求数据或依据零部件历史使用寿命和类型等信息构建变量时间序列回归模型或设计加权平均值
种类少，需求量难确定	基于不确定性强的特点，批量采购，合理使用安全库存，以满足供应链的基本需求
种类多，需求量小	批量采购，采用专家预测，寻找采购费用和库存维护费用之间最低点，合理规划采购数量

零部件种类

快速流通件
机滤、滤清器 ｜ 制动片、制动盘 ｜ 轮胎

中速流通件
发动机部件 ｜ 传动部件 ｜ 制动系统部件

慢速流通件
发动机部件的小零件 ｜ 车身零件 ｜ 电子部件

业务场景

- 需要准确获知数千款零部件在每个售后区域及车型的零部件的零部件需求预测
- 根据零部件需求合理安排安全库存、财务预算以及供应商订单

业务痛点

- 订货决策难，进以科学确定零部件采购量
- 存货成本：客户满意度低，收入损失
- 缺货成本：库存积压和产品过期风险

实际需求量和预测需求量

库存积压 ← → 库存不足

1月 2月 3月 4月 5月 6月 7月 8月 9月 10月 11月 12月
—— 实际需求量　—— 预测需求量

图 4-9　售后备件的分类及传统需求预测方法

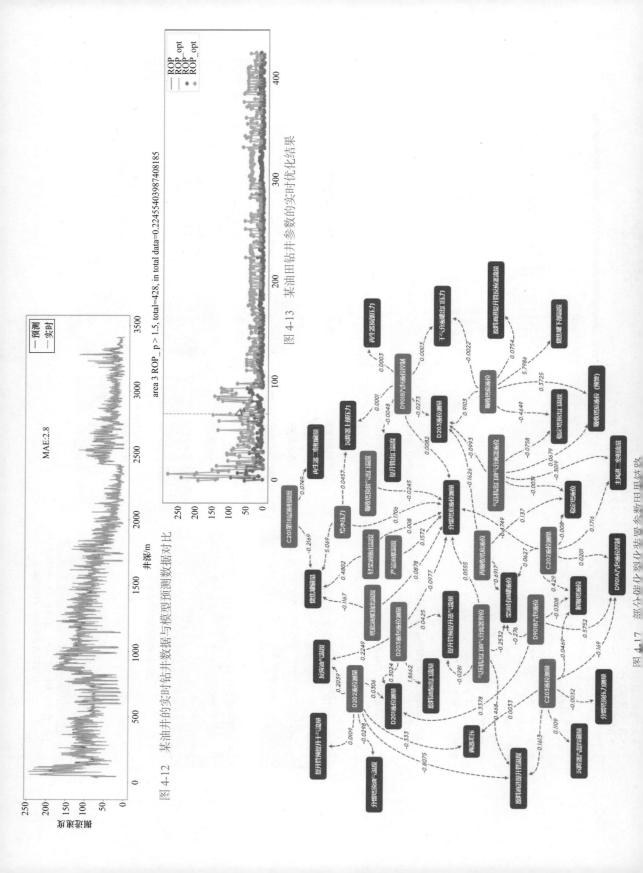

图 4-12 某油井的实时的钻井数据与模型预测数据对比

图 4-13 某油田钻井参数的实时优化结果

图 4-17 部分催化裂化装置参数因果拓扑

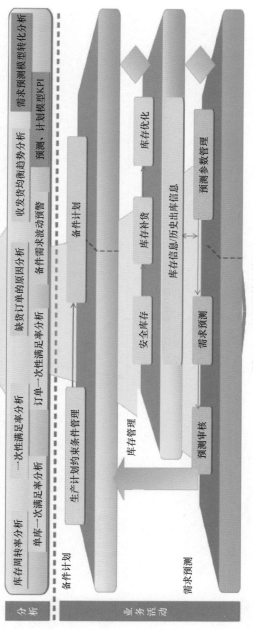

图 6-1 项目整体架构

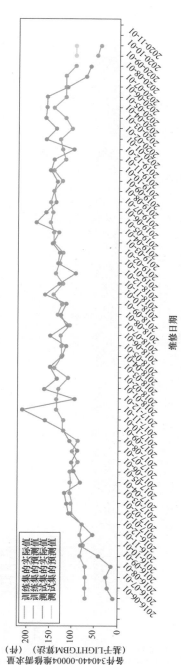

图 6-6 基于 LIGHTGBM 算法的备件（编号：340440-00004）维修需求量预测结果

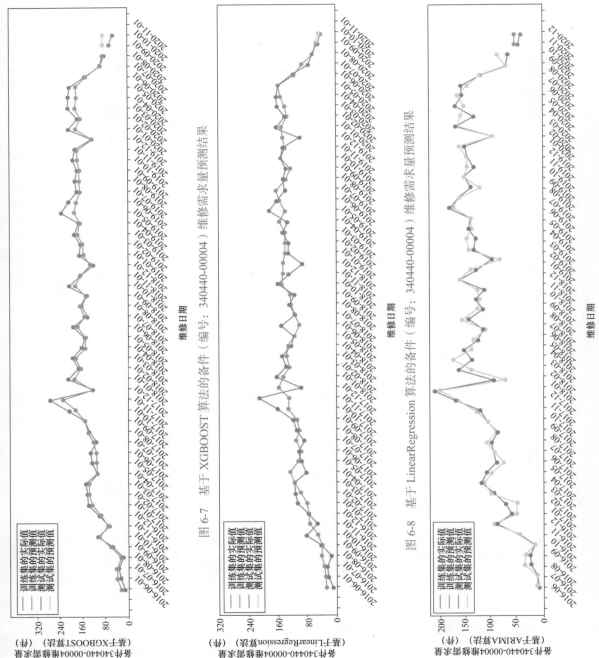

图 6-7　基于 XGBOOST 算法的备件（编号：340440-00004）维修需求量预测结果

图 6-8　基于 LinearRegression 算法的备件（编号：340440-00004）维修需求量预测结果

图 6-9　基于 ARIMA 算法的备件（编号：340440-00004）维修需求量预测结果

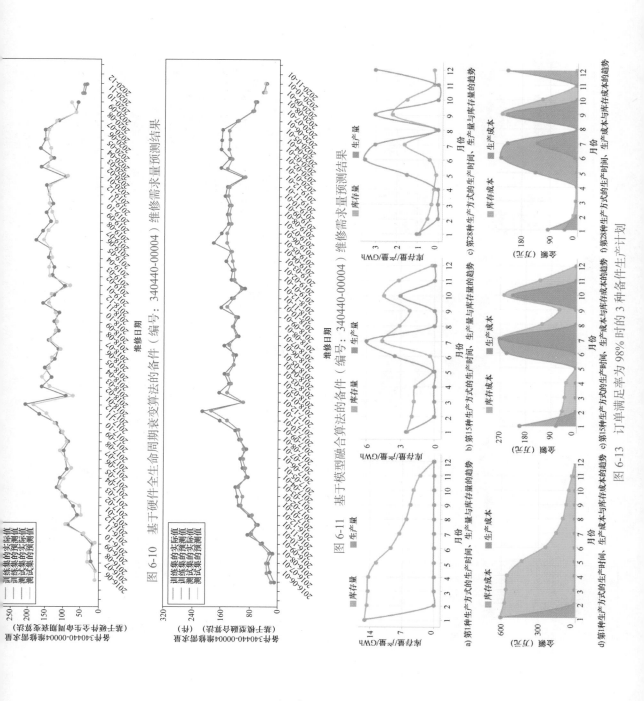

图 6-10　基于硬件全生命周期衰变算法的备件（编号：340440-00004）维修需求量预测结果

图 6-11　基于模型融合算法的备件（编号：340440-00004）维修需求量预测结果

a) 第1种生产方式的生产时间、生产量与库存量的趋势　b) 第15种生产方式的生产时间、生产量与库存量的趋势　c) 第28种生产方式的生产时间、生产量与库存量的趋势

d) 第1种生产方式的生产时间、生产成本与库存成本的趋势　e) 第15种生产方式的生产时间、生产成本与库存成本的趋势　f) 第28种生产方式的生产时间、生产成本与库存成本的趋势

图 6-13　订单满足率为 98% 时的 3 种备件生产计划

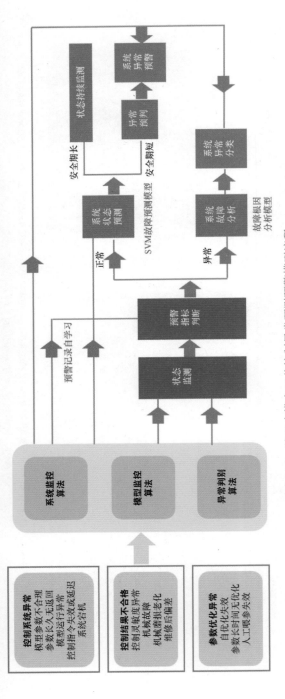

图 6-15 基于多模态工艺控制异常预测预警模型流程

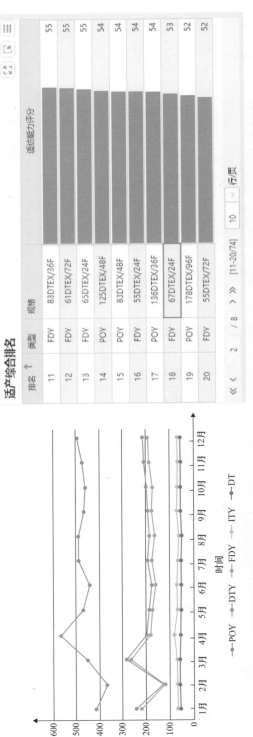

图 6-26 各规格产品的适产品排序

图 6-23 2020 年每月在售规格数统计